신라와 가야의 건국신화

신라와 가야의 건국신화

박 상 란 著

 한국학술정보㈜

머 리 말

　여성(주의) 문학을 연구한답시고, 여성상을 중심으로 이런 저런 장르에 관심을 기울인 지도 10여년이 되었다. 석사 과정에 입문한 90년대에는 당시의 '페미니즘 물결'에 실려 호기 있게 여성 문학에 접근할 수 있었다. 문학 작품 속에서 씩씩하고 진취적인 여성상을 만나면 여성도 원래 나약한 존재가 아님을, 오히려 남성보다 강할 수 있음을 확인하고, 강조하는 것이 논의의 주된 흐름이었다. 같은 여성으로서 연구자도 뿌듯함을 느끼는 경우다. 수난 받는 여성상을 만나면 그렇게 만든 가부장적 현실을 분석하고 꼬집으면 되었다. 연구자 자신이 의기소침해질 필요는 없었다.

　그런데 다 아는 사실이지만 문학 속에는 뒤의, 수난 받는 여성상이 더 많다. 이들을, 혹은 이들에 대한 똑같은 논의를 자꾸 접하다 보니 같은 여성으로서 저절로 답답하고 무기력해짐을 느꼈다. 차라리 뺑덕어미같이 '부정적'인 여성상이 낫지, 주변 인물들로부터 갖은 해코지를 당하면서도 속으로 삭이고 눈물만 흘리는 '착한' 여성들은 참을 수가 없었다. 그러다가 만난, 동굴 속의 웅녀라든지, 두 번이나 '강간'을 당하는 유화는 참실망스러웠다. 진정한 모습으로 새로 태어나기 위한 고난의 과정이라는 등 그 수난을 미화하느라 갖가지 설명 방식이 동원되었지만, 달라지는 것은 없었다. 더 나아가서 이들 수난 받는 여신상은 문학사를 관통한다고 하는, '여성 수난'의 근원으로 간주되기까지 하였다. 문학사의 실상에 신화까지 가세했으니 현실에서 느끼는 여성 정체성의 문제는 기정사실인 듯이 보였다. 이미 여성은 신화시대부터, 나약한, 무엇인가가 결여된 존재임이 분명하고 그러한 것이 문학사에 반영된 것이고, 별다른 문제없이 그 모습으로 현재에 이른 것이다.

이렇게 한참을 무력감에 빠져 있다가 만난 것이 무가 속 바리공주, 신라와 가야 건국신화에 나오는 선도산 성모와 정견모주였다. 우리 여신은 웅녀와 유화만이 아닌 것이다. 바리공주는 바로 신화 속의 '여성 영웅'이었고, 두 성모는 나라의 시조를 낳은 위대한 어머니이다. 특히, 두 성모는 웅녀나 유화와 달리 어떠한 수난도 당하지 않는다. 여성이기에 반드시 수난을 당한다는 논리가 필요 없는, 그러한 시대의, 신화적 소산인 것이다.

신라와 가야의 역사, 그리고 건국 신화. 이들에 대해 아는 것도 없었고 새로 공부해가기도 쉽지 않았다. 그럼에도 신라와 가야의 건국 신화에 관심을 갖고 씨름하게 된 것은 바로 두 성모의 신화적 위상 내지 의미를 '건국 신화의 틀 속에서' 이해하기 위해서였다. 우선은, 지금까지 건국신화 밖에서 움츠려 있던 성모 신화를 안으로 끌어들일 필요가 있었기 때문이다. 논의가 성글고 난삽하지만, 그리고 논리적 비약과 성급한 추단이 남발한 듯하지만, 이 글을 통해 적어도 두 성모가 각국 건국신화에 들어올 여지는 마련되었다고 본다. 또 하나는 여성 신화 혹은 성모 신화만을 별도로 묶어 논의하면서 '측면 공격'을 하거나 별도의 '방'을 마련하는 것도 의미가 있지만, 두 성모를 밀어 낸 건국신화와 정면으로 대결하면서 문제를 푸는 것이 더 효과적이라고 생각했기 때문이다.

그러기 위해선 현전하는, 잘 알려진 혁거세 신화와 수로왕 신화를 해체하고 다시 신화가 구성된 길을 따라갈 필요가 있었다. 각국의 개별 전승을 살려내어 그것이 어떤 시대에, 어떤 의도로, 생겨났다가 밀려나고, 혹은 변질되면서 현전하는 신화로 귀결되었는가 하는 점을 밝히는 데 건국신화의 형성 논리가 큰 도움이 되었다. 성모 신화는 바로 그 개별 전승 중 하나로서 한 때 각국의 전 지역에서 신성시되었다가 건국의 역사 내지 그 신화적 설명에 의해 밀려난 것이다.

이 책은 1999년에 「신라・가야 건국 신화의 체계화 과정 연구」란 제목으로 제출한 박사학위 논문을 엮은 것이다. 인용된 번역문을 읽기 쉽게 손질하고 원문을 제시하는 것 외에 크게 고치지는 못했다. 무엇보다 당시 게으름을 피우다 빠뜨린 선행 연구 논저 중 중요한 것 한두 개를 문맥에 맞게 끼워 넣는 것이 큰일이었다. 부록에 실은 「여성신화의 원리」는 박사과정 중 학위 논문을 구상하면서 써서는 『한국문학연구』 19집(동국대 한국문학연구소, 1997)에 발표한 것이다. 그 중 성모 신화 부분을 확장한 것이 바로 박사 학위 논문의 주제가 되었다고 할 수 있다. 논의가 지나치게 추상적인 흠이 있지만 그런 대로 신라와 가야의 건국 신화를 연구하기까지의, 학문의 여정을 보여준다는 의미에서 함께 싣게 되었다.

지금 생각해 보면 성모 신화를 끄집어내기 위해 현전하는 건국신화를 흐트러뜨려만 놓고 추스르지는 못한 것 같다. 들어가기는 쉬웠는데 나오지 못했다는 생각이 드는 것이다. 그만큼 관련된 사항이 많고 해결해야 할 문제가 많아서일 것이다. 특히, 일본 쪽 자료를 많이 보지 못한 것이 내내 아쉬움으로 남는다. 당시 다섯 분의 심사위원 선생님들께서 짚어주신 사항을 염두에 두고 대폭 보완하리라 마음먹고 있었지만 게으름을 피우다 그렇게 하지 못했다. 더욱이 그 동안 연행록 해제, 설화 채록, 불교 설화 정리 등 이런 저런 '작업'을 하느라 논문을 수정한다는 생각은 커녕 신화에 대한 관심의 끈마저 이어갈 수 없었다. 이러할 때 한국학술정보사에서 출판을 권유해 온 것은 다행스런 일이라 아니할 수 없다. 다시 신화로 돌아와서 해결되지 않은, 여러 문제점들을 고민해 보는 계기가 되었기 때문이다. 여러 가지로 감사하게 생각한다.

이 책이 나오기까지 많은 분들이 도움을 주셨다. 대학에 들어와 4학년이 되어서야 고소설 담당 교수님을 만나보게 되었는데, 그 분이 그 첫 수업에 들고 오신 것이 루카치의 '소설의 이론'이다. 지금 생각나는 것은 '전쟁', '문학' 등 몇 가지 단어지만 당시 교수님과의 첫 만남은 신선한 '충격'이었고 기대 이상이었다. 그로부터 그 분은 15년이라는 긴 시간 동안 서늘한 혹은, 편안한 그늘이 되어 주셨다. 지금까지 공부의 방향을 잡아주시고, 학자의 길을, 책임감을 몸소 보여주신 김태준 교수님께 먼저 감사를 드린다. 여성주의 문학론을 가다듬어 주시고, 무엇보다 보잘 것없는 학위논문을 일일이 교정해 주신 홍기삼 교수님의 은덕을 잊을 수 없을 것이다. 기꺼이 논문 심사에 참여해서 꼼꼼히 지적해 주신 서대석 교수님, 이기동 교수님, 황패강 교수님께도 감사를 드린다. 우둔한 제자에게 한문을 가르쳐 주신 이종찬 교수님, 자료의 중요성을 일깨워 주신 임기중 교수님, 석사 논문 심사 때 문장을 직접 고쳐주어 논문 쓰는 법을 알려 주신 김영동 교수님께도 이 자리를 빌려 감사를 드린다.

  학위 논문을 쓸 때 딸아이가 4살이었다. 건강하게 잘 자라준 딸아이와 늘 곁에서 힘이 되어 주는 남편에게도 고마움을 표한다.

2005년 5월
박 상 란

차 례

1. 서 론

1) 연구의 목적과 선행 연구 검토

신화는 그 자체 고대의 문학 장르이면서 후대 문학의 원류이다.[1] 이러한 점에서 신화 연구는 바로 문학사의 근간을 이해하기 위한 것이다. 또한 신화는 신화와 역사, 문학과 역사가 하나로 통하던 시대의 산물이다. 따라서 신화 연구는 문학의 역사성을 해명하기 위한 것이기도 하다. 특히, 건국신화는 신화가 역사와 부딪쳐서 생긴 매듭이기에 그러한 점을 밝히는 데 적절한 장르이다.

이 글은 신라와 가야 건국신화의 특성을 밝히는 데 목적이 있다. 이를 위해 각 건국신화를 구성하는 개별 전승의 폭과 깊이를 드러내어 그것대로 일정 지역과 시기에 있어 의미 있는 신화였음을 명시하고자 한다. 그리고 그것들이 서로 얽히어 복잡한 구조로 통합되어 나아가는 과정을 살펴 건국신화로서 형성되고 존재하는 방식을 규명하고자 한다. 둘을 비교하는 것도 비교 그 자체에 의미를 둔 것이 아니라 신라와 가야 건국신화의 특징을 좀 더 강조하기 위한 것이다. 또한 이 글은 그간 소홀히 다루어진 성모 신화와 선주민 신화를 다루어 양 건국신화에서 그것들이 차지하는 위상을 밝히는 데에도 힘쓸 것이다.

지금까지 이루어진 신라와 가야의 건국신화 연구는 다른 나라의 경우에 비해 미흡한 편이다. 이는 첫째로 양국의 신화 관련 자료가 『삼국사

---

1) 현용준, 「古代神話와 한국문학의 원류」, 『韓國文學硏究入門』(황패강 외 편), 지식산업사, 1982, pp.89~91 참조.

기』, 『삼국유사』 등 국내의 몇몇 사서에 한정되어 전하기 때문인 듯하
다. 건국신화로서는 가장 풍부한 자료를 남긴 고구려의 주몽 신화[2]를
비롯하여 그것을 둘러싸고 서로 긴밀하게 관련되어 있는 고조선, 부여
의 건국신화에 연구의 초점이 맞추어진 것은 우연이 아닐 것이다. 일찍
이 홍기문이 지적하듯이 이들 나라의 건국신화는 우리 문헌과 중국 문
헌에 함께 나타나 있어 '착잡'한 전승 양상을 보여 주니[3] 그것들 간의
관련성을 살펴 건국 신화의 맥을 잡는 데도 공이 많이 들 것은 사실이
다. 하지만 자료가 적다고 그 연구를 소홀히 할 수는 없다. 그렇게 된
원인을 찾아내고 적절한 방법을 동원해 해당 신화 문맥을 읽어낼 필요
가 있다. 더욱이 신라와 가야 건국신화의 자료는 빈약하지만[4] 다양한
전승으로 얽혀 있어 생각하기에 따라서는 그 역시 풍부한 면이 있다.

둘째 원인으로는 한 때 팽배해 있던 민족주의 신화 연구 경향[5]을 들
수 있다. 즉, 고조선, 부여, 고구려 건국신화에 대한 연구 성과를 통해
민족사의 연원 내지 한국 신화의 원류를 찾고자 하였다는 것이다. 이러
한 연구 자체야 필요하고 흥미 있는 것이다. 다만 거기에 너무 힘을 쏟
은 결과 신라와 가야의 건국신화에 대한 관심이 적었다든지 그것을 기

---

2) 나경수는 동명, 주몽 신화를 싣고 있는 역대 중국, 일본 사서를 모두 소개한
   바 있다. (나경수, 『韓國의 神話研究』, 교문사, 1993, p.25 참조)
3) 홍기문, 『조선신화 연구』, 사회과학원 출판사, 1964; 지양사, 1989, p.86 참조.
4) 김정학은 이와 관련하여 특히, 가야의 경우 "存立 當時에는 文定記錄이 없었
   던 듯하여 오늘날 遺蹟·遺物에 있어서나 古文獻에 있어서나 伽倻自體의 文
   字記錄이 아직 발견된 것이 없다."고 하였다. 그리고 이어 "伽倻의 文字記錄
   이 없었기 때문에 그 뒤 伽倻의 存在에 대한 認識이 희미하여졌고 近世에 이
   르기까지 우리 歷史에서 거의 忘却되었던 것"으로 추정하였다. (김정학, 「伽
   倻의 國家形成」, 『伽倻文化』 창간호, 가야문화연구원, 1988, pp.9, 10)
5) 이는 특히, 1910~1920년대를 전후하여 김교헌, 박은식, 신채호, 최남선 등에
   의해 이루어진 종교, 신화 연구의 특징을 일컫는 것이다. 이들 논의의 공통
   점은 단군 내지 단군 신화에 일차적 관심을 두었다는 것, 국권 회복이라는
   당시의 민족적 과제의 해결을 위한 정신적 기반을 종교, 신화에서 찾으려
   했다는 것이다. (서영대, 「韓國古代 神觀念의 社會的 意味」, 서울대학교 박사
   논문, 1991, pp.6~14 참조)

준으로 한국 신화의 체계를 세우는 과정에서 양국 신화의 특수성을 간과한 것이 문제다. 더욱이 이상의 신화에서 추출한 체계를 무리하게 적용한 결과 신라와 가야의 건국신화는 무엇인가 결여되어 있거나 기형적인 것으로 취급되어온 감이 있다. 예컨대 나경수는 수로 신화가 '파행적 형태'를 갖고 있다고 했는데[6] 그러한 지적 자체야 있을 수 있다. 하지만 다른 네 나라 건국신화에선 네 개의 동일한 에피소드가 순차적으로 구성되어 있는데 "수로 신화는 이런 서열적 구성에서 상당히 일탈"해 있어서 파행적이라는 논리는 재고할 필요가 있다.

신화 체계론은 그 나름대로 필요하고 의미 있는 연구 주제다. 그것을 통해 민족 신화의 의미망을 일목요연하게 조망할 수 있을 뿐더러 개별 신화의 의미를 천착할 수 있기 때문이다. 그런데 지금까지 체계란 이름으로 한국 신화를 연구한 경우 "어떤 기준에 따라 분류하여 유형화하려는 작업"[7]에 힘쓴 감이 있다. 그러다 보니 한국 신화의 총체적 의미와 원리를 추궁한다는 애초의 의도에서 멀어져 갖가지 신화 유형이 양산되면서 개별 신화는 그 유형 속에 함몰되어 온 듯하다. 체계 논의는 그 성격상 개별 신화에 대해 위협적이고 따라서 일정한 한계를 갖기 마련이다. 무엇보다 자의적인 기준[8]에 따라 체계를 세우는 과정에서 공통적 요소를 추출하는 데 관심을 두다 보니 개별 신화의 특징을 다루는 데 소홀할 것이기 때문이다. 그러한 점을 보완하기 위해서라도 각 나라의 건국신화를 특수성의 견지에서 다룰 필요가 있다.

신라와 가야의 건국신화는 한국의 다른 건국신화에 비해 특이한 점을 많이 갖고 있다. 그들 신화를 배태한 역사적 과정이 유다르기 때문이다. 신라의 경우 3성 왕위 교대라는 독특한 왕권 계승 제도에서 알 수 있듯이 지배적 역사 담당층이 단일하지 않았다. 그들 간의 역학 관계를 중심

---

6) 나경수, 앞의 책, p.73 참조.
7) 이지영, 『韓國神話의 神格 由來에 관한 硏究』, 태학사, 1995, p.1.
8) 이에 대해서는 이지영, 위의 책, pp.2~5 참조.

14

으로 역사가 전개되었던 것이다. 또한 신라는 초기부터 많은 소집단들을 통합하는 과정에서 고대 국가의 성립을 보았기 때문에9) 다양한 신화 전승을 남겼다. 선도산 성모 신화, 6촌장 신화 등 성모 신화와 선주민 신화가 존재하는 것은 이 때문이다. 가야의 경우 이질적인 집단들이 각축을 벌이긴 했으나 그것들이 통합되어 중앙집권 국가를 이루는 데로 귀결되지 않았다는 점에서 신라와 다르다.10) 5가야니, 6가야 연맹체니 하는 후대의 가야사 인식은 여기에서 비롯되었다고 할 수 있다. 특히 가야는 김해와 고령 등 두 지역을 중심으로 많은 소집단들이 이합집산을 하다 연맹왕국11) 상태로 망했다.12) 가야의 건국신화가 본가야의 수로왕 신화와 대가야의 정견모주 신화라는 두 개의 독자적인 신화로 전하는 것은 이 때문이다. 요컨대 신라와 가야는 복잡다단한 역사적 특수성에 따라 다원적인 건국신화를 남겼다.

또한 신라와 가야의 경우 삼국 통일기에 들어서 건국신화가 한 차례 체계화되었을 가능성이 높다는 점에서 다른 나라의 경우와 다르다. 예컨대 고구려의 경우 삼국 통일기를 넘지 못하고 망국에 이르렀기 때문에 그 시기를 전후해 건국신화가 체계화되었을 가능성은 없다. 물론 가야는 고구려보다도 일찍 망했다. 하지만 통일 직후 신라 쪽의 역사적 상황 속에서 가야계 김씨 세력의 개입에 의해 건국신화가 체계화되었을 것이라

---

 9) 이기동은 "신라는 慶州盆地의 조그마한 城邑국가로부터 출발하여 주위의 여러 동료 국가를 모조리 통합, 韓半島의 주요부를 거의 모두 독차지하는 큰 영역국가로 발전하였으니, 그 역사는 바로 국토통일의 역사이기도 하였다." 하고 신라가 "이웃 나라들을 병합하는 데 놀라운 솜씨를 보여 주었다."고 하였다. (이기동, 『新羅社會史硏究』, 일조각, 1997, p.2)
10) 김영일, 「「가락국기」 敍事의 構成原理에 關한 一考察──然의 記述態度를 中心으로」, 『加羅文化』 5, 경남대 가라문화연구소, 1987, p.9 참조.
11) 이기동은 연맹왕국에 대하여 "하나의 宗主인 세력을 중심으로 하여 주위의 인접한 여러 동료 성읍국가들이 완만한 형태로 망라되어 있는 상태"로 "일종의 모자이크 형태의 국가"라 하였다. (이기동, 「加耶史 硏究의 諸問題」, 『伽倻文化』 4, 가야문화연구원, 1991, p.214)
12) 김정학, 앞의 논문, pp.43~44 참조 ; 이기동, 위의 논문, pp.214~215 참조.

는 점에서 가야는 특이한 경우에 속한다.

　셋째, 신라와 가야의 건국신화에 대한 연구가 미진한 것은 혁거세 내지 수로왕을 중심으로 하는 연구 경향[13]과 맞물려 있다. 여기에 탈해, 알지 신화 등을 보태더라도 그것들을 개별적으로 다루는 한 결과는 마찬가지다. 신라와 가야의 건국신화는 다원적이고 복잡한 양상을 드러내기 때문에 그 하나 하나로는 그러한 특성을 끌어내는 데 한계가 있다. 거기에 포함되어 있는 개별 전승을 모두 문제 삼되 그것들 간의 관련성을 중심으로 전체로서 다루어야 한다. 지금까지 이러한 방식으로 양국의 건국신화에 접근한 예는 신라의 경우 홍기문[14], 김동욱[15]의 간략한 언급과 권태효[16], 김두진[17], 김광섭[18]의 연구를 제외하면 없다. 가야의 경우는 이강옥[19]과 김두진[20]의 연구를 빼고는 없다. 물론 이러한 접근 방식

---

13) 三品彰英, 「首露伝説」, 『日鮮神話傳説의 研究』, 柳原書店, 1943, 평범사, 1972 ; 정중환, 「新羅建國 說話 小考」, 『慶州史學』 3, 동국대 경주대학 국사학회, 1984, 「駕洛國記의 建國神話」, 『伽倻文化』 4, 가야문화연구원, 1991 ; 한재룡, 「韓國의 古代建國神話 硏究」, 대구대학교 박사 논문, 1996. 이 외에도 더 들수 있으나 뒤의 신화・원형적 연구 논저와 겹치는 것은 그 쪽으로 미룬다.

14) 홍기문, 앞의 책, pp.81, 92, 95 참조.

15) 김동욱, 「韓國文學의 底基」, 『東方學志』 10, 1969 참조.

16) 권태효, 「석탈해(昔脫解) 신화 연구」, 『京畿語文學』 9, 경기대 국어국문학과, 1991. 권태효는 석탈해 신화의 특성을 살피는 중에 신라 건국신화의 유형과 가야 건국신화의 유형을 다루었다. 그런데 이들 유형 간의 관계보다는 유형의 특징과 공존에 초점을 맞추었다.

17) 김두진, 「新羅 脫解神話의 形成基盤—英雄傳說的 性格을 中心으로」, 『國學論叢』 8, 국민대학교 한국학연구소, 1986, 「新羅 建國神話의 神聖族觀念」, 『韓國學論叢』 11, 국민대학교 한국학연구소, 1988. 김두진은 최근에 이 두 편을 비롯하여 고조선, 고구려, 백제, 가야의 제의와 신화를 사회사상사적으로 다룬 논문들을 묶어 단행본으로 출간하였다. (『韓國古代의 建國神話와 祭儀』, 일조각, 1999)

18) 김광섭, 「韓國 古代 南北 神話의 比較硏究—神話構造와 人物類型을 中心으로」, 경희대학교 석사논문, 1986.

19) 이강옥, 「首露神話의 서술원리의 특수성과 그 현실적 의미」, 『加羅文化』 5, 경남대 가라문화연구소, 1987. 이강옥은 『가락국기』의 수로왕 신화가 몇 개의 층위로 되어 있는데 그 각각에 특정 집단의 의식, 의지 등이 투영되어 있으며

의 필요성에 대해 언급한 경우가 없었던 것은 아니다.[21] 그것이 본격적
인 신화 분석으로 이어지지 않았다는 것이다.

마지막으로 현전하는『삼국사기』,『삼국유사』내의 신라와 가야 건국
신화를 고정된 텍스트로 간주하고 신화·원형적 해석에 만족하는 연구
경향[22]에 제동을 걸 필요가 있다. 그렇게 해서는 건국신화로서의 형성
과정 및 현실적 관계에 따른 유동성(流動性)이 충분히 드러나지 않을 것
이기 때문이다. 건국신화는 분명 역사성을 함의하고 있기에 그에 대한
고려가 선행되어야 한다.

2) 연구의 전제

(1) 신라와 가야의 건국신화를 함께 다루는 이유와 방법

신라와 가야의 모태는 진한과 변한인데 이 둘은 변진한으로 불리는
것처럼[23] 같은 종족 계통으로 간주되곤 하였다. 진한과 변한은 섞이어

___

이것이 역사현실적 상황과 긴밀히 관련되어 있다고 하였다. 물론 수로왕 신화
의 서술 원리를 역사적 상황과 관련시킨 점에선 이 글과 같지만『가락국기』형
수로왕 신화를 중심으로 한다는 점, 거기에 포함되어 있는 개별 전승들을 독
립적인 신화로 보지 않고 층위로 보았다는 점에서 이 글과 다르다.
20) 김두진,「加耶 建國神話의 성립과 그 변화」, 앞의 책.
21) 정중환, 앞의 논문(1991), p.144 참조.
22) 신라와 가야의 건국신화를 연구하는 경우 대개 그렇다고 보는데 대표적인 것
   으로는, 김승찬,「赫居世神話의 祖型硏究」,『國語國文學』10, 부산대학교 국어
   국문학회, 1971 ; 김화경,「신라 건국 설화의 연구」,『民族文化論叢』6, 영남대
   학교 민족문화연구소, 1984 ; 허경회,「韓國의 王祖說話 硏究」, 전남대학교 박
   사논문, 1987 ; 최진원.「韓國神話考釋」2, 3,『대동문화연구』24, 25, 성균관대
   학교 대동문화연구소, 1990, 1991 ; 정상균,「駕洛國 神話 硏究」,『說話文學硏
   究』(下), 各論, 화경고전문학연구회 편, 단국대학교 출판부, 1998.
23) "弁辰韓合二十四國"(『三國志』卷 三十, 東夷傳)

살았으며 성곽, 의복, 거처, 언어, 법속 면에서 같거나 비슷했기[24] 때문
일 것이다. 특히, 언어의 경우 진한이 마한과는 같지 않고[25] 변한과 비
슷했다는 것은 둘이 같은 종족 계통임을 암시하는 것이다. 신라와 가야
의 건국신화를 함께 다루는 데 있어 양국의 이러한 근원적인 유사점은
일차적으로 참조되어야 한다. 다만 이러한 점들이 중국 측 사서에 단편
적으로 남아 있을 뿐더러 다른 사서와 어긋나는 점도 있어[26] 이를 근거
로 삼아 양국의 건국신화를 구체적으로 비교하는 데는 무리가 따른다.
따라서 이 글에선 이상의 언어, 종족 계통상의 공통점을 염두에 두되 논
의의 초점을 양국의 사회 · 역사적 특수성에 맞추려 한다.

신라와 가야의 건국신화는 첫째, 다원적이고 복잡하다는 공통된 전승
양상을 드러낸다. 특히 독립적인 성모 신화가 저층에 뿌리 깊게 자리하
고 있는 것, 선주민 신화가 부각되어 있는 것은 다른 나라의 경우와 구
별되는 두 신화의 현저한 특징이라 할 만하다. 이는 양 국가가 모두 이
질적인 집단들로 구성되어 있었던 것, 그 집단들 간의 역학 관계가 역사
전개의 추동력이었다는 데 기인한 것이다. 둘째, 두 신화는 양국의 각이
한 역사적 사정에 따라 체계화의 경로를 달리 하지만 그 원리가 동일하
다는 점에서 상통한다. 특히 성씨 취득(姓氏取得)으로 구체화되는 계보
의식에 따라 두 신화는 비슷한 시기에 체계화된 것으로 보인다. 이상의

---

24) "弁辰與辰韓雜居 亦有城郭 衣服居處與辰韓同 言語法俗相似" (『삼국지』, 동이전)
25) "辰韓在馬韓之東 (중략) 其言語不與馬韓同" (『삼국지』, 동이전)
26) 이기문은 『삼국지』의 기록과 달리 『후한서』에는 진한과 변한의 언어가 다른
것("言語風俗有異")으로 되어 있어 두 기록이 혼선을 보이고 있다고 하였다.
그리고 이와 관련하여 "어떤 두 言語를 두고, 그 相似와 相異의 어느 쪽에
焦點을 두느냐에 달린 듯이도 생각된다. 이 兩言語가 상당한 差異를 가지고
있었다고 보는 것이 온당할 것이다. 이 差異는 몇몇 例에 의해서 實證되므로
더욱 의심할 여지가 없는 것이다."라고 하였다. (이기문, 『國語史槪說』, 탑출
판사, 1961/1972, p.31) 물론 두 사서 중에 먼저 기록되어 원 자료라 할 수 있
는 것은 『삼국지』이므로 (김철준 · 최병헌 편저, 『史料로 본 韓國文化史』 고
대편, 일지사, 1986, p.26 참조) 위의 견해는 재고할 필요가 있지만 이에 대해
더 이상의 논의를 전개하는 것은 이 글의 성격상 무리일 것 같다.

두 가지 점에서 볼 때 신라와 가야의 건국신화는 함께 다룰 필요가 있다.

지금까지 신라와 가야의 건국신화를 묶어 다루면서 그 공통적 특징을 지적한 논의가 없었던 것은 아니다. 하지만 대개 혁거세와 수로 신화, 탈해와 수로 신화 등 개별 전승을 중심으로 모티프상의 유사점과 영향 관계[27], 구조·계통상의 공통점[28] 등을 간략히 언급하고 말아 아쉬운 감이 있다. 두 신화가 닮아 있는 점만 확인하고 그 원인에 대해선 천착하지 않았다는 것이다. 이에 비해 김현룡은 "양국이 공히 지역 농경 사회를 형성하여 살았으므로, 여러 가지 동질 조건 때문에 유사한 건국신화가 형성"되었든지, 가야 신화가 "선행하였던 신라 건국 신화들에서 영향"을 입었을 가능성이 있다 하였다.[29] 지역적 공통 기반을 지적한 것인데 비슷한 논의로는 정상균의 것을 들 수 있다.[30] 그런데 혁거세 신화와 수로왕 신화를 놓고 신라와 가야 건국신화의 선후를 따지기에는 한계가 있지 않을까 한다. 더 많은 각국의 개별 신화 전승을 대상으로 그것들 간의 관계를 먼저 규명한 다음 양국 건국신화의 관련성을 논해야 할 것이다.

홍기문은 알이 하늘에서 구지라고 하는 산봉우리로 내려온 것을 놓고

---

27) 소재영, 『韓國說話文學硏究』, 숭전대학교 출판부, 1984, pp.112, 114. 난생담의 측면에서 "가락국기는 신라의 이야기를 밑바탕으로 하여 이루어진 것 같다"고 하였다.

28) 나경수는 단군, 주몽 신화를 신내림굿 구조로, 혁거세, 수로 신화를 신맞이굿 구조로 보아 두 계열이 지역적으로 북부와 남부로 양대별된다고 하고 이를 巫圈과 관련시켰다. (나경수, 앞의 책, p.61 참조) 이지영은 신격의 혈통과 좌정 과정을 기준으로 한국의 건국신화를 직접 하강한 건국 시조, 지상에서 탄생한 건국 시조로 나누고 후자를 다시 천부지모형과 천남지녀형으로 나누는데 혁거세와 수로 신화가 천남지녀형에 속한다고 하였다. (이지영, 앞의 책, p.61 참조) 권태효는 혁거세와 김알지 신화가 신성 인물의 탄생과 즉위를 신화의 구성 양상으로 하는 신라 고유의 신화 유형에 속한다 하고 수로왕 신화가 이와 동일한 유형으로 묶일 수 있다 하였다. (권태효, 앞의 논문, pp.240~243 참조)

29) 김현룡, 『韓國古說話論』, 새문사, 1984, pp.68~69.

30) 정상균, 앞의 논문, p.164 참조.

수로 신화는 "산으로 내려온 6부 조상들의 이야기와 알로 태어났다는 혁거세의 이야기를 한 데 합쳐 놓은"[31] 것이라 하였다. 또한 탈해와 수로의 경합술은 "직접적으로 신라 건국 신화와 가야 건국 신화의 연관성"[32]을 보여 준다고 하여 두 신화의 '직접적' 연관성을 시사한 바 있다. 하지만 그 '직접적 연관성'이라는 현상이 어떠한 것인지에 대해선 구체적으로 논하지 않았다. 신화 내적인 차용 현상이라는 것인지, 양국의 역사적인 관계가 반영되었다는 것인지 분명하게 밝히지는 않았다는 것이다. "고대 동방에서 남쪽으로 가야와 신라의 관계는 북쪽으로 부여와 고구려의 관계를 연상케 한다. 서로 대립해서 각각 발달해온 것도 같고 중간에 이르러 한 나라가 다른 나라를 정복해 버린 것도 같다."[33]고 해서 신라와 가야를 한 짝으로 보는 시각을 견지한 듯 하지만 이것 역시 두 신화의 직접적 연관성을 해명하기에는 역부족이다. 이에 비해 김두진은 수로와 탈해의 경합술의 경우 가야 지역의 영유권을 놓고 격돌한 사건이 반영된 것으로 보아[34] 그것을 양국의 역사적인 관계와 직결시켰다.

이상의 논의들은 양 건국신화의 공통성을 지적하고 그 원인을 다양한 방면에서 찾았다는 데 의의가 있으나 혁거세, 탈해, 수로 신화 등 개별 전승을 중심으로 했다는 한계를 드러낸다. 양 건국신화는 각기 다양한 개별 전승으로 얽혀 있어 그것들 간의 관계를 먼저 규명한 후 둘을 전체적으로 비교해야 하기 때문이다. 또한 요소 내지 구조 간 동이(同異)만을 지적할 것이 아니라 구체적인 얽힘의 양상 내지 그렇게 된 원인을 본격적으로 분석해야 비교가 의미 있게 될 것이다. 이 글에선 개별 전승의 측면에서 두 신화가 전승상의 다양한 특징을 공유함을 밝히고 체계화의 측면에서 각 전승들이 체계화되는 과정과 거기에 작용하는 원리가

---

31) 홍기문, 앞의 책, p.117.
32) 홍기문, 앞의 책, p.118.
33) 홍기문, 앞의 책, p.110.
34) 김두진, 앞의 논문 (1986), p.11.

어떻게 같고 다른지 규명하고자 한다. 개별 전승과 체계화에 대한 해명
이 있어야 각 건국신화의 총체적 의미가 밝혀질 것이기에 둘을 비교할
때에도 이러한 틀을 염두에 두어야 한다고 본다.

(2) 체계화란 개념을 설정할 필요성

신라와 가야의 건국신화는 오랜 역사적 과정에서 부침했던 개별 전승
들의 얽힘으로 존재한다. 양국의 건국신화를 연구하는 데 있어 개별 전
승들의 신화적 의미와 그것들 간의 관계를 밝히는 작업이 선행되어야
하는 것은 이 때문이다. 그런데 현전하는 문헌 내의 신화 문맥에선 개별
전승들의 형태가 온전히 드러나지 않는다.[35] 다른 것에 밀려 현저히 축
소되어 있거나 감춰져 있고, 혹 다른 것과 중첩되어 있거나 맞서 있어
원래의 신화 형태는 알 수 없게 되었다. 그렇다 하더라도 "오늘에 보다
더 상세하게 전해진 신화에 가려 있는 원형의 신화를 놓치거나 과소평
가"[36]할 수는 없다. 약하게나마 남아 있는 애초의 신화 요소, 그것도 본
질적인 면을 토대로 원래의 신화 형태를 재구할 필요가 있다.[37] 이와 관

---

35) 정중환은 이와 관련하여 현전하는 건국신화는 "元來의 모습을 깎고, 變形하
　고, 없애버리고 하여 옛 사람들의 웅장한 생각과 꿈이 전해지지 않고, 硬直
　한 合理主義的 思考方式에 의한 어색스러운 모습"을 전하고 있다 하였다.
　(정중환, 앞의 논문(1984), pp.1~2)
36) 김열규, 「<三國遺事>와 神話」, 『三國遺事의 문예적 硏究』(김열규·신동욱
　공편), 새문사, 1982, p.Ⅲ-28. 여기에서 '원형'이란 용어는 6촌장 신화와 같
　은, 국가 성립 이전의 씨족 신화가 혁거세 신화와 같은 건국신화보다 앞선
　형태라는 의미에서 사용되었다. (pp.Ⅲ-22~28 참조)
37) 조동일은 현전하는 신화 자료들이 후대에 전해지는 동안에 많은 변모를 겪
　어 본래 신화의 온전한 모습을 보여 주지 않으므로 "그 모습은 여러 자료를
　통해서 추리해 낼 수밖에 없"다고 하여 재구의 필요성을 암시하였다. (조동
　일, 『우리 문학과의 만남』, 기린원, 1988, p.83) 이와 관련하여 전인초와 김선
　자는 "신화의 원형을 찾아낸다는 것은 근본적으로 불가능한 작업일지는 몰
　라도 역사와 철학의 껍질을 걷어내고 좀 더 많은 문헌에 의해 조금이라도
　원형에 가까이 다가가 고대인들의 의식 세계와 그 당시의 사회상을 총체적

련하여 김열규는 6촌이 혁거세에 의해서 통합되어 가는 과정에서 6촌장 신화는 겨우 모티브만 남은 것이라 하고 "비록 그 표현이 간결하고 서사적 요소가 거의 없기는 하나, 六祖降天 모티브가 윤색되고 살을 얻게 되면 혁거세신화가 생겨날 수 있다"[38]고 하여 개별 전승을 재구하는 구체적인 사례를 남겼다. 이 글에선 현전 문맥대로가 아닌 재구형을 개별 전승이라 하고 신라의 경우 선도산 성모 신화, 6촌장 천강 신화, 이성 신화, 3성씨 시조 신화, 가야의 경우 정견 모주 신화, 9간 신화, 수로왕 신화를 양국 건국신화의 개별 전승으로 상정해 보았다.

재구형으로서의 개별 전승은 공시적인 양태와 통시적인 양태를 둘 다 지칭하는 것으로 신라와 가야 건국신화의 복잡성과 다원성을 이해하는 데 긴요한 개념이다. 그것이 공시적인 양태를 가리킬 경우 각 개별 전승은 독자적인 하나의 신화[39]로서 존재했음을 의미한다. 즉, 이것들은 신라사와 가야사의 어느 한 시점에서 경쟁 관계에 있는 다른 신화들보다 우월한 위치에서 성모 신화 내지 시조 신화로, 건국신화로 절대적 신성성을 확보했을 것이기 때문이다. 한편 각 개별 전승들 간에는 선후가 있고 부침이 있다. 즉, 이것들은 역사상 중대한 시기에 좀 더 복잡한 형태의 신화로 통합된 것으로 보인다. 이 글에선 이러한 현상을 체계화라 일컫기로 한다.

체계화란 문화사적으로 앞선 단계의 신화가 일정 시기의 역사적 맥락에서 다음 단계의, 좀 더 복잡한 신화로 통합되는 현상을 말하는 것이다. 이러한 점에서 볼 때 위에서 말한 개별 전승들 각각은 모두 체계화된 것이라 할 수 있다. 예컨대 신라의 경우 성모신화→이성 신화, 이성 신화 › 삼성 씨 시조 신화의 방향으로 신화의 체계화가 이루어졌다. 물론 성모

으로 파악"할 필요가 있다 하였다. (전인초·김선자, 『중국신화전설』 역자 해제, 민음사, 1988, p.699)
38) 김열규, 위의 논문, p.Ⅲ-27.
39) 김열규는 이를 '독립된 신화 쟝르'라 하였다. (위의 논문, p.Ⅲ-28)

신화의 경우 문헌 자료상으로는 확인되지 않지만 문화사적으로 그보다 앞선 신화, 예컨대 창세 신화 등을 이어받아 체계화된 것이라 할 수 있다.

한편 체계화의 시점에 초점을 맞춘다면 앞선 단계의 것을 이어받되 당시의 역사적 필요성에 따라 거기에 여러 신성 요소를 보태 신화를 재조직하는 능동적인 작업이 상정된다. 물론 신화를 신화로 보아 그것은 자연스럽게 존재하면서 변한다는 입장에선 신화의 체계화 자체가 어불성설이기는 하다. 하지만 건국신화의 경우 신화가 신화로만 존재한다고 할 수 없다. 건국신화란 기존의 신화에 여러 다른 신화 요소를 보태 그것들을 건국의 과정과 의미를 설명한다는, 일정한 목적에 맞게 조직한 것이기 때문이다.

이러한 신화의 체계화란 단순히 설화들이 결합되었다는 의미의 '복합된 설화'[40], 이전 시기의 신성한 설화들이 날과 씨가 되어 이루어진 것이라는 의미에서 고려 건국 신화에 붙여진 '長篇神話'[41]의 개념과 다른 것이다. 물론 후자의 경우 건국의 천명성을 과시한다는 의도로 통일된 구성을 갖추었다[42]고는 하지만 전자와 마찬가지로 거기에 편입된 설화들이 문화사적 단계성을 드러내지 못하기 때문에 체계화되었다고 볼 수 없다. 이러한 점에서 특정한 계급의식에 어울리는 유형에 맞추어 그 이전의 단편적이고도 부동적(浮動的)인 소재들이 개편 내지 재구되면서 오해·합리화·분단·훼손 등을 거친 것이라는, 와이징거(Weisinger)의 '신화 유형화' 개념[43]도 같은 한계를 갖는다. 오히려 신화 체계화 개념은 "부족 통합의 국가 사회로 발전하면서 각 부족이 가지고 있던 제의와 신화도 또한 통합"[44]되었을 것이라는 '신화 통합' 개념과 유사하다. 물론 여기에서 '신

---

40) 김화경, 『韓國說話의 研究』, 영남대학교출판부, 1987, p.123.
41) 장덕순, 『韓國說話文學研究』, 서울대학교출판부, 1978, p.63.
42) 장덕순, 위의 책, p.60 참조.
43) Herbert Weisinger, "Before Myth," *Journal of Folklore Institute*, Ⅱ, No. 2, p.129. (김열규, 『韓國民俗과 文學研究』, 일조각, 1971, p.29에서 재인용)
44) 서대석, 「고대 건국신화와 현대 구비전승」, 『민속어문논총』, 계명대학교출판

화 통합'은 제의를 매개로 한다는 점, 부족 신화가 고대 건국신화로 발전하면서 한 번만 이루어진다는 점, 그리고 그 과정에 작용하는 역사적 요인이 구체적이지 못하다는 점에서 신화 체계화와 다르다.

신화의 체계화가 본격적으로 논의된 것은 쿠르트 휘브너(Kurt Hübner)의 저서[45]에서이다. 그는 신화의 체계화를 최초로 시도한 헤시오도스의 경우 "세상의 발생에 관한 이야기와 神系譜를 서술했을 뿐"[46] 그것을 역사적 시간과 관련시키지 못했다고 하였다. 휘브너에게 있어서 신화의 체계화란 "계보학을 방편으로 해서 신화적 역사를 세속적 시간에 연결시키는 방법"으로 "신화에 합리주의와 일치하는 체계적 질서를 주려고 시도"[47]하는 것이기 때문이다. 여기에서는 그 대상이 되는 신화 자료의 특성보다는 체계화의 주체인 특정 역사가나 신화학자 개인의 의도가 중시된 감이 있다. 이는 체계화의 시점에 초점이 맞추어졌기 때문이다. 게다가 휘브너의 개념에 있어서 역사성이란 체계화 당시의 역사적 상황이 아니라 신화 자료를 재배열하는 데 소용되는 단순한 연대기라는 점에서 본격적인 신화 체계화 개념과 다르다.

전규태는 두 가지 측면에서 신화의 체계화를 언급한다. 하나는 문학적 체계화라 하는 것으로 일정한 주제에 의해 신화 자료들이 해석되고 결합・개변・각색되어 시적(詩的)으로 미화(美化)되는 것을 말한다.[48] 다른 하나는 역사적 체계화로 신화의 개변을 역사가 '몽타지'하고 문화가 해석한 결과로 보는 것이다.[49] 이 둘은 다른 것이 아닌데 단지 후자의 경우 역사를 체계화의 주체로 놓았다는 점이 특징적이다. 여기에서의 역사

부, 1983, p.195.

45) Kurt Hübner, *Die Wahrheit des Mythos*, 1985. 이규영 역, 『신화의 진실』, 민음사, 1991.

46) 쿠르트 휘브너, 위의 책, p.189.

47) 쿠르트 휘브너, 위의 책, pp.189, 191.

48) 전규태, 『韓國神話와 原初意識』, 이우출판사, 1985, p.313.

49) 전규태, 위의 책, p.314.

24

는 휘브너의 경우와 달리 체계화의 대상이 아니라 그 주체인 것이다. 이
는 "같은 민속학적인 유형(類型)에서 출발하면서도 그 체계화에 있어서
는 그리이스와 인도와 아라비아, 그리고 헤브라이 등이 제각기 크게 그
다른 양상을 보이기 시작한 것은 이른바 그 역사 문화의 전체 주류(主
流)의 차이에 의한다."50)는 언급에서도 알 수 있다. 이상의 논의는 신화
의 체계화에 역사적 요인이 작용한다는 것을 강조했다는 점에서 이 글
에서의 체계화 개념에 근접해 있다. 하지만 이러한 역사적 요인이 구체
적으로 지적되지 않았다는 점에서 아쉬운 감이 있다.

일본의 경우 大和 조정이 국가를 통일한 직후 그에 귀속한 각 씨족의
서열을 명시하고 통일의 필연성을 뒷받침하기 위한 일관된 사서로서『
古事記』(771)가 편찬되었다.51) 이는 황위 계승의 차례나 황실의 계보를
중심으로 한「帝皇日繼」와 大和 조정을 중심으로 여러 씨족의 전승을
배치한 것으로 보이는「先代舊辭」를 결합하여 통일된 형태로 만든 것이
라 한다.52)『고사기』의 성립에 중앙 집권적인 방향에서 국력의 충실을
꾀하고자 하는, 극히 정치적인 필요성이 작용한 것이다.53) 신현하 역시
"『古事記』는 천황 중심의 국가 건설이란 정치적 의도를 가지고 이루어진
것이기에, 여기에 전하는 신화는 체계적인 국가 신화로서 천지창조, 국
토의 생성(生成), 신들의 탄생, 지상에로의 강림 등 황실의 권위를 설명
하는 것들"54)이라 하여 그 성립의 역사적 의미를 당시의 정치적 의도와
결부시켰다. 이러한 점에서 일본의 경우 여기에서 말하는 신화 체계화
개념과 가장 흡사하다. 특히,『고사기』의 성립 연대가 8세기로서 신화시
대에서 멀어진 후대라는 점, 그 성립 과정에 작용한 현실 지배 집단의
정치적 의도가 분명하게 분석될 수 있다는 점 등은 신라의 3성씨 시조

50) 전규태, 위의 책, p.314.
51) 麻生磯次 외,『日本文學槪論』, 이영구 역, 교학연구사, 1983, p.98.
52) 麻生磯次 외, 위의 책, p.99.
53) 麻生磯次 외, 위의 책, p.99.
54) 신현하,『日本文學史』, 학문사, 1993, p.24.

신화, 가야의 『가락국기』형 수로왕 신화 등 특히, 후대에 이루어진 것으로 보이는 건국신화의 체계화를 이해하는 데 긴요한 사항이 아닐 수 없다. 요컨대 신화 체계화란 현실 지배 집단이 정치적 목적을 위해 기존의 것에 다른 신성 요소를 보태 신화를 조직하는 것을 말한다.

이상의 신화 체계화 개념을 따를 때 고조선, 부여, 고구려 등 다른 나라의 경우 건국신화가 형성되고 재편되었겠지만 체계화되었다고 볼 수는 없다. 여기에서 재편은 "완결된 건국 신화가 문헌전승의 과정에서 특별한 의도의 개입에 의해 변이를 일으키는 현상"⁵⁵⁾을 말하는데 이는 대개 해당 국가가 멸망한 이후 후대의 지식인 집단에 의해 일어나는 현상이다. 따라서 체계화의 경우와 같이 현실 지배 집단의 의도에 의한 것이 아니다. 오히려 재편은 국가 소멸 후 "민간에 전승되던 신화가 중세와 근대에 새롭게 재인식·재평가되면서 명실상부한 민족 신화로 부상"⁵⁶⁾한다고 하는 신화 재인식 현상과 관련되어 있다.

신라는 천년이라는 오랜 역사적 과정 속에서 일관된 국가 형태로 존속했다. 그 과정의 전환기마다 정치 체제를 재정비하는 작업이 있었을 것이고 그 일환으로 건국신화를 체계화했을 가능성이 짙다. 체계화의 주체는 물론 현실 정치 집단이다. 가야의 경우는 멸망한 이후 왕실의 후손이 신라의 지배적인 정치 집단에 편입되었다는, 특이한 역사적 상황 속에서 역시 신화의 체계화가 이루어졌다고 본다. 이러한 점에서 양국의 건국신화는 재편보다는 체계화의 개념으로 논의될 필요가 있다.

---

55) 조현설, 「건국신화의 형성과 재편에 관한 연구」, 동국대학교 박사논문, 1997, p.227.
56) 김종철, 「민족 신화의 전승과 그 의미」, 『민족문학사 강좌』 상(민족문학사연구소 편), 창작과비평사, 1995, p.62.

2. 신라 건국신화의 체계화 과정

1) 신라 건국신화의 개별 전승

(1) 선도산 성모 신화

신라 건국 신화는 두 계통으로 전승된다. 하나는 박혁거세가 알에서, 알영이 계룡에게서 태어났다는 것이고 다른 하나는 선도산 성모가 이 둘을 낳았다는 것이다. 지금까지 연구자들은 전자를 신라 건국 신화의 '정통'으로 간주하고 후자에 대해선 그리 큰 주의를 기울이지 않았다. 우선 대부분의 논의는 혁거세 난생 신화와는 별개의 성모 잉태 신화가 있음을 간단히 언급하거나 이를 산신 내지 지모신 신앙과 관련시켰다.[57] 혹은 선도산 성모 신화는 고대의 도선(道仙) 내지 불교 관련 사정을 방증하는 자료로 취급되기도 하였다.[58]

이러한 소극적인 관심보다 우려할 만한 태도는 선도산 성모 신화 자체를 부정하는 것이다. 그 중 이지영은 황패강의 글[59]에 입각해 중국색

---

57) 김철준, 「東明王篇에 보이는 神母의 性格」, 『韓國古代社會硏究』, 지식산업사, 1975, p.41참조 ; 손진태, 「朝鮮 古代 山神의 性에 就하여」, 『孫晉泰先生全集』 2, 대학사, 1981, pp.2/2~2/4 참조 ; 홍순장, 「新羅 三山·五岳에 대하여」, 『新羅民俗의 新硏究』(新羅文化祭 學術發表會論文集 4), 서경문화사, 1983 a, p.46 참조 ; 김두진, 앞의 논문(1988), p.30 참조 ; 김무조, 『韓國 神話의 原型』, 정음문화사, 1988, p.51 참조 ; 최광식, 「三國史記 所在 老嫗의 性格」, 『新羅史論文選集』 11, 불함문화사, 1992, p.7 참조 ; 나희라, 「新羅初期 王의 性格과 祭祀」, 『韓國史論』 23, 국사편찬위원회, 1993, p.84 참조.

58) 김현룡, 앞의 책, pp.154~177.

59) 황패강, 『韓國敍事文學硏究』, 단국대학교 출판부, 1972, p.136.

28

(中國色)으로 윤색된 북방무조적(北方巫祖的)인 이야기이므로 선도성모 신화를 논의 대상에서 제외한다고 하였다.[60] 하지만 황패강은 같은 글에 서 선도성모 신화는 비본질적인 요소인 중국색을 떼어 놓고 보면 북방 적인 신화의 계열에 들 만한 것으로 '원고적(原古的)'인 박혁거세 신화의 모태가 된다고 했다.[61] 두 계통의 신화를 포괄하는 논의를 편 것이다. 이러한 점에서도 이지영의 논단은 재고할 필요가 있다.

　　같은 선상에서 김현룡의 논의 역시 검토할 필요가 있다. 장황하지만 특히 문제가 되는 부분을 전부 들어보면 다음과 같다.

　　혁거세는 天馬의 감응으로 하강된 알에서 태어났고 閼英은 雞龍現
　瑞로 그 左脇에서 직접 탄생했다. 이것만으로서 손색없는 완벽한 신
　화이며, 민족의 의식과도 잘 조화된 국조 신화였다. 이 신화의 상위에
　결국 仙桃聖母를 올려놓은 것이 바로 신모 이야기인 셈이다. 백마와
　계룡을 선도산 신모의 化身으로 본 소치이다. 더구나 신모는 중국 帝
　室의 딸이니, 아마도 사대사상에 젖었던 후대의 사람에 의하여 의도
　적으로 구성된 것으로 보아야 옳을 것 같다.[62]

　　이 논의가 설득력을 갖추려면 '완벽한 신화'의 개념과 '민족의식'의 정체에 대한 해명이 선행되어야 한다. 이와 관련된 혁거세와 알영 신화 의 성격이 도출되지 않은 상태에서는 선도산 성모의 존재를 이상하게 여길 필요가 없겠기 때문이다. 더욱이 여기에서 '중국'적 요소가 개입한 것은 영적(靈的)인 것의 출처인 천상을 지상적인 것으로 나타내는 일종 의 합리화[63]의 일종으로 볼 수도 있다. 이러한 점에서도 중국적 요소를 들어 선도산 성모 신화 자체를 부정하고 그것을 '민족 신화에 대한 일대

60) 이지영, 앞의 책, p.161 참조.
61) 황패강, 위의 책, p.134.
62) 김현룡, 앞의 책, pp.65~66.
63) 황패강, 위의 책, p.140.

모독'으로 돌린다든지 혹은, '우리 신라를 중국에 예속시키려는 의도[64]의 소치로 보는 것은 재고할 필요가 있다. 요컨대 김현룡은 그가 이해하는 '완벽한' 민족 신화의 존재와 중국적인 요소를 들어 선도산 성모 신화를 부정한 셈이다. 물론 "선도산의 신모와 무관한 이야기를 서로 끌어 붙여……"[65] 운운할 때 그는 성모 신화 자체를 부인한 것은 아닌 듯하다. "(성모를) 국가의 신으로 모시고 삼사의 하나로 받들어온 사실 자체는 매우 오래된 일"[66]이라 하여 중국적인 것만 후대에 첨가된 것이라고 한 점에서도 그렇다. 이는 앞에서와는 모순되는 진술로 선도산 성모 신화에 대한 논자의 궁극적인 입장이 무엇인지 궁금하다.

이상 선도산 성모계 건국 신화에 대한 연구자들의 태도는 소극적이거나 부정적이다. 더욱이 그것을 박혁거세 난생 신화와 적극적으로 연결시키려는 시도는 찾아볼 수 없다. 이 글은 두 계통의 신라 건국 신화를 연결하는 데 관심이 있다. 따라서 둘의 관련성을 다룬 몇 가지 논의를 검토해 보는 것은 필수적이라고 생각한다.

우선 황패강은 선도산 성모 신화가 한국 신화의 원형이라고 할 수 있는 'pre-고구려 신화'의 한 유형으로서 박혁거세 난생 신화의 모태라고 하였다.[67] 이러한 견해는 두 계통의 신화를 적극적으로 연결시키려 했다는 점에서 고무적이다. 하지만 그가 말하는 '영(靈)의 육체실현(肉體實現)'[68]이란 모든 신화에 적용될 수 있는 보편적인 신화 개념인데 이로써

---

64) 김현룡, 앞의 책, p.67.
65) 김현룡, 앞의 책, p.67.
66) 김현룡, 앞의 책, p.155.
67) 황패강, 앞의 책, p.134 참조. 여기에는 몇 가지 전세가 깔려 있다. 즉, 북방 유목민족 사이에 분포되어 있는 '靈의 肉體實現'이라는 신화적 요소가 북방 민족의 한반도 이동으로 인해 한국 신화의 원형인 'pre-고구려 신화'의 토대가 되었다는 것(p.145), 선도산 성모가 이성(二聖)을 낳은 것은 "「上天」으로 象徵된 靈的 存在 原父가 靈媒를 통하여 母라는 體媒(女體)에 投入되어 受肉身的인 人物로 태어난 것"을 의미한다는 것(p.140), 마지막으로 선도산 성모 신화에 보이는 '비연복지' 화소는 북방계 신화의 요소라는 것(pp.137~138) 등이다.

구성된 'pre-고구려 신화'란 것이 다른 신화와 어떻게 변별되는 지 의문
시된다. 또한 이러한 막연하고 포괄적인 개념으로 단군, 주몽 신화와 선
도산 성모 신화를 쉽게 연결시킨 것은 아닌가 한다. 특히, 유화와 선도
산 성모가 같을 수는 없겠기 때문이다. 마지막으로 황패강은 어떻게 해
서 선도산 성모 신화와 박혁거세 난생 신화가 결합하게 되었는지 그 과
정과 맥락에 대해서는 면밀히 검토하지 않았다. 선도산 성모 신화가 원
고적인 박혁거세 신화의 모태이며 박혁거세 신화는 보다 후래적인 농경
정착 시대에 부연된 것[69]이라면 왜 이러한 부연이 필요하게 되었는지
그 원인을 규명하는 것이 무엇보다 필요하다.

　이에 비해 김준기는 선도산 성모 신화에 대해 원시 신모 신화 중 산
신 유래담으로 전승되던 신모계 신화가 기존의 건국신화를 잠식하며 국
조신화로 '역변이화(逆變異化)'가 일어난 것[70]이라 하였다. 그리고 여러
가지 근거를 들어 '신모계 혁거세 신화'는 고려 이후 민간층에서 형성되
어 유포된 것으로 보았다.[71] 즉, 황패강의 소론과는 대조적으로 박혁거
세 신화를 '원고'형으로 상정한다는 것이다. 그런데 그가 근거로 든 몇
가지 정황은 이러한 점을 입증하기에 역부족이 아닌가 한다. 우선, 그는
『삼국유사』의 경우 혁거세 신화는 건국신화를 모아 놓은 '기이편'[72]에

---

68) 황패강, 앞의 책, p.140.
69) 황패강, 앞의 책, p.134.
70) 김준기, 「神母神話硏究」, 경희대학교 박사논문, 1995, p.67.
71) 김준기, 위의 논문, p.70.
72) 김준기, 위의 논문, p.69. 여기에서 『삼국유사』의 기이편을 '건국신화의 모음'이
　　라고 한 것은 재고할 필요가 있다. 기이편은 고조선 이하 삼한, 부여, 고구려,
　　신라, 백제, 후백제, 가야의 역사를 기술하되 주로 『삼국사기』의 내용을 보완한
　　것이다. 그리고 그 서두의 "三國之始祖 皆發乎神異 何足怪哉"라는 기록을 보건
　　대 삼국의 시조에 관한 神異한 일을 서술한 것이다. 물론 이는 시조에 한한 것이
　　아니라 신라 역대 왕들에도 해당된다. (정구복, 「三國遺事의 史學史的 考察」, 『三
　　國遺事의 綜合的 檢討』, 한국정신문화연구원, 1987, p.12 참조) 따라서 역사의
　　시작과 신이한 사건을 다룬 것이란 점에서 건국신화가 기이편에 수록되어 있
　　는 것은 당연하다. 각국의 건국신화는 대개 여기에 실려 있는 것이다. 그렇다

기재된 것이라 건국신화로 인정받은 것이고 선도산 성모 신화는 '감통
편'에 단순한 불교적 신이담의 맥락에서 인용되었다는 점을 그 근거로
들었다. 다음으로 그는 김부식이 중국에서 신모 이야기를 듣고 신모가
누구의 어머니인지를 몰라 어리둥절했는데 만약 이 이야기가 고형이라
면 신라의 역사나 전승에 해박했던 김부식이 몰랐을 리 없다는 점[73]을
또한 그 근거로 들었다. 전자는 근거로서 부족한 감이 있다. 『삼국유사』
를 편찬할 당시의, 건국신화에 대한 선입견을 간과했기 때문이다. 후술
하겠지만[74] 성모계 국조 신화를 기이하게 여기는 풍토를 무시해선 안
된다. 그 다음 후자의 경우 김부식이 모른다고 한 점을 들어 이러한 전
승을 인정할 수 없다는 것인데 이는 특히, 민족 고유의 전승을 보존하는
측면과 관련된 그의 역사 기술의 한계를 생각하지 않은 것이다.[75] 한편
김부식은 왕양의 '동신성모에 대한 제문'을 소개하면서 동신이 선도산
신성임을 알 수 있다 했으니 선도산 성모 신화를 일정 정도 인지하고

하더라도 기이편을 '건국신화의 모음'이라고 하는 것은 해당 편목의 성격을 오
해하게 만들 소지가 있다.

73) 김준기, 앞의 논문, p.70.

74) 본 절 끝 부분에서 김부식의 여성관과 관련시켜 언급함.

75) 안계현은 "<삼국유사>는 <삼국사기>에서 보게 되는 것과 같은 합리주의적
이며 중국적 사유 방식인 한문학적(漢文學的) 기풍을 지양시켜 민족 고유의
전승(傳承)을 변개(變改)함이 없이 그대로 옮겨 놓아 우리에게 전하여 주되
사료(史料)에 따라 객관적으로 서술하고, <삼국사기>에서 빠졌거나 고의로
삭제된 민족의 역사를 일연은 살려 놓았다. 신화나 설화를 그저 황당무계한
것으로만 여겨 거들떠보지도 않거나 또는 변개하여 이 때문에 수많은 신화
나 설화가 아깝게도 그 원형을 잃게 되는 것을 바로잡으려고 했던 것이니,
무엇보다도 <삼국사기>에서 빼어버린 단군 신화를 비롯한 성모설화(聖母說
話) 등 갖가지 설화가 여기에 소개되고 있다."고 하여 양 문헌의 공과를 따지
는 중에 김부식의 역사 기술의 문제점을 지적하였다. (안계현, 「一然」, 『一然
과 三國遺事』, 현암사, 1975, p.89) 물론 이와는 달리 김부식의 역사 편찬 태
도를 긍정적으로 본 논자들도 있다. (윤종일, 「金富軾의 歷史認識 硏究」, 『三
國史記 硏究論選集』 1, 백산자료원, 1985) 이에 대한 종합적 검토로는 신형식,
「金富軾의 生涯와 「三國史記」의 編纂」, 『三國史記 硏究論選集』 1, 백산자료
원, 1985)

있었던 것으로 보인다. 다만 신모의 아들이 누구인지 모른다고 함으로써 그것에 대해 못마땅함을 드러냈을 뿐이다.

또한 김준기는『고려도경』사우조의, "東神聖母의 당이라 쓰였는데 장막으로 가리고 사람에게 神像을 보이지 않는다. 아마도 나무를 깎아 여인상을 만들어 놓았을 것인데 혹 夫餘妻인 河神의 딸이라고 한다."76)는 글에 착안해 왕양의 제문에 나오는 동신성모 내지 우신관에 있었다는 여선상 역시 선도산 성모가 아닌 유화였을 것이라고 추단하였다. 이어 이러한 혼란이 일어난 것은 선도산 성모의 위치가 동신 성모의 위치보다 상승했기 때문이라고 하였다. 즉, 동신성모 유화가 고려 때까지 신앙의 대상으로 남아 있기는 어려워 선도산 성모로 대체되었다는 것이다. 그런데 여기서 납득되지 않는 것은 유화가 고려 시대에 적합한 신앙 대상이 아니라면 선도산 성모는 어떠한가. 고려 시대에 굳이 선도산 성모가 부활될 필요가 있었겠는가 하는 것이다.

요컨대 김준기는 선도성모 신화를 '성모 신화의 국조화' 현상이라는 큰 틀에서 각별한 관심을 가지고 다루면서 혁거세 신화와의 선후 관계를 밝히려 했지만 둘의 결합 양상을 텍스트 차원에서 정확히 분석하진 못했다. 더욱이 이러한 결합에 작용한 신라 특유의 사회·역사적 배경을 세심히 살피지 못했다는 한계가 있다.

윤경수는 선도산 성모를 소리개로 간주하고 자웅의 소리개가 혁거세와 알영을 낳았다고 함으로써 두 계통의 신화를 결합했다.77) 혁거세의 알과 알영의 부리를 근거로 이들의 부모를 조류로 본 것인데78) 그것이 하필

---

76) 김준기, 앞의 논문, p.71.
77) 윤경수,『韓國神話와 古典文學의 原型象徵性』, 太學社, 1997, pp.169~190 참조.
78) 일찍이 近藤時司는 박혁거세, 석탈해, 수로, 주몽 등의 난생신화에 대해 "思想의 單純한 朝鮮의 上代人이, 鳥類發生의 그것에서 聯想하여 生み出した神話"라 한 바 있다. (近藤時司,「朝鮮神話傳說의 特異性」,『朝鮮』201, 1932. 최철·설성경 공편,『설화·소설의 연구』, 정음사, 1984에 재수록됨.) 난생 신화의 근원에 대한 것인데 윤경수의 논의가 이와 관련이 있는 지 알 수 없다.

다른 것이 아닌 소리개인가 하는 점에 대해선 명확하게 밝히지 않았다. 또한 그는 문면에 없는 수컷 소리개를 상정함으로써 천부지모의 계열로 본 신화를 해석하고 말아 신라 특유의 성모 국조 현상을 간과했다.

마지막으로 천혜숙은 선도성모를 비롯한 성모의 존재를 한국의 신화적 전승에서 가장 원초적인 여신상으로 보았다.[79] 이러한 성모가 건국의 성인을 낳았다 함은 신화의 논리로서도 결코 허망한 결구가 아닌데 문헌에서 정당한 대우를 받지 못한 것은 '가부장적 언술'의 책임이 크다고 하였다. 이상 천혜숙의 논의는 성모 전승에 대한 부당한 대우를 지적하고, 두 전승의 올바른 관계를 재인식시켰다는 점에서 연구사적으로 중요한 역할을 했다고 할 수 있다. 다만 이 문제만을 다룬 것이 아니라서 논의가 다소 소략하고 역시 신라 특유의 사회·역사적 배경 속에서 두 전승의 관계를 정립하지 못했다는 한계가 있다.

이 글에선 이상의 선행 연구 검토에서 확인된 몇 가지 문제점과 한계를 보완하되 특히 박혁거세 난생 신화와 얽히는 양상에 초점을 맞추어 선도산 성모 신화의 의미를 밝히고자 한다.

여성신은 크게 대녀신(大女神)과 지모신(地母神)으로 나뉜다.[80] 그 중 대녀신은 보통 거인신으로 여신 홀로 천지를 창조했다고 하는 신화적 의미를 지닌다. 선도산 성모는 거인 여신상은 갖추지 못했지만 상대격인 남신이 없다는 점에서 대녀신 계통에 속한다.[81] 이를 웅녀나 유화와 같은 지모신으로 보거나, "혁거세의 부인 알영과 동일시되었을 가능성이 있다."[82]고 하는 것은 선도산 성모의 특성을 간과한 것이다. 더욱이 선도

79) 천혜숙, 「여성신화연구(1): 大母神 象徵과 그 變容」, 『民俗硏究』 1, 안동대 민속학연구소, 1991, pp.8~10 참조.
80) 나경수, 앞의 책, p.28 참조.
81) 천혜숙의 위의 논문(p.6~11)에도 같은 내용이 나오는데 여기서는 '대녀신' 대신 '대모신(大母神)'이라는 용어를 썼다. 특히, 지모신과의 관계의 측면에서 볼 때 의미는 같은 것으로 보인다.
82) 조동일, 『한국문학통사』 1, 지식산업사, 1982/1994, p.91.

34

성모 신화를 무시하고 혁거세·알영 신화를 '정통적인'[83] 것으로 규정하
는 근거는 무엇인가? 조복을 만들었다는 기록을 놓고 성모가 혁거세의
어머니이기도 하고 부인이기도 하다는 애매한 진술을 하는 것도 같은
맥락이다.[84] 어디에도 그 남편이 혁거세라는 단서가 없기 때문이다. 혹
환인−환웅·웅녀−단군으로 이어지는 고조선의 건국 신화나 해모수·
유화−주몽으로 이어지는 고구려 건국 신화의 단선적이고 부계적인 속
성에 익숙해져 선도산−혁거세·알영 구도를 소홀히 다루게 된 것은 아
닌가 한다.

  문제는 선도산 성모가 국조인 혁거세와 알영을 낳았다는 신화와 혁거
세와 알영이 신비한 출생을 하여 나라를 세웠다는 신화를 어떻게 연결
시킬 것인가 하는 점이다. 이를 위해서는 선도산 성모와 관련된 기록을
모두 검토해 볼 필요가 있다.[85]

---

83) 조동일, 앞의 책, p.91.
84) 조복을 지어준 이야기의 원문을 들어 보면 다음과 같다.
    嘗使諸天仙織羅緋染作朝衣贈其夫 (『三國遺事』 卷 第五, 感通 第七, 仙桃聖母
    隨喜佛事)
    여기에서 '使'를 어떻게 해석하느냐에 따라 의미가 달라진다. 조동일은 '朝
    衣'까지만 관련시켜 성모가 그 조의를 자기 남편에게 바친 것으로 보아 남
    편 운운한 것이다. 그런데 '使'는 '贈其夫'까지 해당되는 것으로, '夫'는 '天
    仙'의 남편으로 볼 수도 있다. 즉, 여러 선녀에게 조의를 만들게 해서 그 남
    편들에게 주도록 했다는 것이다. 물론 여기에서 '天仙'과 그 남편의 정체가
    무엇인지 문제로 남는다.
85) 이와 관련하여 「新羅聖德大王神鐘銘」(771) 중 "東海之上 衆仙所藏 地居桃壑
    界接扶桑 爰有我國 合爲一鄉" (황수영 편저, 『韓國金石遺文』, 일지사, 1976)
    이란 기록을 짚고 넘어갈 필요가 있다. 여기에서 '仙', '桃'는 선도산 성모와
    관련되기보다 단순히 도교적인 요소로 보인다. 이 기록은 도교적인 관념을
    통해 당대의 신라 역사를 인식한 것이다. 더욱이 필자는 원초형으로서 성모
    신화에 관심이 있으므로 후대에 윤색된 것으로 보이는 선도산 성모 신화의
    도교적인 면모는 가급적 다루지 않았다. 따라서 이를 선도산 성모 신화의
    자료로 활용하는 것은 보류하기로 한다. (「신라성덕대왕신종명」의 문학사적
    의미에 대해서는 조동일, 앞의 책(1982/1994), pp.265~266 참조)

① 정화 연간에 조정에서 상서 이자량을 송나라에 보내어 조공할 때 내가 서기로 따라가 우신관에 이르러 보니 여자 신선의 상을 모신 당이 있었다. 그 때 관반학사 왕보가 말하기를, "이것은 당신네 나라의 신인데 알고 있습니까?" 하고는 마침내 다음과 같이 말했다. "옛적에 황실의 여자가 남편 없이 임신을 하여 남에게 의심을 받게 되자 곧 배를 타고 진한에 이르러 아들을 낳았소. 그 아이는 해동의 첫 임금이 되고 여자는 지상의 신선이 되어 오래도록 선도산에 있다 하는데 이것이 그 신선의 상입니다."[86]

② 또 송나라 사신 왕양이 지은 <동신성모에 대한 제문>에서 '어진 이를 낳아서 나라를 열었다'는 글귀를 보았는데 이 동신이 곧 선도산성모임은 알 수 있으나 그 신의 아들이 어느 때에 왕 노릇하였는지는 모르겠다.[87]

③ 해설하는 자가 말하기를, "이는 서술성모가 낳을 때의 일이다. 중국 사람들이 선도성모를 찬양할 때 하는 '어진 이를 낳아서 나라를 세웠다'는 말이 바로 이것이다." 또 계룡이 상서를 나타내어 알영을 낳았다는 것도 어찌 서술성모의 현신이 아님을 알겠는가.[88]

④ 신모는 본래 중국 황제의 딸로 이름은 사소이다. 일찍이 신선의

---

86) 政和中 我朝遣尚書李資諒 入宋朝貢 臣富軾 以文翰之任輔行 詣佑神館 見一堂 設女仙像 館伴學士王黼曰 此貴國之神 公等知之乎 遂言曰 古有帝室之女 不夫 而孕爲人所疑 乃泛海抵辰韓生子 爲海東始主 帝女爲地仙 長在仙桃山 此其像 也. (『三國史記』 卷 第十二, 新羅本紀 第十二, 敬順王) 이 글에서 『삼국사기』를 다룰 때 이병도 역주본(을유문화사, 1983) 뒤에 붙은 원문을 텍스트로 했으며 해석할 때도 그 국역문을 많이 참고했음을 밝혀 둔다.

87) 臣又見大宋國信使王襄祭東神聖母文 有娠賢肇邦之句 乃知東神則仙桃山神聖者 也 然而不知其子王於何時 (『三國史記』 卷 第十二, 新羅本紀 第十二, 敬順王).

88) 說者云 是西述聖母之所誕也 故中華人讚仙桃聖母 有娠賢肇邦之語是也 乃至鷄 龍現瑞産閼英 又焉知非西述聖母之所現耶 (『三國遺事』 卷 第一, 紀異 第一, 新羅始祖 赫居世王) 이 글에서 『삼국유사』를 다룰 때 이민수 역주본(을유문화사, 1983) 뒤에 붙은 원문을 텍스트로 했으며 해석할 때도 그 국역문을 많이 참고했음을 밝혀 둔다.

36

술법을 배워 해동에 와 머무르며 오랫동안 돌아가지 않았다. 황제가 소리개의 발에 매달아 '소리개가 머무는 곳에 집을 지으라.'는 내용의 편지를 부쳤다. 사소가 편지를 본 후 소리개를 놓아주니 선도산으로 날아와서 멈추므로 마침내 그 곳에 살면서 지상선이 되었다. 그 때문에 산 이름을 서연산이라고 했다. 신모는 오랫동안 이 산에 웅거해서 나라를 지키니 신령스럽고 이상한 일이 매우 많아 나라가 세워진 뒤로 항상 삼사의 하나로 삼았고 그 차례도 위에 있었다. (중략) 그녀가 처음 진한에 와서 낳은 성자가 동국의 첫 임금이 되었으니 필경 혁거세와 알영 두 성군일 것이다. 그러므로 계룡·계림·백마 등으로 일컬으니 이는 닭이 서쪽에 속해 있기 때문이다. 성모는 일찍이 여러 천선녀들에게 비단을 짜서 붉게 물들인 후 조복을 만들어 남편에게 주게 했으니 나라 사람들이 이 때문에 비로소 신비스러운 영검을 알게 되었다.[89]

①은 송나라의 우신관에 모신 여신선의 내력으로 그 쪽 사람들의 설명을 제시한 것이다. ②역시 송나라의 사신인 왕양이 지은 제문에 대한 것인데 이 둘에 대해 김부식은 잘 모르는 것처럼 보인다. ①에서는 선도산 성모의 기원을 중국에 두고 그녀가 우리나라로 오게 된 것은 남편 없이 임신을 하였기 때문이라 하였다. 이에 대하여 이병도는 본래 우리 고유의 산신 신화를 모화 사상가 혹은 중국에 이주한 한국인이 중국과 관련시켜 부회한 것이 아닌가 추정한 바 있다.[90] 어쨌든 선도산 성모가 낳은 아이는 '해동의 첫 임금'이 되었고 그녀는 신선이 되어 선도산에 머물러 있다고 하였다.

神母本中國帝室之女 名娑蘇 早得神仙之術 歸止海東 久而不還 父皇奇書繫足云 隨鳶所止爲家 蘇得書放鳶 飛到此山而止 遂來宅爲地仙 故名西鳶山 神母久據玆山 鎭祐邦國 靈異甚多 有國已來 常爲三祀之一 秩在群望之山 (……) 其始到辰韓也 生聖子爲東國始君 盖赫居 閼英二聖之所自也 故稱雞龍雞林白馬等 雞屬西故也 嘗使諸天仙織羅 緋染作朝衣贈其夫 國人因此始知神驗(『三國遺事』卷 第五, 感通 第七, 仙桃聖母隨喜佛事).

『三國史記』(이병도 역) 卷 第十二, 新羅本紀 第十二, 역자주 53.

②는 '동신성모'인 선도산 성모가 '나라를 열었다' 하여 외국 사신으로부터도 기림을 받는다는 내용이다. 그렇다면 여기에 나오는 선도산 성모의 정체는 무엇인가? 김부식이 "그 신의 아들이 어느 때에 왕 노릇하였는지" 모르겠다고 한 것 때문에 선도산 성모를 유화로 대체할 것인가? 그럴 수는 없다. 분명 김부식은 망국으로 귀결된 신라의 역사를 마무리하면서 혁거세, 탈해, 알지 신화를 거론한 다음 선도산 성모에 대한 위의 자료를 실었기 때문이다. 물론 위의 세 신화에 대해서도 그는 황탄하여 믿을 수 없다고 했으니[91] 이 점 때문에 선도산 성모 신화를 예외적 존재로 취급한 것은 아닌 듯하다. 오히려 그는 "그 신의 아들이 어느 때에 왕 노릇하였는지는 모르겠다."고 한 구절에 이어 "지금 다만 그 초기의 일을 생각해 보면 왕위에 있는 이가 스스로는 검소하고 남에 대해서는 너그럽고 관제를 베풂에는 간단히 하였다."[92] 하며 선도산 성모의 아들을 포함한 신라의 역대 왕들을 긍정적으로 평가하였다. 물론 신라가 불교에 치우치면서 정치적 폐해를 노정하기 전까지 왕위에 있었던 이들이 그렇다는 것이다.[93] 어쨌든 '그 아들'에 대한 이러한 긍정적 평가와 위의 세 신화에 잇따른다는 문맥상의 위치를 고려할 때 선도산 성모 신화는 건국신

---

91) "신라의 박씨와 석씨는 모두 알에서 탄생하고, 김씨는 하늘에서 내려와 금궤에 들어 탄생하였다 하고 혹은 금수레를 탔다고도 하는데 이는 더욱 황탄하여 믿을 수 없다. 그러나 세상에서 서로 전하고 전하여 실제의 일이 되었다. (新羅朴氏昔氏 皆自卵生 金氏從天入金櫃而降 或云乘金車 此尤詭怪 不可信 然世俗相傳 爲之實事)" (『三國史記』 卷 第十二, 新羅本紀 第十二, 敬順王)

92) 今但原厥初 在上者 其爲己也儉 其爲人也寬 其設官也略 其行事也簡 (『三國史記』 卷 第十二, 新羅本紀 第十二, 敬順王) 여기에서 '厥初'라 함은 특정한 어떤 사적이나 특히, 앞의 선도산 성모에 대한 것을 가리키는 것이 아니다. 그 앞뒤까지 포함하여 원문을 들어 보면 "然而不知其子王於何時 今但原厥初 在上者 其爲己也儉"이라고 했으니 그저 신라 역사의 초기를 말하는 것이다.

93) 而奉浮屠之法 不知其弊 (『三國史記』 卷 第十二, 新羅本紀 第十二, 敬順王) 혹이 부분은 불교적 요소를 들어 김부식이 성모 전승을 깎아내리는 것으로 해석될 여지가 있다. 하지만 여기 선도산 성모 전승에는 불교적 요소가 전혀 드러나 있지 않고 더구나 불교와 관련된 폐해에 대한 것도 "平百濟高句麗" 이후의 것이니 그럴 가능성은 없다.

화로서 취급되었다고 할 수 있다. 김부식은 선도산 성모 신화를 포함하여 건국신화로 전승되는 자료 전부를 마지막으로 확인하면서 신라의 역사를 회고한 것이다. 따라서 선도산 성모가 신라를 창시했다는 것과 그 아들이 누구인 지는 자명해진다. 일연이 찬술한 ③도 이러한 점에서 시사 받은 것이 아니겠는가. 김부식의 부정적 인식에 얽매여 분명한 사실을 애매하게 받아들일 필요가 없다.

③은 혁거세가 알에서 태어났다는 대목에 대한 일연의 주석이다. ①과 ②에서는 해동의 첫 임금 내지는 나라의 창시자라고만 하던 것이 여기에서는 혁거세와 알영을 낳은 것으로 구체화되었다. 더 나아가서 ④는 ①의 선도산 성모 신화가 신라 국모 신화로 발전해 가면서 혁거세와 알영을 낳은 이야기, 조복을 만들어 입게 한 이야기 등 몇 가지 전승이 합류되는 양상을 보여준다. 어쨌든 혁거세 신화보다 앞선 시기에 여신이 홀로 국조를 낳았다는 선도산 성모 신화가 전승되었다고 추측해 볼 수 있다.94) 손진태도 위의 ③을 '신라에 원래로 존재하였던 전설'95)로 보고 있다. 이를 무시하고 혁거세 난생 신화를 정통적인 것으로 간주하게 된 맥락을 따져볼 필요가 있다.

일연은 '해설하는 자의 말'을 끌어와 ③과 같이 언급함으로써 본문에 기껏 기술해 놓은 혁거세 난생 신화를 무색케 하였다. 나정이라는 우물가에 놓여 있던 알을 깨고 나온 이가 혁거세라 하고서 이를 서술 성모96)가 낳았다고 한 것이다. 또한 본문에선 알영정가에 계룡이 나타나 알영을 낳았다 하고서 이를 역시 서술 성모의 일이라 하였다. 그렇다면 서술

---

94) 이지영은 여산신이 건국 시조를 낳은 이야기와 관련하여 "지배집단인 이주족이 전승하는 신화와 달리 토착집단에서는 또 다른 유형의 신화를 전승하고 있음을 짐작할 수 있다"고 하였다. (이지영, 앞의 책, p.170)

95) 손진태, 앞의 논문, p.273.

96) 선도산 성모의 다른 이름이다. 자료 ③에서 둘은 문맥상 동일한 의미로 쓰였다. 자료 ④에서 소리개가 날아와 멈추었다는 의미에서 선도산을 서연산(西鳶山)이라 한 것인데 여기 소리개를 뜻하는 '鳶'의 우리말이 '수리'이기 때문에 서술산, 서술 성모라 한 것이다.

성모는 계룡으로서 전자에서는 알을 통해, 후자에서는 왼쪽 갈비에서 각
각 혁거세와 알영을 낳았다는 말이 된다. 이와 같은 모순 된 진술은 혁
거세·알영 신화와 선도산 성모 신화를 하나로 묶으려는 일연의 의도에
서 비롯된 것이 아닌가 한다. 혁거세 난생 신화는 건국신화를 모아 놓은
기이편에, 선도산 성모 신화는 감통편에 불교적 신이담의 맥락에서 서술
되어 있으므로 일연 자신도 선도산 성모 전승을 국조신화로 인정하지
않은 것[97]이라고 함은 해당 기이편 기사 중 ③을 간과한 채 내린 판단
이다. 더욱이 ④에서 선도산 성모를 '계룡, 계림, 백마'로 일컫는다는 점
을 고려해 볼 때 일연은 기이편에서와 달리 선도산 성모 신화와 혁거
세·알영 신화를 적극적으로 묶고 있다고 할 수 있다.

 그에 의하면 선도산 성모는 백마이자 계룡으로서 백마의 모습을 하고
알의 형태로[98] 혁거세를 낳고 같은 날 계룡의 모습을 하고 옆구리에서
알영을 낳았다.[99] 더욱이 혁거세와 알영을 낳았기 때문에 선도산 성모를
계룡, 계림, 백마 등으로 일컫는다는 서술을 볼 때 일연은 선도산 성모
중심의 신라 국조 신화[100]를 재구하려 했음을 알 수 있다. 물론 일연이

---

97) 김준기, 앞의 논문, p.69.
98) 물론 말이 난생일 리는 없다. 신화 문맥상 그렇다는 것이고 앞에서 말한
  바와 같이 이러한 이치에 맞지 않는 진술은 두 신화를 하나로 묶으려는 일
  연의 의도에서 비롯된 것이다.
99) 혁거세가 탄생한 나정 마을과 알영정 마을은 가까운 거리에 있었다고 한
  다. (이종욱, 『新羅國家形成史硏究』, 一潮閣, 1982, p.123.)
100) 이 글에선 선도산 성모 신화를 건국신화의 개별 전승 중 하나로 다루기 때
  문에 여기에서도 '국조 신화(건국 시조 신화)'보다는 건국신화라는 용어를
  써야 한다. 선도산 성모 신화가 긴국신화로 계승되어 간 점을 고려해야 하
  기 때문이다. 물론 두 용어는 대개 동일한 의미로 쓰이고 있고 실제로 중
  복되는 면이 없지 않다. 둘 다 건국의 의미를 내포하고 있기 때문일 것이
  다. 그런데 엄밀한 의미에서 두 용어는 구분되어야 한다. 건국신화는 '건국'
  에 초점이 맞추어진 용어라 역사성을 함의하고 있는 반면에 국조 신화는
  그 시조에 초점이 맞추어진 용어라 왕실의 계보의식을 함의하고 있을 것이
  기 때문이다. 다만 성모가 건국에 직접 관여하기보다는 건국주를 낳았다는
  면을 중시해 본 절에서는 선도산 성모 신화를 국조 신화로 칭하기로 한다.

40

국조 신화에 관심을 둔 것은 아니다. "(성모가) 이제 황금을 베풀어 부처를 받들고, 중생을 위해서 법회를 열어 불법의 방편을 만들었으니 어찌 다만 오래 사는 술법을 배워서 저 아득한 속에 사로잡힐 것이랴."101)라고 했듯이 일연은 신선이자 국조의 어머니로서 영험이 많은 선도산 성모가 불사(佛事)에도 호의적임을 말하고자 한 것이다. 즉, 불교적 신이담의 맥락에서 성모의 영험을 기술한 것이다. 그렇다 하더라도 여기에서 불교적으로 윤색되지 않은 성모의 면모를 은연중 보여 준 것은 다행한 일이 아닐 수 없다. 이를 통해 신라 국조 신화로서의 선도산 성모 신화를 재구할 수 있게 되었기 때문이다.

『삼국사기』에서는 두 계통의 신화가 직접적으로 접촉하지 않는다. 선도산 성모를 '나라'의 창시자로, 그 아들을 '해동'의 첫 임금으로 에둘러서 말함으로써 혁거세 난생 신화는 혼란을 겪지 않았던 것이다. 더욱이 여기에서는 혁거세 탄생 장면이 간결하게 처리되어 있다.

⑤ 고허촌장 소벌공이 양산 밑 나정 곁의 숲 사이를 바라보니 말 한 마리가 무릎을 꿇고 울고 있었다. 가서 보니 말은 간 데 없고 큰 알 한 개만 있었다. 알을 깨자 한 어린 아이가 나왔다. 곧 데려다가 길렀는데 십여 세가 되자 유달리 숙성했다. 육부 사람들이 그 아이의 출생이 이상했던 까닭에 높이 받들더니 이 때에 이르러 그를 임금으로 세웠다.102)

혁거세가 알에서 나왔다는 것, 길러 보니 굉장히 조숙했기에 13세가 되자 그를 왕으로 추대했다는 것이다.103) 이에 반해 『삼국유사』의 경우

101) 今能施金奉佛 爲含生開香火 作津梁 豈徒學長生而囿於溟濛者哉. (『三國遺事』 卷 第五, 感通 第七, 仙桃聖母隨喜佛事)
102) 高墟村長蘇伐公 望楊山麓 蘿井傍林間 有馬跪而嘶 則往觀之 忽不見馬 只有大卵剖之 有嬰兒出焉 則收而養之 及年十餘歲 岐嶷然夙成 六部人以其生神異 推尊之 至是立爲君焉. (『三國史記』 卷 第一, 新羅本紀 第一, 始祖 赫居世居西干).
103) 물론 김부식은 "此尤詭怪 不可信"이라고 했듯이 혁거세 난생 신화 자체를

왕을 추대하고자 하는 6촌장의 간절한 바람에 걸맞게 탄생 장면 역시 극도로 신비화되어 있다.

⑥ 양산 밑 나정가에 번갯빛처럼 이상한 기운이 땅에 닿도록 비쳤다. 그리고 흰 말 한 마리가 땅에 꿇어앉아 절하는 형상을 하고 있었다. 그 곳을 찾아가 조사해 보니 거기에는 자줏빛 알 한 개가 있었다. 말이 사람을 보더니 길게 울고는 하늘로 올라가 버렸다. 알을 깨고서 어린 사내아이를 얻었는데 모양이 단정하고 아름다웠다. 모두 놀라고 이상하게 여겨 그 아이를 동천에 목욕시키니 몸에서 광채가 나고 새와 짐승들이 따라서 춤을 추었다. 곧 천지가 진동하고 해와 달이 밝아졌다. 이 때문에 그 아이를 혁거세왕이라고 불렀다. (중략)

이날 사량리에 있는 알영정가에 계룡이 나타나 왼쪽 갈비에서 어린 여자 아이를 낳았다. 얼굴과 모습이 매우 고왔으나 입술이 마치 닭의 부리와 같았다. 곧 월성 북쪽에 있는 냇물에 목욕시키니 그 부리가 떨어졌다. 이 때문에 그 내를 발천이라고 한다. 남산 서쪽 기슭에 궁실을 짓고 두 성스러운 어린이를 모셨다. (중략)

두 성인은 13세가 되었다. 오봉 원년 갑자일에 남자가 왕이 되고 곧 그 여자를 왕후로 삼았다.[104]

태어나자마자 혁거세가 왕으로 추대되었다는 것인데 그럴 수 있는가 의문시된다. 물론 이어 알영의 탄생, 둘의 성장기, 13세 때의 즉위 기사가 나오는 것으로 보아 여기에도 서사의 일관성이 결여되어 있음을 알 수 있다. 이는 특히, 혁거세와 알영의 일대기가 대칭적이면서도 전자에

황탄한 것으로 보았다. (『三國史記』 卷 第十二, 新羅本紀 第十二, 敬順王)
104) 楊山下蘿井傍 異氣如電光垂地 有一白馬跪拜之狀 尋撿之 有一紫卵 馬見人長 嘶上天 剖其卵得童男 形儀端美 驚異之 俗於東泉 身生光彩 鳥獸率舞 天地振動 日月淸明 因名赫居世王 (……) 是日沙梁里閼英井邊 有雞龍現而左脇誕生 童女 姿容殊麗 然而脣似雞觜 將浴於月城北川 其觜撥落 因名其川曰撥川 營宮室於南山西麓 奉養二聖兒 (……) 二聖年至十三歲 以五鳳元年甲子 男立爲王 仍以女爲后 (『三國遺事』 卷 第一, 紀異 第一, 新羅始祖 赫居世王).

편중된 탄생 장면과 혁거세의 '이중적인 즉위 기사'105)를 두고 하는 말이다. 선도산 성모 신화와 혁거세·알영 신화를 연결하려는 시도의 대가로 혁거세, 알영 신화의 서사적 기반이 약화된 것이다.

　이러한 점에서 "처음에 왕이 계정에서 탄생했기 때문에 혹 나라 이름을 계림이라고도 했다. 이것은 계룡이 상서를 나타냈기 때문이다."106)는 기사는 주목할 만하다. 계정(雞井)이 나정(蘿井)의 오기(誤記)107)라고 치더라도 계룡이 상서를 나타냈다는 것은 알영 신화에 대한 것이므로 신라의 국조는 알영이 되기 때문이다. 이민수는 '왕(王)'자 다음에 '후(后)'자가 탈락되어 있다고 함으로써 이를 뒷받침한다.108) 그렇다면 신라의 시조는 원래 혁거세가 아니라 알영이라는 말이 된다. 그렇지 않으면 이는 계룡이 선도산 성모의 다른 모습이므로 성모가 혁거세와 알영을 낳았음을 확인시키는 기사가 아닌가 한다. 어쨌든 이러한 혼란상은 혁거세 난생 신화에 대한 선도산 성모 신화의 집요한 간섭에서 비롯된 것이다.

　　⑦ 斯盧의 始王은 仙桃山 聖母의 아들이다. 옛날 夫餘帝室의 딸 婆蘇가 있었는데 남편 없이 아이를 뱄으므로 사람들의 의심을 받아 嫩水로부터 도망쳐 동옥저에 이르렀다. 또 배를 타고 남하하여 진한의 나을촌에 와 닿았다. 이 때에 蘇伐都利라는 자가 있었는데 그 소식을 듣고 가서 집에 데려다 거두어 길렀다. 나이 13세에 이르자 지혜는 빼어나고 숙성하며 성덕이 있는지라, 진한 6부의 사람들이 모두 존경하여 居世干이 되니 도읍을 서라벌에 세우고 나라를 진한으로 하고,

---

105) 탄생 직후(因名赫居世王. 位號曰居瑟邯. 時人爭賀曰. 今天子已降. 宜覓有德女君配之)와 13세 때(二聖年至十三歲. 以五鳳元年甲子. 男立爲王. 仍以女爲后) 등 두 번의 즉위 기사를 말하는 것이다. (『三國遺事』 卷 第一, 紀異 第一, 新羅始祖 赫居世王)
106) 初王生於雞井 故或云鷄林國 以其雞龍現瑞也. (『三國遺事』 卷 第一, 紀異 第一, 新羅始祖 赫居世王)
107) 임재해, 『민족 신화와 건국영웅들』, 천재교육, 1995, p.210.
108) 『三國遺事』(이민수 역, 을유문화사, 1983), 1권, 기이 一, 신라시조 혁거세왕, 역자주 11.

또한 斯盧라고도 하였다.[109]

여기에서는 특히 섞이기 힘든 ①과 ⑤가 혼용되어 있되 문제가 되는
난생 화소가 빠짐으로 해서 선도산 성모 신화가 보다 '합리적인' 양상을
띤다. 민간전승에서는 혁거세 난생 신화보다 선도산 성모 신화가 보편적
이었음을 알 수 있다. 장주근은 부락신의 일종인 골맥이 할매와 관련시
킨 것이지만 "원초 농경 사회에서 중요한 이 여신은 후세 부권사회 사가
들의 주목을 끌 수 없었던지" 계보화되어서 문헌에 오르지 못했다고 한
바 있다.[110] "남자는 높고 여자는 낮은데 어찌 할멈으로 규방에서 나와
국가의 정사를 재단케 하리요. 신라가 여자를 세워 왕위에 있게 한 것은
진실로 난세의 일이니 나라가 망하지 않은 것이 다행이다."[111]라고 한
김부식의 여성관에 비추어 볼 때에도 선도산 성모 신화가 국조 신화로
역사서에 오르기는 힘들었을 것이다. 따라서 선도산 성모 신화는『삼국
사기』편찬 당시 문헌에 오를 기회를 놓쳤다가[112] 민간전승을 두루 포함
한『삼국유사』편찬을 계기로[113] 혁거세 난생 신화와 맞서게 되었다고
할 수 있다. 물론 기이편에서는 둘이 별개의 신화 계통으로서의 관계를
유지하다가 감통편에서 선도산 성모 신화가 혁거세 난생 신화를 밀어내
고 국조 신화로 자리를 잡은 것이다.[114]

---

109) 斯盧始王 仙桃山聖母之子也 昔有夫餘帝室之女娑蘇 不夫而孕爲人所疑 自嫩水
逃至東沃沮 又泛舟而南下 抵至辰韓奈乙村 時有蘇伐都利者聞之 往收養於家而
及年十三岐嶷然夙成有聖德 於是辰韓六部共尊爲居世干 立都徐羅伐稱國辰韓
亦曰斯盧. (『桓檀古記』, 태백일사, 고구려국 본기, 임승국 역, 정신세계사,
1987, p.292).
110) 장주근,『한국신화의 민속학적 연구』, 집문당, 1995, p.110.
111) "男尊而女卑 豈可許姥嫗出閨房 斷國家之政事乎 新羅扶起女子 處之王位 誠
亂世之事 國之不亡幸也" (『三國史記』卷 第五, 新羅本紀 第五, 善德王).
112) 김부식이 신격의 정체를 모른다고 한 ②를 일연은 의심 없이 선도산 성모
기사에서 다루고 있다. (『三國遺事』卷 第五, 感通 第七, 仙桃聖母隨喜佛事)
113) 안계현, 앞의 논문, p.89 참조.
114) 이상의 논의는『삼국사기』와『삼국유사』, 후자에서도 기이편과 감통편의

(2) 6촌장 천강 신화

박혁거세 난생 신화는 독자적으로 존재하지 않는다. 앞에서도 말했듯이 선도산 성모 신화와 긴밀히 결부되어 있는 것이다. 그런데 6촌장 천강 신화는 다른 의미로 혁거세 난생 신화와 연결되어 있다. 전자의 경우 두 신화가 계통을 달리하여 전승되어 오면서 관련되어 있는 것이라면 후자의 경우 둘이 한 문맥 속에 들어 있기 때문이다. 즉, 운명을 같이 하고 있는 것이다. 물론 6촌장 천강 신화는 속성상 혁거세 난생 신화에서 떨어져 나올 수 있을 만큼 독립적 구조로 되어 있다. 이러한 점을 『삼국유사』의 기록을 통해 확인해 볼 필요가 있다. 먼저 인용하기에 장황하지만 논의의 편의를 위해 6촌장 천강 신화의 전문을 들어본다. 물론 둘의 결합 양상을 살펴야 하겠기에 박혁거세 난생 신화까지 인용하되 전승상의 문제를 검토하기 위해 『삼국사기』와 『삼국유사』의 기록을 모두 활용하기로 한다.

> 성은 박씨이고 휘는 혁거세이다. 전한 효선제 오봉 원년 갑자 사월 병진일에 즉위하여 왕호를 거서간이라 하였다. 그 때 나이는 13세였고 나라 이름은 서나벌이라 하였다.
>
> 일찍이 조선의 유민들이 이곳에 와서는 산곡 간에 흩어져 여섯 촌락을 이루었다. 첫째는 알천의 양산촌, 둘째는 돌산의 고허촌, 셋째는 취산의 진지촌, 네째는 무산의 대수촌, 다섯째는 금산의 가리촌, 여섯째는 명활산의 고야촌이니 이것이 진한의 육부이다.
>
> 고허촌장 소벌공이 양산 밑 나정 곁의 숲 사이를 바라보니 말 한 마리가 무릎을 꿇고 울고 있었다. 가서 보니 말은 간 데 없고 큰 알

신화 문맥상의 엇갈림에 착안해 혁거세 신화와 선도산 성모 신화의 관계를 검토한 후 성모 신화가 신라 국조 신화의 원형임을 추론한 것이다. 물론 현전하는 신화 자료로는 이러한 추론을 하는 데 많은 무리가 따르는 것이 사실이다. 하지만 어디까지나 신화 자료를 토대로 논의를 전개하였다. 이를 신화 외적인 문제 특히, 신라의 모권적 습속과 결부시키는 것은 더 많은 억측을 초래할 것이기 때문이다. 따라서 이러한 문제에 대한 것은 이 글 4장 1절 중 '성모 신화의 존재'로 미룬다.

한 개만 있었다. 알을 깨자 한 어린 아이가 나왔다. 곧 데려다가 길렀
는데 십여 세가 되자 유달리 숙성했다. 육부 사람들이 그 아이의 출
생이 이상했던 까닭에 높이 받들더니 이 때에 이르러 그를 임금으로
세웠다. 진인은 호를 박이라 하므로 처음 큰 알이 박과 같다 하여 박
씨로 성을 삼았다. 거서간은 진인의 말에 왕이란 뜻이다.[115]

① 진한 땅에는 옛날에 여섯 촌이 있었다. 첫째는 알천 양산촌이니
그 남쪽은 지금의 담엄사이다. 촌장은 알평으로 처음에 하늘에서 표
암봉으로 내려왔으니 이가 급량부 이씨의 조상이 되었다. (노례왕 9년
에 부를 두어 급량부라고 했다. 고려 태조 천복 5년 경자에 중흥부라
고 이름을 고쳤다. 파잠·동산·피상의 동촌이 여기에 속한다.)

둘째는 돌산 고허촌이니 촌장은 소벌도리이다. 처음에 형산에 내려
왔으니 이가 사량부 정씨의 조상이 되었다. 지금은 남산부라 하고 구
량벌·마등오·도북·회덕 등 남촌이 여기에 속한다.

셋째는 무산 대수촌이니 촌장은 구례마이다. 처음에 이 산에 내려
왔으니 이가 점량부 또는 모량부 손씨의 조상이 되었다. 지금은 장복
부라고 하고 박곡촌 등 서촌이 여기에 속한다.

넷째는 취산 진지촌이니 촌장은 지백호로 처음에 화산에 내려왔으
니 이가 본피부 최씨의 조상이 되었다. 지금은 통선부라 하고 시파
등 동남촌이 여기에 속한다. 최치원이 바로 본피부 사람이다. 지금 황
룡사 남쪽 미탄사 남쪽에 옛 터가 있다고 하는데 바로 최치원의 옛집
임이 분명하다.

다섯째는 금산 가리촌이니 촌장은 지타이다. 처음에 명활산에 내려
왔으니 이가 한(漢)기부 또는 한(韓)기부 배씨의 조상이다. 지금은 가

---

115) 姓朴氏 諱赫居世 前漢孝宣帝五鳳元年甲子 四月丙辰卽位 號居西干 時年十三
    國號徐那伐 先是朝鮮遺民 分居山谷之間爲六村 一曰閼川楊山村 二曰突山高
    墟村 三曰觜山珍支村 四曰茂山大樹村 五曰金山加利村 六曰明活山高耶村 是
    爲辰韓六部 高墟村長蘇伐公 望楊山麓 蘿井傍林間 有馬跪而嘶 則往觀之 忽
    不見馬 只有大卵剖之 有嬰兒出焉 則收而養之 及年十餘歲 岐嶷然夙成 六部
    人以其生神異 推尊之 至是立爲君焉 辰人謂瓠爲朴 以初大卵如瓠故 以朴爲姓
    居西干 辰言王 (『三國史記』卷 第一, 新羅本紀 第一, 始祖 赫居世居西干)

덕부라 하고 상서지 · 하서지 · 내아 등 동촌이 여기에 속한다.

여섯째는 명활산 고야촌이니 촌장은 호진이다. 처음에 금강산에 내려왔으니 이가 습비부 설씨의 조상이다. 지금은 임천부라고 하고 물이촌 · 잉구며촌 · 궐곡 등 동북촌이 여기에 속한다.

② 위의 글을 상고해 보면 이 여섯 부의 조상들은 모두 하늘에서 내려온 것 같다. 노례왕 9년에 비로소 여섯 부의 명칭을 고치고 또 그들에게 각각 성을 주었다. 지금 풍속에는 중흥부를 어머니로 삼고 장복부를 아버지, 임천부를 아들, 가덕부를 딸로 삼고 있는데 그 실상은 자세히 알 수가 없다.

③ 전한 지절 원년 임자 삼월 초하루에 육부의 조상들이 저마다 자제들을 거느리고 알천 언덕 위에 모여 의논했다. "우리들이 위로 임금이 없어 다스리지 못하기 때문에 백성들이 모두 방자하여 저 하고자 하는 대로 한다. 그러니 어찌 덕이 있는 사람을 찾아서 임금을 삼아 나라를 세우고 도읍을 정하지 않는단 말이냐?"

이에 그들이 높은 곳에 올라 남쪽을 바라보니 양산 밑 나정가에 번갯빛처럼 이상한 기운이 땅에 닿도록 비췄다. 그리고 흰 말 한 마리가 땅에 꿇어앉아 절하는 형상을 하고 있었다. 그곳을 찾아가 조사해 보니 거기에는 자줏빛 알 한 개가 있었다. 말이 사람을 보더니 길게 울고는 하늘로 올라가 버렸다. 알을 깨고서 어린 사내아이를 얻었는데 모양이 단정하고 아름다웠다. 모두 놀라고 이상하게 여겨 그 아이를 동천에 목욕시키니 몸에서 광채가 나고 새와 짐승들이 따라서 춤을 췄다. 곧 천지가 진동하고 해와 달이 밝아졌다. 이 때문에 그 아이를 혁거세왕이라고 불렀다. 그리고 호를 거슬한이라고 했다.

이에 당시 사람들이 다투어 치하하기를 "이제 천자가 이미 내려왔으니 마땅히 덕 있는 왕후를 찾아 배필을 삼아야 하오." 했다.

이날 사량리에 있는 알영정가에 계룡이 나타나 왼쪽 갈비에서 어린 여자 아이를 낳았다. 얼굴과 모습이 매우 고왔으나 입술이 마치 닭의 부리와 같았다. 곧 월성 북쪽에 있는 냇물에 목욕시키니 그 부

리가 떨어졌다. 이 때문에 그 내를 발천이라고 한다.116)

우선 ①이 독립적으로 전승되어 왔음이 ②에서 확인된다. ②의 '위의 글을 상고해 보면'이란 기록에서 일연이 특정한 전승 자료를 확보하고 있음을 알 수 있다. 『삼국사기』의 해당 내용과도 다른 점117)이 있으니 그것을 참조한 것 같지는 않다. 다음으로 들 것은 ①과 ③의 시간적 요소의 차이다. ①의 '옛날'은 원초적 시간으로서 '신화적' 시간 요소를, ③의 '전한 지절 원년 임자'는 '역사적' 시간 요소를 함의한다.118) 이렇게

---

116) 辰韓之地 古有六村 一曰閼川楊山村 南今曇嚴寺 長曰謁平 初降于瓢嵓峰 是爲及梁部李氏祖(弩禮王九年置 名及梁部 本朝大祖天福五年庚子 改名中興部 波潛東山彼上東村屬焉) 二曰突山高墟村 長曰蘇伐都利 初降于兄山 是爲沙梁部 鄭氏祖今曰南山部 仇良伐 麻等烏 道北 廻德等南村屬焉 三曰茂山大樹村 長曰俱禮馬 初降于伊山 是爲漸梁部 又车梁部孫氏之祖 今云長福部 朴谷村等西村屬焉 四曰觜山珍支村 長曰智伯虎 初降于花山 是爲本彼部崔氏祖 今曰通仙部 柴巴等東南村屬焉 致遠乃本彼部人也 今皇龍寺南味呑寺南有古墟云 是崔侯古宅也 殆明矣 五曰金山加利村 長曰祇沱 初降于明活山 是爲漢岐部 又作韓岐部 裵氏祖 今云加德部 上下西知 乃兒等東村屬焉 六曰明活山高耶村 長曰虎珍 初降于金剛山 是爲習比部薛氏祖 今臨川部 勿伊村 仍仇旀村 闕谷等東北村屬焉 按上文 此六部之祖 似皆從天而降 弩禮王九年 始改六部名 又賜六姓 今俗中興部爲母 長福部爲父 臨川部爲子 加德部爲女 其實未詳 前漢地節元年壬子三月朔 六部祖各率子弟 俱會於閼川岸上 議曰 我輩上無君主臨理蒸民 民皆放逸 自從所欲 盍覓有德人 爲之君主 立邦設都乎 於是乘高南望 楊山下蘿井傍 異氣如電光垂地 有一白馬跪拜之狀 尋撿之 有一紫卵 馬見人長嘶上天 剖其卵得童男 形儀端美 驚異之 俗於東泉 身生光彩 鳥獸率舞 天地振動 日月淸明 因名赫居世王 位號曰居瑟邯 時人爭賀曰 今天子已降 宜覓有德女君配之 是日沙梁里閼英井邊 有雞龍現而左脇誕生童女 姿容殊麗 然而唇似雞觜 將浴於月城北川 其觜撥落 因名其川曰撥川. (『三國遺事』 卷 第一, 紀異 第一, 新羅始祖 赫居世王)

117) 분명한 후대적 가필 부분은 차치하고라도 촌장의 존재와 이름, 하상 사실 등이 보강되어 있다는 점, 3촌과 4촌이 바뀌었다는 점, 성씨와 부의 연결이 일치하지 않는다는 점, 『삼국사기』에서는 제 2촌인 고허촌의 역할이 부각된 데 비해 『삼국유사』에서는 제 1촌인 양산촌의 주도적 역할이 암시되어 있다는 점 등이다.

118) 김승찬, 앞의 논문, p.3. 물론 『삼국사기』의 '조선 유민'설을 받아들일 경우 ①의 '옛날'이 위만 조선이 멸망한 해인 BC 108년(『三國遺事』 卷 第一, 紀異 第一, 魏(衛)滿朝鮮) 무렵이 되어 이 논의는 성립되지 않는다. 하지만 후

차원이 다른 시간적 개념이 나타난 것으로 보아 둘은 애초에 별개로 전승되어 왔음이 재차 확인된다. 그리고 ②를 보면 일연 자신도 6촌장 천강 신화에 대해서는 소상히 아는 바가 없는 것 같다. 독립적으로 전승되기도 하는 ①을 소개하고 "여섯 부의 조상들은 모두 하늘에서 내려온 것 같다."[119]고 추정한 데 이어 노례왕 때의 개칭 사실을 재차 확인하고 6부와 관련된 자기 시대의 정황 정도를 소개한 것뿐이다. 그렇다면 이렇게 단편적인 신화 내용을 그 후대적 관련 사항까지 낱낱이 밝히면서 혁거세 신화의 앞부분에 '가분수'격으로 얹어 놓은 것은 왜일까. 물론 이것을 전적으로 일연의 가필로 볼 수는 없다. 『삼국사기』에도 서술상의 비중은 다르지만 혁거세 신화의 앞부분에 본 신화가 붙어 있기 때문이다. 이는 둘이 처음엔 별개의 신화 전승으로 존재하다가 어느 시기에 이르러 결합되었음을 시사해 준다. 그 맥락과 의미를 밝히는 것이 본 절의 관심사다.

지금까지 6촌장 천강 신화에 대한 연구 역시 본격적으로 이루어지지 않았다. 혁거세 난생 신화를 다루는 자리에서 이것은 단순히 신라 이전의 토착 세력의 존재를 입증하는 자료로 다루어졌을 뿐이다. 즉 6촌이 신라의 모체인 사로국을 형성하였으므로 6촌장 천강 신화가 신라 건국 신화의 앞부분을 차지하고 있다는 것이다. 왜 하필 그것이 박·석·김의 3성씨 시조 전승 중 박혁거세 난생 신화에만 존재하는 지, 신화 문맥대로 6촌장 천강 신화가 먼저 존재하고 박혁거세 신화가 나중에 첨가되었다고 하는 것은 평면적인 논리는 아닌 지 등 여러 가지 의문점을 갖게 된다. 그 간의 특징적인 연구 성과들을 검토해 보면서 이에 대한 해결의 실마리를 찾기로 한다.

술하는 바와 같이 이 글에선 '조선 유민'설에 대해서는 보류하기로 한다.
119) 정중환은 이와 관련하여 "一然의 생각으로 한 말이 아니고 天降氏族으로 山上에 降臨하였다는 傳說에 근거함"이라 하였다. (정중환, 앞의 논문(1991), p.129)

우선 대부분의 연구자들은 신라 건국신화의 원형은 박혁거세 난생 신화라고 전제한 후 거기에 토착민 시조 전승인 6촌장 천강 신화가 포용된 것으로 보았다. 그 중 김두진은 6촌장이 이끄는 소국이 사로국으로 편성되면서 각국의 시조 전승이 박혁거세 신화 속에 흡수되어 체계화되었다.[120]고 하였다. 이는 신라 건국신화의 개별 전승들이 "앞뒤로 얽혀 서로 연관을 갖고"[121] 있다는 관점에서 얻어진 소론이다. 물론 여기에서 논의의 초점은 알영 신화의 신성화 과정에 맞추어졌기에 6촌장 천강 신화가 어떻게 혁거세 난생 신화에 '흡수'되었는지 그 맥락은 언급되지 않았다. 단지 토착민인 6촌이 사로국을 형성하면서 그 시조 전승이 현전하는 박혁거세 난생 신화에서 볼 수 있는 형태로 첨가된 것이라 하였다. '천강 설화'는 선민의식을 가진 씨족의 시조 전승인 동시에 원시공동체 사회에 정치권력이 성립되면서 지배자 집단의 관념 체계로 이어지게 된 것[122]이라면 6촌장 신화는 일정 정도 후대의 신화적 발상에서 비롯된 것일 수도 있는데 여기에서는 이 점이 간과된 것이다. 또한 김두진은 신라 건국신화의 개별 전승들이 역사적 과정 속에서 이합집산을 하면서 왜 6촌장 신화가 석탈해, 김알지 신화가 아닌 박혁거세 난생 신화에만 존재하게 되었는지 그 원인에 대해서도 추궁하지 않았다.

그 다음 이지영은 6촌장 천강 신화를 해모수 신화 내지 환웅 신화와 같은 '직접 하강한 건국 시조'의 계열로 이해했다.[123] 그리고 그는 이 계열의 신화를 북방 지역에서 전승되는 것으로 보고 이것이 신라 건국신화에 존재하는 원인에 대해선 역사학계의 연구 성과를 들어 해명하였다. 즉, 6촌은 고조선계 유이민 집단이므로 이 신화는 고조선계 유이민이 경주에 정착하면서 원래부터 가지고 있었던 이야기를 그들의 시조 강림설

---

120) 김두진, 앞의 논문(1988), p.17.
121) 김두진, 앞의 논문(1988), p.14.
122) 김두진, 앞의 논문(1988), p.17.
123) 이지영, 앞의 책, p.57 참조.

화로 꾸몄다는 것이다.124) 그에 의하면 6촌장 천강 신화가 환웅 신화나
해모수 신화와 이야기 전통이 같은 것은 이 때문이다. 김두진이 6촌을
토착민 집단이라 한 것과는 대조적으로 이주민이기에 그들의 시조 전승
이 '천신 하강' 구조로 되어 있고 그것으로써 자부심을 나타낸다고 하였
다. 조동일이 단지 "다른 데서 이주해 와서 천신족으로서의 자부심을 가
졌다"125)고 한데 이어 그 '다른' 곳을 고조선이라고 구체적으로 지목한
것이다.

　조현설 역시 "일찍이 조선의 유민들이 이 곳에 와서는 산곡 간에 흩
어져 여섯 촌락을 이루었다."는 『삼국사기』의 기록을 근거로 "이들 유민
들은 고조선인들이 가지고 있었던 신화를 가지고 진한 지역에 밀려와
정착했을 것이고, 그들이 지녔던 신화 속에는 그들의 시조 신화가 있었
을 것"126)이라 하였다. 즉, '건국신화의 형성과 소멸'을 고대 국가의 존
망과 결부시키면서 고조선이 망하자 "건국신화가 힘을 잃으면서 건국신
화에 밀려나 있던 씨족 단위의 시조 신화가 다시 전승력을 확보했을 것"
이며 그 증거가 바로 6촌장 천강 신화라는 것이다.127) 이지영이 역사학
계의 연구 성과를 들어 6촌을 고조선계 유이민 집단으로 상정하고, 6촌
장 천강 신화를 환웅이나 해모수 신화의 변이형으로 보았다면, 조현설은
『삼국사기』의 기록을 들어 같은 결론에 이르되 '씨족 단위의 시조 신화'
의 부활'이라는 점을 강조한 것이다. 『삼국사기』의 해당 기사를 어떻게
해석하느냐 하는 문제128)가 남아 있지만 이들 논의의 근저에는 북방계

---

124) 이지영, 앞의 책, p.62.
125) 조동일, 앞의 책(1982/1994), p.90.
126) 조현설, 앞의 논문, p.137.
127) 조현설, 앞의 논문, p.138.
128) 이병도는 해당 기사를 놓고 "北方의 平壤 부근을 中心으로 하였던 古朝鮮
이니, 이 遺民의 來居說은 실상 辰韓에 관한 傳說인 듯"하다면서 의문점을
남겼다. (『三國史記』上(이병도 역, 을유문화사, 1983, 卷 第一, 新羅本紀 第
一, 역자주 4) 또한 이병도는 '조선 유민설'을 신라의 기원과 결부시켜 서
라벌육촌을 「진한 육부」라고까지 한 것은 인습적인 그릇된 기록을 답습한

신화를 중심으로 한국 신화를 체계화하려는 의도가 깔려 있는 듯하다. 신라는 사회·역사적 특성상 특이한 구조의 건국신화를 전승해 왔다는 점을 밝히자면 다른 각도에서 접근해 볼 필요가 있다.

임재해는 6촌장 천강 신화를 신라 사회에 특유한 신화 전승으로 보았다. 그러면서 특히 6촌 중 제 1촌인 알천 양산촌과 박혁거세의 관계에 주목했다.[129] 혁거세가 양산 아래 나정 샘가에서 출현했다는 점, 알천이나 그 촌장 알평의 알과 혁거세가 나온 알은 의미상 연관되어 있다는 점, 알평이 하늘에서 처음 내려온 표암봉 역시 알 또는 박을 상징한다는 점 등이 그 착안점이다. 이에 의하면 박혁거세 난생 신화는 6촌 중 세력이 가장 큰 알천 양산촌에 힘입어 박혁거세가 왕으로 추대되었음을 의미하는 것이다. 한편 임재해는 "혁거세가 양산촌에서 알의 형태로 출현하고 박씨성을 가져 바가지로 표상되는 것은 알평이 하늘에서 표암봉으로 내려온 신화적 출현의 유형적 틀을 그대로 계승한 것"[130]이라 하였다. 요컨대 임재해는 6촌 중 제 1촌인 양산촌의 역할에 주목하되 신화적 계승 문제를 평면적으로 다루었다. 양산촌장의 신화가 신라 건국 신화의 근저를 이루었을 것이라는 점은 흥미로운 견해이나 그러한 '천강' 내지 '난생' 신화가 양산촌 신화의 원형이겠느냐, 일부분이거나 후대적 요소는 아니겠느냐 하는 의문이 드는 것이다.

필자는 이 글에서 6촌 중 양산촌의 시조 신화가 신라 건국 신화의 바탕을 이루었을 것이지만 그것이 애초에는 '천강', '난생'이 아니라 다른 구조였을 것임을 해명하고자 한다. 이에 앞서 혁거세 신화에 붙어 있는, 양산촌을 비롯한 6촌장 천강 신화가 후대의 산물로 혁거세 신화와 결합하게 된 맥락을 밝히고자 한다.

우선 동일한 구조로 된 여섯 개의 신화 전승을 다 말하느라 그렇게

것이라고 하였다. (이병도, 『韓國古代史硏究』, 박영사, 1976/1985, p.597)
129) 임재해, 앞의 책, pp.201~206 참조.
130) 임재해, 앞의 책, p.201.

된 것이겠지만, 『삼국유사』의 경우 6촌장 신화는 박혁거세 신화에 비해 상당히 많은 분량으로 되어 있다. 『삼국사기』의 경우 촌의 이름만 소개 되던 것이 『삼국유사』에는 촌장 이름, 촌장의 하강과 6부 조상으로의 좌 정, 노례왕 때의 개칭, 고려 시대의 부의 개명 사실까지 자세하게 기록 되어 있는 것이다. 그런데 여기에서 아득한 옛날의 신화적 요소는 단지 6촌장이 어느 산으로 내려왔다는 것뿐이다. 이는 고대의 신화적 발상에 충실하기보다 어디까지나 현재의 필요성에 상응하는 구조이다. 물론 현 재라 함은 박혁거세 신화에 6촌장 천상 신화가 접부되는 시점을 말한다.

여기서 주목되는 사실은 6촌장이 급량부 이씨, 사량부 정씨, 모량부 손씨, 본피부 최씨, 한기부 배씨, 습비부 설씨 등 6부 성씨의 조상이 되 었다는 점이다. 전덕재는 이상의 6부의 성이 모두 발견되는 시기는 통일 기라는 점, 6부와 성씨를 연관시켰던 시기가 결코 통일기 이상으로 소급 될 수 없음을 추론한 바 있다.131) 더욱이 이순근은 신라에서 성씨 자체 가 사용되기 시작한 시기는 6세기 중엽(진흥왕대)으로 추정되므로 『삼국 사기』와 『삼국유사』의 초기 기록에 나오는 성씨는 각 찬자들이 그들의 계보 관념에 따라 계보를 추적한 후 소급하여 기술한 것으로 보았다.132)

---

131) 전덕재, 『新羅六部體制 研究』, 일조각, 1996, p.12. 이 중 뒤의 내용은 전덕 재가 이순근의 「新羅時代 姓氏取得과 그 意味」(『韓國史論』 6, 서울대학교 국사학과, 1980, p.23)에서 발췌한 것이다. 이순근은 6부성의 취득은 통일 과정 및 통일 직후에 이루어진 것으로 보고 그 맥락에 대해 다음과 같이 말했다. "이 시기는 신라에 있어 中國의 文化, 즉 儒敎文化를 수용하고자 하는 欲求가 가장 강렬한 시기였고 또 統一後 制度의 再組織 과정에서도 그러한 儒敎的인 ideology의 成立이라는 방향에서 진행된 것이었다. 이 시기 에 이를 先驗的으로 이해하고 받아들일 수 있었던 계층은 새로운 秩序 속 에서 지배세력으로 부각된 이들 支配知識層이었던 것으로 보인다. 이들이 칭한 六姓이 三姓인 王室姓과는 달리 중국의 支配貴族集團의 姓氏와 일치 하고 있음은 우연한 현상은 아닌 것이다." (이순근, 앞의 논문, pp.23~24) 이에 반해 이기백은 6부와 6성을 결합시켜 생각하게 된 것은 신라 하대였 을 것이라고 하였다. (이기백, 「新羅 六頭品 研究」, 『新羅政治社會史研究』, 일조각, 1974, p.56 참조)
132) 이순근, 앞의 논문, pp.10~12.

물론 이는 박, 석, 김 등 삼성의 취득 과정에도 해당되는 견해이며, 노례
왕 9년조의 6부 개칭 및 사성(賜姓) 사실을 사료적 차원에서 분석한 결
과이다. 어쨌든 통일기를 전후한 신라의 정치적 상황 속에서 6부성을 칭
하는 세력들이 이해관계에 따라 자신들의 시조를 6부의 시조와 연결시
킨 것으로 추정된다.[133]

그렇다면 노례왕 9년조의 부로의 개칭 내지 각 성씨 조상으로의 좌정
대목은 통일기 이후의 정치적 세력 관계의 산물이다.[134] 전덕재는 6촌장
의 천강과 관련된 내용은 그보다 더 후대에 부회된 것으로 보았다. 즉
"후대에 6촌에 관한 내용이 신라의 건국 신화에 첨가되면서 六部의 始祖
대신 그 前身인 六村의 始祖들이 하늘에서 내려왔다는 식으로 개변"[135]
되었다는 것이다. 즉, 자신들의 시조라 하기에는 당시의, 6부에 소속되지
않은 정치적 세력들에게 눈치가 보여 아득한 옛날의 신화적 주체인 6촌
장을 끌어들였다는 것이다. 게다가 전덕재는 6부 이전의 6촌의 존재에
대해서도 회의적이다. "6部名이 촌이란 용어가 신라에 도입되기 이전에
사용되었음이 확인된 이상, 6부의 전신으로서 6촌이 존재하였다는 상정
은 이제 더 이상 설득력이 없"[136]기 때문이다. 이렇게 되면 6촌장 천강

---

133) 전덕재, 앞의 책, p.13. 이와 관련하여 서영대는 고구려의 경우 "귀족세력들
은 자기 가문의 시조전승을 토대로, 자기 가문이 신성한 혈통임과 고구려의
건국과 발전에 공이 많았음을 내세움으로써 자신들의 귀족으로서의 위치를
정당화했다"고 했다. 그런데 이는 "귀족세력의 입장에서 볼 때, 점차 강화되
어가는 왕권 하에서 자신의 지위를 유지하기 위해서는 시조전승의 원형을
고집하며 자기 가문의 독자성을 내세우는 것보다는 고구려 국가나 왕실에
대한 자기 가문의 기여도를 과시하는 것이 더 필요했을 것"이기 때문이라고
하였다. (서영대, 앞의 논문, pp.205, 212)
134) 이순근은 6부의 사성(賜姓)이란 "姓氏 성립 당시의 姓氏取得集團이 他集團
에 비해 특별히 施惠(여기서 政治的・社會的 特權이 예상된다)를 받은 과정
을 의미하는 것"이며 "三國統一過程과 그 후 國家體制의 再整備過程에서
발생한 各族團의 勢力變動을 단계적으로 編制하는 과정에서 발생한 것"이
라 하였다. (이순근, 앞의 논문, pp.36, 41)
135) 전덕재, 앞의 책, p.17.
136) 전덕재, 앞의 책, p.27.

신화 자체가 후대적 산물이 된다. 물론 역사적으로 사로국 이전의 선주민 집단으로서 6촌과 같은 집단 내지 그들 나름의 시조 전승 자체가 없었다는 것은 아니다.[137] 다만 그것이 6촌 내지 6부로 지칭되고 그 조상이 6부성씨의 조상으로 천강하였다는 점, 그들이 혁거세를 추대하여 왕으로 삼았다는 현전 형태의 신화적 문맥이 후대의 산물이라는 것이다.[138] 이들 선주민 집단 중 주촌(主村)에 해당한다고 추정되는 양산촌의 건국신화적 위상에 대해서는 본 절 끝 부분에서 논의하려고 한다. 어쨌든 현전 형태대로, 6촌장 천강 신화가 혁거세 신화에 붙어 있는 것은 6부 성씨 집단이 자신들의 정치적 필요에 의해 혁거세 신화에 손을 내민 셈이다. 그렇다면 혁거세 신화 쪽의 사정은 어떠한가.

혁거세 신화는 6촌장 신화 없이는 존재할 수 없다. 『삼국사기』에서는 1차로 고허촌장인 소벌공이, 2차로 6부 사람들이 혁거세를 거두어 기른 다음 왕으로 추대하였다고 하였다. 이에 비해 『삼국유사』에서는 즉위에 대한 6촌장의 간절한 바람에 따라 혁거세가 출현한 것으로 되어 있다. 후술하겠지만 혁거세 신화는 다른 나라 건국신화에 비해 이렇다 할 사건 구조가 없기에[139] 6촌장 신화의 개입은 필수적이다. 둘이 엮어내는

---

137) 이종욱은 몇 가지 근거를 들어 "사로국의 형성 이전에 사로지역에는 6촌이 있었고 각 촌에는 촌장이 있었음을 확인할 수 있게 되었다."고 하였다. 그리고 "신라상고시대 이전부터 중국식의 姓을 6촌의 씨족들이 사용하지는 않았다 하더라도 각 씨족은 그들을 상징하고 다른 씨족과 구별할 수 있는 장치를 일찍부터 가지고 있었다고 보아야" 한다고 하였는데 이러한 '장치'에 시조 전승이 포함되었다고 할 수 있다. (이종욱, 「酋長社會時代의 斯盧六村」, 『新羅伽倻文化』 12, 영남대 신라가야문화연구소, 1981, pp.3, 6)

138) 이병도는 이와 관련하여 "이들 六祖의 名과 天降說은 後世의 꾸민 說話지만, 六村은 말하자면 斯盧社會를 構成한 六個의 族團이므로 各村에는 각기의 首長이 있어 族員들을 統率하였던 것과, 또 그 族員의 紐帶가 血緣的으로 혹은 傳說上 先祖를 同一히 한다는 信念下에 맺어진 氏族들임은 의심없는 事實"이라고 하였다. (이병도, 앞의 책, p.598) 또한 정중환은 가야의 경우를 들어 6촌장도 천강인보다는 9간처럼 在地人임을 암시하였다. (정중환, 앞의 논문(1991), p.129 참조)

139) 김승찬, 앞의 논문, p.1. 김동욱은 신라 건국신화의 특징과 관련해서 "新羅六

신화적 의미야말로 신라 건국 신화의 특성을 반영하는 것이겠기 때문이다. 즉 신라 건국 신화는 1이 아니라 6이, 일방적인 천신의 하강이 아니라 지상의 소망, 협의, 추대 형식으로 왕이 출현한 것을 강조하는 데 상응하는 신화 구조로 되어 있는 것이다. 그렇다면 3성씨 시조 중 석탈해, 김알지가 아닌 박혁거세가 6촌장 신화와 관련된 것은 왜일까?

후술하겠지만 혁거세 신화는 애초에 나머지 석탈해, 김알지 신화와 얽혀 있었다.[140] 3성씨 시조 신화가 먼저 존재했다는 말이다. 3성씨 시조 신화가 구성된 것은 6세기 무렵이라고 한다. 이순근은 이 때쯤 "三姓 神話가 口碑傳承되어 오던 것이 姓氏 取得과 더불어 보다 구체화"되었고 따라서 "新羅 三姓이 비슷한 시기에 성립되었다."[141]고 하였다. 전덕재는 3성씨 시조 신화가 구성되려면 상고기의 왕계보가 정리되어야 하므로『國史』가 편찬된 진흥왕대에 3성씨 시조 설화가 새롭게 정리된 것으로 보았다.[142] 이 시기는 중앙집권적 국가체제를 확립한 때로[143] 3성씨 시조 신화를 다듬어 건국신화의 면모를 일신할 필요가 있었다.[144]

村을 중심으로 소용돌이치면서 전개된 氏族끼리의 헤게모니 爭奪鬪爭의 敍事詩的 構造"(김동욱, 앞의 논문, p.314)라고 했는데 이는 신라 건국 신화를 구성하는 개별 전승들 간의 관련성을 두고 한 말이다. 이에 대해서 이견을 제시한 김승찬은 개별 신화 전승에 한정하여 그 같은 결론에 이른 것이다.

140) 김두진, 앞의 논문(1988), p.18. 물론 그는 알지를 제외하고 탈해 전승과 6촌장 신화가 혁거세 신화와 얽혀 있었다고 하였다.

141) 이순근, 앞의 논문, p.32.

142) 전덕재, 앞의 책, p.15.

143) 이기동은 이 시기를 법흥왕(514—540) 때로 올려 잡고 그 이유로는 "律令의 공포를 계기로 하여 신라의 전반적인 국가 지배체제가 빠른 속도로 法制化·조직화되어 간 점", "불교의 공인을 계기로 하여 신라의 觀念體系가 연맹왕국시대를 지배한 잡다한 土着신앙으로부터 한 단계 높은 수준으로 高揚"된 점, "신라가 비약적으로 영토를 확장한 점" 등을 들었다. (이기동, 앞의 책, p.46) 법흥왕 때에 마련된 이러한 체제적 기반 위에서 진흥왕 때의『국사』편찬 내지 건국 신화 정비 작업이 가능했을 것이다.

144) 조현설은 이 때에 건국신화가 國史에 수용된 것으로 봄으로써 왕계보 정리 작업과 건국신화 재정비 작업을 동시적인 것으로 파악했다. (조현설, 앞의 논문, p.220 참조.)

56

그런데 건국신화의 정비 작업은 여기에서 멈추지 않았을 것이다. 통일
기를 거친 신라 중대(7-8세기)를 주목할 필요가 있다. 이 시기는 신라
천년사에서 볼 때 가장 획기적이고 체계적인 정치적, 사회적 변화를 겪
은 때이다. 제2의 건국기로 전제왕권이 가장 강화된 시기이며 그것을 정
점으로 전국을 일원적인 지배체제 아래 두는 작업이 이루어진 때이기
때문이다.145) 6촌장 천강 신화가 3성씨 시조 신화에 첨부된 것은 이 무
렵이 아닌가 한다. 초월적인 권력자로서의 전제 왕권은 3성씨 시조보다
상위의 신격을 필요로 했을 것이다. 신화는 단순히 과거에 있었던 사실
을 설명하는 데 그치지 않고 현재적인 의미와 기능을 가지기 때문이
다.146) 3성씨 시조 신화는 민주적이고 평화적인 왕위 교립을 상징하는
것으로 통일 과업의 원동력이 되기에 부족함이 없었을 것이다. 하지만
통일기를 거친 이 시기는 또 다른 왕권의 명분이 긴요할 때이다. 왕권의
전제화를 위해서는 '새로운 정치사상'147), 특히 천명사상을 내걸 필요가
있었을 것이다. 천명사상에 따르면 "建國은 하늘의 뜻이요, 王者는 하늘
이 낸 사람"148)이다. 요컨대 6촌장 천강 신화는 천명사상을 표방할 필요
가 있었던 이러한 시대적 배경 속에서 기존의 3성씨 시조 신화의 머리
에 놓인 것이 아닐까 한다.149) 위 ③의, "이제 천자가 이미 내려왔으니"

145) 송기호, 「신라 중대사회와 발해」, 『한국사특강』(한국사특강편찬위원회 편), 서
    울대학교 출판부, 1990, p.70 ; 김광수, 「新羅 上古世系의 再構成 試圖」, 『東洋
    學』 3, 단국대학교 동양학 연구소, 1973, p.5 참조.
146) 서영대, 앞의 논문, p.181 참조.
147) 송기호, 앞의 논문, p.72.
148) 이경선, 「建國說話와 天命思想」, 『東洋學』 5, 단국대학교부설 동양학 연구
    소, 1975, p.8.
149) 강종훈은 천강 모티브가 '고대사회의 지배이데올로기'와 관련된다고 하였
    다. (강종훈, 「新羅 三姓 族團과 上古期의 政治體制」, 서울대학교 박사논문,
    1996, p.68 참조) 이강옥은 "어떤 집단의 우두머리가 하늘로부터 내려왔거
    나 하늘과 긴밀한 관계를 맺고 있다는 점은 그 집단의 하늘에 대한 신앙을
    드러내고 있는 것이라기보다는 현실정치적으로 한 집단이 다른 집단에 대
    해 가지는 우월성을 드러내기 위한 수단으로서 만들어진 장치일 수도 있

라는 말에서 혁거세 자신이 아니라 6부인들이 그를 '천자'라 했다는 것
역시 이상의 소론과 일치한다.[150] 지금까지의 논의로 보건대 6촌장 천강
신화는 3성씨 시조 신화 쪽의 이해에 부응해서 그것과 결합한 것이다.

그런데 전술한 바 6부 성씨 세력 쪽의 요구도 있었다. 그러면 이 무렵
이 둘의 이해관계가 두 신화의 결합을 계기로 합치된 것으로 볼 수도
있겠다. 이와 관련하여 이순근은 "六部姓이 賜姓되었다는 기록의 의미를
연결시켜 볼 때 통일을 전후한 과정에서 王室 중심의 支配族과의 연결
이 짐작"된다고 하였다.[151] 이와 비슷한 사항으로 통일기 직후에 "6두품
세력은 왕권과 결탁함으로써 상대적으로 부각되었다."[152]고 한다. 이들 6
두품 세력이 당시 6부성씨 세력과 같은지는 알 수 없다.[153] 다만 당시 6
두품으로서 잘 알려진 강수(強首), 이순(李純), 설총(薛聰), 최치원(崔致遠)
등을 그 성씨와 관련하여 검토할 필요가 있다. 강수는 6부의 하나인 사
량부 사람이지만 원래는 대가야 즉, 고령 출신이다.[154] 이순은 대내마(大
奈麻)로 경덕왕 때 왕의 총신이다.[155] 설총은 당시 거주지와는 무관하게
6부성씨 사람이다. 최치원은 사량부 사람이다.[156] 이들의 공통된 특징은
출신지든 현 거주지든 6부와 관련되어 있다는 점, 당시 신흥하는 지식
집단으로서 왕실 주변에서 실무를 담당했다는 점, 신분 상승에 대한 욕

다"고 하였다. (이강옥, 앞의 논문, pp.158~159)

150) 조현설은 국인추대 화소는 "천인합일이라는 중세 지배이념의 신화적 구현
   물"이라 하였다. (조현설, 앞의 논문, p.238)

151) 이순근, 앞의 논문, p.41.

152) 송기호, 앞의 논문, p.71.

153) 이기백은 이와 관련하여 "六姓은 그 당시에 六頭品의 대표적인 家門이었을
   것"이라 하였다. (이기백, 앞의 논문, p.56) 이종욱은 6부성씨 세력과 관련하
   여 "骨制에 편입될 수 없었던 이들 제 2급의 지배 세력은 후일 骨品制가
   만들어질 때 六頭品을 비롯한 頭品身分을 갖게 되었다"고 함으로써 그 관
   련성을 언급하였다. (이종욱, 앞의 책, p.131)

154) 『三國史記』 卷 第四十六, 列傳 第六, 強首.

155) 『三國史記』 卷 第九, 新羅本紀 第九, 景德王.

156) 『三國史記』 卷 第四十六, 列傳 第六, 崔致遠.

구가 있었다는 점 등이다. 6두품은 아니지만 6부성씨로서 배부(裵賦)는 성덕왕 때 대아찬으로 상대등이 되었다.[157] 이는 6부성씨 세력들이 6두품이든 그 이상이든 당시 정치적 상황에서 상승적 위치에 있었음을 말해준다. 더욱이 최치원의 경우는 주목할 만하다. 그는 9세기에서 10세기에 걸쳐 생존했으니 나머지 네 사람과는 시대적으로 동떨어져 있는 인물이다. 하지만 그가 아니라도 그 윗세대에서 위에 든 네 사람과 같은, 6부성씨로서의 특이한 위치[158]에 처해 있었던 최씨 집단이 있지 않았을까 한다. 특히 6촌장 천강 신화 중 다른 촌과 달리 제 4촌인 진지촌 부분에 최치원과 관련된 사항이 특기되어 있는 것은 이 때문일 것이다. 어쨌든 6부인들과 왕실 등 양 세력의 연계에 의해 6촌장 신화와 3성씨 시조신화는 붙어 있게 되었다.[159] 그러던 것이 석씨와 김씨계가 독자적인 신화를 취함으로써 현재의 모습대로 즉, 6촌장이 혁거세를 맞이하는 신화가 된 것이 아닌가 한다.

한편 주촌(主村)[160]의 문제는 주로 혁거세 신화의 근원과 관련해서 거론되어 왔다. 그런데 6촌 중 주촌이 어디였느냐 하는 것이 문제다. 황패강은 몇 가지 기록을 들어 양산촌의 알천이 초기 신라인에게 있어 제정(祭政)의 성지로서 호국신앙의 중심이 되었던 영역이라고 함으로써 이곳이 주촌임을 암시한다.[161] 특히 그는 원성왕(元聖王)의 왕위 계승과 관련된, "비밀히 북천신에게 제사지냄[密祀北川神]"[162]이라는 기록을 들어

---

157) 『三國史記』 卷 第九, 新羅本紀 第九, 景德王.
158) 이종욱은 『삼국사기』 권 2, 신라본기 2, 沾解尼師今을 들어 당시 6부인들은 왕실 세력으로는 될 수 없던 존재들로 단지 개인적 능력 등에 의하여 중앙 정부의 관리로 취임할 수 있었기에 신분적인 특권을 갖고 있기도 하나 제 2급의 지배 세력이라고 하였다. (이종욱, 앞의 책, p.130)
159) 조현설에 의하면 시조신화가 건국신화로 발전할 때 그 주요 동인은 "집단들 사이의 권력관계나 건국신화를 통해 어떤 힘을 행사하려는 이해집단의 권력의지"이다. (조현설, 앞의 논문, p.196)
159) 나희라는 6촌 중 정치적으로 주도적인 역할을 하는 촌이라는 의미로 이 용어를 사용하였다. (나희라, 앞의 논문, p.71 참조)
161) 황패강, 앞의 책, p.149.

알천이 후대의 왕권의 수수(授受)에도 직접 간여하여 절대적인 영향을 발휘한 것으로 보았다.163) 신라의 호국적 영웅 중 알천공(閼川公)의 이름이 그러한 것도 우연이 아니라고 하였다. 알천은 시조 혁거세가 발상한 곳으로 신라인에게 깊이 각인되어 있음을 알 수 있다.

나희라는 시조왕 박혁거세를 추대하기 위해 모인 곳과 그가 발견된 곳이 6촌의 제1촌인 알천 양산촌과 관계가 깊다는 사실에 주목하였다.164) 그리고 "알천양산촌은 초기 신라의 主村으로 거기서 6村의 공공제의가 거행"165)되었다고 하였다. 강종훈은 "고허촌은 혁거세가 등장하기 이전부터 존재한 토착집단 가운데 하나인데, 혁거세의 출현이 곧 그로 대표되는 족단의 유입을 의미한다면, 그 족단의 출자는 고허촌과는 다른 곳에서 찾는 것이 논리상 옳을 것"166)이라고 하여 일단 고허촌을 주촌으로 하는 것을 보류하였다.

이를 기록을 통해 확인해 보면 『삼국사기』에서는 소벌공이 혁거세를 발견하고 기른 것으로 되어 있어 그가 다스리는 제 2촌 고허촌이 주촌임을 암시한다. 물론 혁거세는 양산 밑의 '나정'에서 발견되었다고 하였다. 『환단고기』에서는 선도산 성모가 임신한 채로 진한의 '나을촌'에 이르렀고 소벌도리라는 자가 혁거세를 거두어 기른 것으로 되어 있다.167) 여기 소벌도리는 『삼국유사』에 의하면 소벌공과 동일인이고 '나을'은 "시조가 처음 탄생한 곳"168)이라 하니 혁거세가 발견된 바로 그 '나정'임을 알 수 있다.169) 『삼국유사』에서는 특정 촌장이 거론되지 않고 다만

---

162) 『三國遺事』 卷 第二, 紀異 第二, 元聖大王. 여기서 '北川'은 알천을 말함. (『三國遺事』(이민수 역), 같은 글, 역자주 5)
163) 황패강, 앞의 책, pp.149~150.
164) 나희라, 앞의 논문, p.71.
165) 나희라, 앞의 논문, p.72.
166) 강종훈, 앞의 논문, p.62.
167) 『환단고기』, p.292 참조.
168) 奈乙始祖初生之處 (『三國史記』 卷 第三, 新羅本紀 第三, 照知麻立干)
169) 『三國史記』(이병도 역) 卷 第三, 新羅本紀 第三, 역자주 29. 양주동의 어의 해

왕의 추대를 의논하는 촌장 모임이 알천 언덕에서 있었다고 하여 제 1
촌인 알천 양산촌의 위상이 부각되어 있다. 혁거세가 발견된 곳은 양산
밑 '나정'이라 하여 『삼국사기』와 동일하다.

　이상의 논의를 종합해 보면 소벌공의 개입 유무를 떠나 혁거세가 탄
생한 곳은 양산의 '나정'으로 동일하므로 양산촌이 주촌임을 알 수 있다.
다만 2촌 고허촌장의 개입이 문제다. 이는 『환단고기』에서처럼 그를 아
예 양산촌장으로 간주한다고 해서 해결되지 않는다. 그렇게 되면 『삼국
사기』와 『삼국유사』의 6촌 기록과 어긋나기 때문이다. 가능한 해석은 소
벌공이 자기 촌에서가 아니라 1촌 양산촌 쪽을 바라보다가 그 쪽에 있
는 혁거세를 발견했다는 것이다. 그리고 이러한 소벌공의 개입은 1촌과
2촌 간의 긴밀한 정치적 유대 관계 내지 후대에 있어 6부 중 사량부의
상승적 위상을 반영하는 것이 아닌가 한다. 어쨌든 1촌 양산촌이 6촌 중
주도적인 위치에 있었고 거기에서 혁거세를 배출했다고 할 수 있다. 『신
증동국여지승람』170)에서 혁거세릉이 담엄사 곁에 있다고 했는데 『삼국유
사』171)에서는 양산촌 남쪽이 담엄사라고 했으니 혁거세는 바로 양산촌에
서 태어나고 죽었다는 점 또한 이를 방증한다.

　그런데 "왕을 배출한 부의 시조 설화가 국가의 건국신화로서 추인되
었을 가능성"172)이 있다. 양산촌 시조 신화와 혁거세 신화의 관계는 이
러한 견지에서 검토될 필요가 있다. 나희라는 양산촌의 "대표이자 사제
가 신라 최고의 제사장으로서 왕으로 추대"173)된 것으로 추정하였다. 즉,
황패강이 알천을 단지 시조 탄생지로서의 성역으로 보았다면 나희라는
주촌인 양산촌의 대표가 바로 혁거세 왕이라 한 것이다. 임재해는 이를
더 발전시켜 알의 이름을 가진 양산촌장 알평이 표암봉에 하강했다고

석이 그러함을 말하고 자신의 견해를 보태 '나정'이 '국정(國井)'임을 밝혔다.
170) 『新增東國輿地勝覽』 卷之二十一, 慶州府.
171) 『三國遺事』 卷 第一, 紀異 第一, 新羅始祖 赫居世王.
172) 전덕재, 앞의 책, p.17.
173) 나희라, 앞의 논문, p.72.

하는 신화가 양산촌에서 알의 형태로 출현했다고 하는 혁거세 신화로 계승된 것이라고 하였다.174) 즉, 양산촌의 시조 신화가 바로 혁거세 신화이기도 하다는 것이다. '알' 내지 '바가지'라는 화소의 일치를 들어 그렇다는 것인데 이것이 혁거세 신화의 핵심적 요소이긴 하나 현전하는 혁거세 신화가 그 원초형을 얼마나 간직하고 있나가 문제다. '알' 화소 이외에 다른 신화적 요소들을 더 많이 포함할 수도 있기 때문이다. 요컨대 양산촌의 시조 신화가 혁거세 신화로 계승되었겠지만 전자의 형태에 대해선 다른 각도에서 논의할 필요가 있다.

전덕재는 고구려의 경우를 들어 이 문제에 접근했다. 즉, 5부의 하나인 소노부가 계루부에게 왕위를 넘겨주면서 전자의 시조 설화가 고구려 건국신화로 대체되었다 하고 그 시조 설화에 대해선 "시조모가 하늘의 아들을 낳는다는 구조"일 것으로 추정하였다.175) 이는 시조 신화가 건국 신화로 계승된다는 점에서는 임재해와 같지만 건국신화의 원초형을 고려한다는 점에서는 그와 다르다. 물론 전덕재는 이러한 소론을 신라의 경우에 그대로 적용하는데 그럴 수는 없다. 신라는 독특한 사회·역사적 특성상 그 신화적 발상도 다르겠기 때문이다. 후술하겠지만 양산촌 시조 신화의 원초형은 고구려의 경우와 다르게 '성모가 남매신인 이성(二聖)을 낳는다'는 구조가 아닐까 한다. 다른 나라와 달리 신라에선 이성(二聖) 숭배의 뿌리가 깊다. 신라 신화의 구조상 그러한 것이라고 볼 때 전 절에서 논한 선도산 성모가 혁거세와 알영을 낳았다는 전승이 양산촌의 시조 신화가 아닌가 한다. 현전하는 6촌장 천강 신화가 혁거세 난생 신화와 실질적으로 연결되는 것은 바로 이러한 의미에서일 것이다. 미리 말하면 3성씨 시조 신화가 형성되면서 이 선도산 성모 신화는 아득하게 잊혀지고176) 거기에 6촌장 천강 신화가 첨가되었을 것이다.

---

174) 임재해, 앞의 책, p.201 참조.
175) 전덕재, 앞의 책, p.16.
176) 홍기문은 "신라 건국 신화는 혁거세와 탈해의 두 층계로 구성되면서 알영과

(3) 이성(二聖) 신화 - 혁거세와 알영

통상 '혁거세 신화'라고 하는 것은 '혁거세·알영 신화'로 고쳐 불러야 한다. 『삼국사기』, 『삼국유사』의 신화 문맥 속에서 혁거세와 알영은 같은 비중으로 다루어지고 있기 때문이다. 즉, 혁거세와 알영은 환웅-웅녀, 해모수-유화의 관계처럼 단순히 부부신이 아니라 둘 다 같은 정도의 신성성을 나누어 갖고 그것을 인간 세상에 구현한 이성(二聖)으로서 숭배되었다는 것이다. 물론 현전하는 신화 문맥상 그 중심점은 혁거세 쪽에 가 있지만, 이 역시 후대적인 변모 과정상의 문제라고 본다. 애초에는 남녀 이성이 출현해서 일정 지역을 다스린다는 신화였을 것이다. 본 절에서는 『삼국사기』와 『삼국유사』의 신화 기록을 분석해 그것이 '혁거세·알영 이성 신화'임을 밝히고자 한다. 그리고 이러한 이성 신화가 신라 건국 신화에서 차지하는 위상을 검토하되 특히 전 절에서 논한 양산촌 신화 즉, 성모가 남매신을 낳았다는 시조 전승과 관련시켜 논할 것이다.

지금까지 신라 건국신화라는 틀 내에서 혁거세와 알영의 관계를 비중 있게 다룬 논의는 적지 않았다. 그런데 이들 논의는 대체로 혁거세와 알영이 북방계 신화에서처럼 천부지모(天父地母)의 원리를 구현한다 하고 그 신화·원형적 의미를 추출하는 데 주력한 감이 있다. 대표적인 것으로는 알영에 대한 김승찬의 논의를 들 수 있다. 그에 의하면 알영은 지모신적 성격과 수모신적(水母神的) 성격을 아울러 지님으로써 신라의 국가 발전에 생생력을 보강하는 여성(女聖)으로 혁거세의 천신적 남성 원리와 대조적이다.[177] 이러한 식의 논의는 혁거세가 '하늘의 원리'를, 알

물의 관계는 자연히 그 의의를 잃게 되었다. 거기에 따라 그의 탄생지가 어째서 우물로 되고 그를 탄생시킨 모체가 어째서 용이 된 것 등도 희미해지고 말았다."고 했다. (홍기문, 앞의 책, p.92) 이는 현전하는 신화 문맥상 후발적인 알지 신화를 떼어 놓고 혁거세와 탈해 신화가 우선적으로 밀착되어 형성되었다는 김두진의 논지로 이어졌다. (김두진, 앞의 논문(1988), p.26 참조)

영이 '대지의 원리'를 구현한다고 하는 허경회[178], 지병규[179], 나경수[180], 이지영[181], 윤경수[182] 등의 연구에서 되풀이된다. 이상 연구자들은 현전하는 신화 문맥에 드러나 있는 몇 가지 특징적인 모티프들 즉, '알', '백마', '우물', '용' 등의 순수 원형적 의미에 근거해 그 같은 결론에 이른 것이다. 요컨대 혁거세와 알영 신화에 대한 연구사는 동일한 논의를 되풀이 해 왔다는 느낌이 든다. 남성적 존재니까 왕과 하늘이고, 여성적 존재니까 왕비와 땅이라 하니 연구사적 진전이 없었다고 생각한다.

동일한 천부지모의 원리에 기반하되 그것을 고대 신라의 역사·문화사적인 맥락과 결부시킨 논의도 있다. 그 중 김철준은 혁거세를 천신족으로서 북방계 유이민 집단을 상징하는 것으로, 알영을 경주 지역의 토착민 집단을 상징하는 것으로 해석하였다.[183] 이러한 논의는 이종욱[184], 김화경[185], 김두진[186]으로 이어진다. 그 중 이종욱은 둘 다 이주민 세력

---

177) 김승찬, 앞의 논문, p.9.

178) 허경회, 앞의 논문, pp.78~86 참조.

179) 지병규, 「古代 建國神話의 系統的 硏究」, 충남대학교 박사논문, 1993, p.120 참조.

180) 나경수, 앞의 책, pp.55~65 참조.

181) 이지영, 앞의 책, pp.160~168 참조.

182) 윤경수, 앞의 책, pp.171~183 참조.

183) 김철준, 「新羅上古世系와 그 紀年」, 앞의 책, p.72. 이에 대해 강종훈은 "시조설화에서 천강이라는 모티브가 유이민집단과 관련되고 지신족임을 시사하는 우물가에서의 출생이라는 모티브가 토착세력과 연결된다고 하는 주장이 과연 어느 정도의 타당성을 지닐 수 있을지 의문이 든다."고 하고, 이어 "천강족이니 지신족이니 하는 것을 고대사회의 지배이데올로기라는 측면에서 바라보아야지, 단순히 이주민이냐 토착민이냐를 구분하는 지표로만 국한해시는 인 된다"고 하였다. (강종훈, 앞의 논문, pp.67~68) 이강옥도 "신화상에 나타난 점에서 두 집단이 천신족과 지신족으로 구분될 수 있는 분명한 차이점들을 찾기는 어려우며 또 만일 혁거세를 천신족으로 본다면 선주민인 6촌 전체도 천신족으로 보아야 할 것이며 그렇게 되면 선주민인 알영의 집단도 천신족에 가깝게 되는 것"이라 곤란하다고 하였다. 따라서 천강의 의미를 현실정치적인 의미로 해석해야 한다고 하였다. (이강옥, 앞의 논문, p.159)

184) 이종욱, 앞의 책, pp.122~123 참조.

으로 추정하고 혁거세와 알영의 신화상의 결합을 두 집단 간의 혼인 동
맹으로 해석하였다.[187] 이들 논의는 혁거세와 알영의 결합의 의미를 많
게든 적게든 신라 상고사의 특수성, 즉 이질적 집단 간의 통합 과정을
통해 신라가 성립했다[188]고 하는 역사적 사실과 적극적으로 관련시킴으
로써 신화의 의미를 구체화시켰다는 데 의의가 있다. 다만 앞의 원형론
으로 풀이한 논자들과 마찬가지로 혁거세와 알영의 신화적 의미를 획일
적으로 천부지모의 원리와 관련시킨 것은 재고의 여지가 있다. 논자들은
본 신화 문맥 상의 ① '번갯빛처럼 이상한 기운이 땅에 닿도록 비침[.異
氣如電光垂地]', ② '알', ③ '말이 사람을 보더니 길게 울고는 하늘로 올
라가 버림[馬見人長嘶上天]', ④ '이제 이미 천자가 내려옴[今天子已降]'
등의 화소에 근거해 혁거세를 하늘의 존재로 해석하고, 알영의 경우엔
우물가에서 계룡이 낳았다 해서 땅의 존재로 해석하였다. 그런데 ④는
전 절에서 이미 후대에 개입된 것으로 본 바 있어 제외하고 나머지 셋
이 하늘과 그렇게 관련되어 있는 지 검토할 필요가 있다.

①의 경우 6촌장들이 높은 곳에 올라 남쪽을 바라 볼 때 산 아래에
있는 우물 곁에서 일어난 현상이다. 그들의 시선이 어떤 방향으로 움직
였겠는가. 높은 데서 산 아래를 바라보는 것이니 당연히 위에서 아래로
향하고 있었을 것이다. 여기에서 그들의 시선을 모은 것은 바로 우물이
다.[189] 그들이 위치해 있는 높은 데와 대조적으로 아래에 있는, 그것도
지상이 아닌 지하인 것이다. 물론 '땅에 닿도록[垂地]'이란 기록에 근거
해 빛이 하늘에서 땅으로, 수직적으로 내리 비쳤다 하여 하늘을 강조하

185) 김화경, 앞의 논문, pp.4~5 참조.
186) 김두진, 앞의 논문(1988), p.21 참조.
187) 이종욱, 앞의 책, p.123.
188) 김화경, 앞의 논문, p.1.
189) 이강옥도 혁거세가 하늘로부터 내려온다는 점은 인정하지만 그것이 산봉우
리가 아닌 '우물 옆'으로 내려온다는 점을 강조하였다. (이강옥, 앞의 논문,
p.158 참조)

는 것이지만 그렇게 볼 것만도 아니다. 빛이 '땅'에 드리워져 있다는 점이 눈에 띈 것으로 보아야 한다. 빛은 주로 공중에서 일어나는 현상인데 그것이 땅에 닿을 듯이 깔려 있으니 주목할 만한 사태가 벌어진 것이다. 6촌장들의 입장에서 그렇다는 것이다. 물론 그렇다고 이 대목의 의미를 바로 '땅'과 관련시켜 해석할 필요는 없다. 이것에다 과도하게 '하늘'의 의미를 부여한 것은 아닌가 문제 제기를 하는 것이다. ②와 ③의 경우에도 해석하기에 따라서는 마찬가지의 재론이 가능하다.

②의 경우는 알 자체가 아니라 그것을 어떤 존재가 낳았는가 하는 것이 문제다. 알영의 경우 난생 화소가 후대의 변모 과정에서 생략된 것이라는 견해190)가 있고 보면 그도 계룡의 알로 태어난 것이라 할 수 있다. 그렇다면 알영도 천상적 존재가 아닌가. ③의 경우 말이 하늘로 올라갔다고 한 것과 혁거세의 근원지를 직결시킬 아무런 근거가 없다. 결론부터 말하면 혁거세는 알영과 마찬가지로 우물에서, 혹은 우물과 관련해서 태어났다는 점에 주목할 필요가 있다. 천부지모의 신화적 원리를 들어 말하면 그도 알영과 마찬가지로 지상적 존재라는 것이다.191) 김광순은 현전하는 성씨 시조 신화의 경우 천신과는 연관시키지 못하고 수신(水神)과 인간과의 상호 결합, 혹은 용이 비범한 동자를 바친다는 '수신정아형(水神呈兒型)'으로 나타난다고 하였다.192) 천부지모의 원리식으로 말하면 지부지모(地父地母)에 의한 시조의 탄생담이라는 것이다. 물론 성씨

---

190) 김철준은 알영과 관련된 三品彰英의 '허구론'을 비판하면서 "그 卵生說話의 상세한 性格은 알 수 없다고" 하였다. (김철준, 앞의 책, p.69.) 임재해는 "알영 또한 혁거세처럼 난생 요소를 가지고 있다. 알영정이라는 이름이 알을 상깅하고 있을 뿐 아니라, 그 모태인 계룡과 입의 형상이 닭의 무리와 같았다는 것 등이 난생을 강하게 상징한다."고 하였다. (임재해, 앞의 책, p.223.)

191) 김두진은 신인(神人)이 "동굴이거나 우물 옆에서 태어나거나 연못가 및 江邊이나 海邊과 연관되어 수평으로 移動하여 왔을 경우 아마 地神族 系統의 神話를 成立시킨다"고 하였다. (김두진, 앞의 논문(1986), p.9)

192) 김광순, 「始祖神話의 樣相에 關한 研究」, 『어문논총』 12, 경북대학교, 1978, p.13 참조.

시조 신화는 국가가 형성되고도 오랜 기간이 흐른 뒤의 산물이므로 왕의 자리인 천신을 넘볼 수 없어서 그렇다[193]고 하는 점에 대해선 재고의 여지가 있다. 그보다는 성과 무관한 시조 신화 자체는 건국신화보다 선행하는 것이기 때문에 그 구조가 '지부지모형'이었을 것이다. 여기에서 지부지모의 역할을 하는 것은 지상의 원리를 의미하는 신성한 자연물이면 된다. 천신의 원리는 건국신화에나 필요한 것이기 때문이다.

한편 황패강은 이만렬의 '쌍분체제적 사회(雙分體制的社會)'설을 빌려 혁거세와 알영 집단이 본래 한 집단에서 양분되어 나온 것으로 보았다.[194] 근본적으로는 황패강도 '천부지모'의 원리에 착안해 혁거세와 알영의 존재를 원형론적으로 풀고 있으나 그 귀결점은 이원성이다. 즉, 둘의 대등한 존재 원리를 간파했다는 것이다. 게다가 선도산 성모 신화를 의식한 듯 둘이 하나에서 연원했다는 점을 강조함으로써 현전하는 혁거세·알영 신화의 내적 의미를 짚어냈다는 의의가 있다. 즉, 다른 논자들이 표면에 나타나는 둘의 결합 양상을 중시하고 그것을 북방계 신화와 관련시켜 '천부지모' 운운했다면 황패강은 그 결합 양상이 특이하다는 점을 놓치지 않고 하나에서 나온 둘이 대등하게 존재한다는 이원적 구조로 본 것이다.

본 절에서는 이상의 선행 연구 중 특히 김광순의 성씨 시조 신화에 대한 논의와 황패강의 쌍분체제 논의에 힘입어 혁거세·알영의 신화적 의미와 그것이 신라 건국신화 전체에서 차지하는 위상을 검토해 보려 한다. 그리고 이것이 선도산 성모 신화 혹은 3성씨 시조 신화와 어떠한 관계를 맺는 지 밝히려 한다. 그에 앞서 『삼국사기』와 『삼국유사』의 해당 신화 기록을 분석해서 혁거세·알영 전승이 이성 신화임을 확인하려 한다.

---

193) 김광순, 위의 논문, p.11.
194) 황패강, 앞의 책, pp.138, 161~164 참조.

성은 박씨이고 휘는 혁거세이다. 전한 효선제 오봉 원년 갑자 사월 병진일에 즉위하여 왕호를 거서간이라 하였다. 그 때 나이는 13세였고 나라 이름은 서나벌이라 하였다. (중략)

고허촌장 소벌공이 양산 밑 나정 곁의 숲 사이를 바라보니 말 한 마리가 무릎을 꿇고 울고 있었다. 가서 보니 말은 간 데 없고 큰 알 한 개만 있었다. 알을 깨자 한 어린 아이가 나왔다. 곧 데려다가 길렀는데 십여 세가 되자 유달리 숙성했다. 육부 사람들이 그 아이의 출생이 이상했던 까닭에 높이 받들더니 이 때에 이르러 그를 임금으로 세웠다. 진인은 호를 박이라 하므로 처음 큰 알이 박과 같다 하여 박씨로 성을 삼았다. 거서간은 진인의 말에 왕이란 뜻이다. (중략)

5년 정월에 용이 알영정에 나타나 오른쪽 갈비에서 한 여자 아이를 낳았다. 늙은 할멈이 이를 보고 이상히 여기어 데려다가 기르면서 우물 이름으로 이름을 지었다. 여자 아이가 자라서 덕이 있었다. 시조가 듣고 맞아서 왕비를 삼으니 과연 어진 행동이 있었고 안에서 잘 보필하였다. 그 때 사람들이 이성이라 일렀다. (중략)

61년 3월에 거서간이 승하하여 사릉에 장사지내니 능은 담암사 북쪽에 있다.[195)]

전한 지절 원년 임자 삼월 초하루에 육부의 조상들이 저마다 자제들을 거느리고 알천 언덕 위에 모여 의논했다. "우리들이 위로 임금이 없어 다스리지 못하기 때문에 백성들이 모두 방자하여 저 하고자 하는 대로 한다. 그러니 어찌 덕이 있는 사람을 찾아서 임금을 삼아 나라를 세우고 도읍을 정하지 않는단 말이냐?"

195) 始祖 姓朴氏 諱赫居世 前漢孝宣帝五鳳元年甲子 四月丙辰卽位 號居西干 時年十三 國號徐那伐 (……) 高墟村長蘇伐公 望楊山麓 蘿井傍林間 有馬跪而嘶 則往觀之 忽不見馬 只有大卵剖之 有嬰兒出焉 則收而養之 及年十餘歲 岐嶷然夙成 六部人以其生神異 推尊之至是立爲君焉 辰人謂瓠爲朴 以初大卵如瓠 故 以朴爲姓 居西干 辰言王 (……) 五年春正月 龍見於閼英井 右脇誕生女兒 老嫗見而異之 收養之 以井名名之 及長有德容 始祖聞之 納以爲妃 有賢行能 內輔 時人謂之二聖 (……) 六十一年 春三月 居西干昇遐 葬蛇陵 在曇巖寺北 (『三國史記』 卷 第一, 新羅本紀 第一, 始祖 赫居世居西干)

이에 그들이 높은 곳에 올라 남쪽을 바라보니 양산 밑 나정가에 번갯빛처럼 이상한 기운이 땅에 닿도록 비쳤다. 그리고 흰 말 한 마리가 땅에 꿇어앉아 절하는 형상을 하고 있었다. 그곳을 찾아가 조사해 보니 거기에는 자줏빛 알 한 개가 있었다. 말이 사람을 보더니 길게 울고는 하늘로 올라가 버렸다. 알을 깨고서 어린 사내아이를 얻었는데 모양이 단정하고 아름다웠다. 모두 놀라고 이상하게 여겨 그 아이를 동천에 목욕시키니 몸에서 광채가 나고 새와 짐승들이 따라서 춤을 추었다. 곧 천지가 진동하고 해와 달이 밝아졌다. 이 때문에 그 아이를 혁거세왕이라고 불렀다. (이 혁거세는 필경 향언일 것이다. 혹은 불구내왕이라고도 하니 밝게 세상을 다스린다는 뜻이다. 해설하는 자가 말하기를, "이는 서술성모가 낳을 때의 일이다. 중국 사람들이 선도성모를 찬양할 때 하는 '어진 이를 낳아서 나라를 세웠다'는 말이 바로 이것이다." 또 계룡이 상서를 나타내어 알영을 낳았다는 이야기도 어찌 서술성모의 현신을 말한 것이 아니겠는가.) 그리고 위호를 거슬한이라고 했다.

이에 당시 사람들이 다투어 축하하며 말하기를, "이제 이미 천자가 내려왔으니 마땅히 덕 있는 왕후를 찾아 배필을 삼아야 하옵니다."

이날 사량리에 있는 알영정가에 계룡이 나타나 왼쪽 갈비에서 어린 여자아이를 낳았다. 얼굴과 모습이 매우 고왔으나 입술이 마치 닭의 부리와 같았다. 곧 월성 북쪽에 있는 냇물에 목욕시키니 그 부리가 떨어졌다. 이 때문에 그 내를 발천이라고 한다. 남산 서쪽 기슭에 궁실을 짓고 두 성스러운 어린이를 모셨다. 남자아이는 알에서 나왔고 그 알의 모양이 박과 같았는데 향인들은 박을 박이라고도 하기 때문에 성을 박씨라고 했다. 또 여자아이는 그 나온 우물 이름으로 이름을 삼았다.

두 성인은 13세가 되었다. 오봉 원년 갑자일에 남자가 왕이 되고 곧 그 여자를 왕후로 삼았다

나라이름을 서라벌 또는 서벌이라 하고, 혹은 사라·사로라고도 했다. 처음에 왕이 계정에서 탄생했기 때문에 혹 나라이름을 계림이라고도 했다. 이것은 계룡이 상서를 나타냈기 때문이다. (중략)

나라를 다스린 지 61년 만에 왕은 하늘로 올라갔는데 7일 뒤에 그 죽은 몸뚱이가 땅에 흩어져 떨어졌다. 그러더니 왕후도 세상을 떠났다 한다. 나라 사람들이 이들을 합해서 장사지내려 했다. 그러나 큰 뱀이 나타나 쫓아다니면서 이를 방해하므로 오체를 각각 장사지내어 오릉을 만들고, 또한 능의 이름을 사릉이라고 했다. 담암사 북릉이 바로 이것이다. 태자 남해왕이 왕위를 계승했다.[196]

우선 『삼국사기』에서는 혁거세의 출생−성장−즉위 과정과 알영의 출생−성장−납비(納妃) 과정이 병렬적으로 전개되되 죽음과 관련해서는 알영의 것이 나타나지 않는다. 물론 알영의 경우엔 혁거세 5년조에 그 모든 과정이 뭉뚱그려 있어 둘의 일대기가 병렬적으로 전개되어 있다고만 할 수도 없다. 알영의 경우 온전한 신화로서의 격이 떨어져 있는 것이다. 신화는 해당 신이 출현해서 좌정하기까지를 다룬 것이기 때문이다. 요컨대 『삼국사기』에서는 두 신화가 대등한 존재로 다루어지지 않았다. 하지만 혁거세 5년조의 "그 때 사람들이 이성이라 일렀다"[197], 17년조의 "왕이 6부를 순행할 때 왕비 알영도 따라갔다."[198], 38년조의 "우리

---

196) 前漢地節元年壬子三月朔 六部祖各率子弟 俱會於閼川岸上 議曰 我輩上無君主臨理蒸民 民皆放逸 自從所欲 盍覓有德人 爲之君主 立邦設都乎 於是乘高南望 楊山下蘿井傍 異氣如電光垂地 有一白馬跪拜之狀 尋撿之 有一紫卵 馬見人長嘶上天 剖其卵得童男 形儀端美 驚異之 俗以東泉 身生光彩 鳥獸率舞 天地振動 日月淸明 因名赫居世王(盖鄕言也 或作弗矩內王 言光明理世也 說者云 是西述聖母之所誕也 故中華人讚仙桃聖母 有娠賢肇邦之語是也 乃至鷄龍現瑞産閼英 又焉知非西述聖母之所現耶) 位號曰居瑟邯 時人爭賀曰 今天子已降 宜覓有德女君配之 是日沙梁里閼英井邊 有鷄龍現而左脇誕生童女 姿容殊麗 然而唇似鷄觜 將浴於月城北川 其觜撥落 因名其川曰撥川 營宮室於南山西麓 奉養二聖兒 男以卵生 卵如瓠 鄕人以瓠爲朴 故因姓朴 女以所出井名之 二聖年至十三歲 以五鳳元年甲子 男立爲王 仍以女爲后 國號徐羅伐 又徐伐 或云斯羅 又斯盧 初王生於鷄井 故或云鷄林國 以其鷄龍現瑞也 (……) 理國六十一年 王升于天 七日後 遺體散落于地 后亦云亡 國人欲合而葬之 有大蛇逐禁 各葬五體爲五陵 亦名蛇陵 曇巖寺北陵是也 大子南解王繼位 (『三國遺事』卷 第一, 紀異 第一, 新羅始祖 赫居世王)

197) 時人謂之二聖 (『三國史記』卷 第一, 新羅本紀 第一, 始祖 赫居世居西干)

나라는 이성이 일어나심으로부터 인사가 바로잡히고 천시가 고르게 되었다."[199]란 기록들은 이상의 문제에도 불구하고 혁거세와 알영이 대등한 존재로 인식되고 숭배되었음을 암시한다.[200] 게다가 죽음의 경우 혁거세 자체도 신성성을 상실하고 있다. 신적인 존재는 죽음을 겪지 않고 승천한 후 신으로서 숭배 받는 것이 상례인데 혁거세의 경우 인간 세상의 왕처럼 죽어서 묻혔기 때문이다. 이상의 논의로써 볼 때 『삼국사기』에선 혁거세와 알영이 역사화되었다고 말할 수 있다. 이는 편년체의 역사 기술이라는 『삼국사기』의 성격에 기인한 것일 수도 있다. 알영의 일생이 5년조에 다 들어 있는 것도 이 때문이다.[201] 그럼에도 불구하고 이성 신화적 요소가 부분적으로나마 남아 있어 그러한 전승이 있었음을 알 수 있다.

혁거세와 알영의 이성신적 요소를 보다 풍부히 저장하고 있는 것은 『삼국유사』이다. 여기에선 혁거세의 탄생담, 알영의 탄생담이 나란히 전개되다 둘의 성장, 즉위·납비, 죽음 대목으로 이어진다. 우선 6촌장들은 두 번의 회합을 가진 것으로 나타난다. 한 번은 왕을 구하기 위해, 그 다음은 왕후를 구하기 위해서이다. 물론 혁거세와 알영은 같은 날 출현하였으므로 두 번의 회합도 같은 날에 이루어진 것이다. 혁거세의 경우 태어나자마자 '혁거세왕'으로 불리웠다고 하는 것은 이어지는 13세 때의 즉위 사실이 소

---

198) 王巡撫六部 妃閼英從焉 (『三國史記』 卷 第一, 新羅本紀 第一, 始祖 赫居世居西干)

199) 我國自二聖肇興 人事修 天時和 (『三國史記』 卷 第一, 新羅本紀 第一, 始祖 赫居世居西干)

200) 김철준은 17년조 기록을 놓고 "金富軾에 와서는 舊三國史를 보고도 朱蒙母의 農業神的 性格을 儒敎의 家父長的 倫理觀에 背致[sic 馳]되는 것이었던 까닭으로 무시해 버리었으며 閼英의 경우에 있어서도 그러한 성격을 말살하고 朴赫居世에 종속적인 것"으로 바꾸어 놓았다고 하였다. (김철준, 앞의 책, p.41) 하지만 현전하는 신화 기록상 그렇다는 것이지 애초부터 둘의 관계가 종속적인 것은 아니다. 이 기록은 애초에 혁거세와 알영이 함께 나라의 일을 주관했음을 암시한다.

201) 김화경, 앞의 논문, p.2 참조.

급된 것으로 보아야 한다. "해와 달이 밝아졌다. 이 때문에 그 아이를 혁거세왕이라고 불렀다. (이 혁거세는 필경 향언일 것이다. 혹은 불구내왕이라고도 하니 밝게 세상을 다스린다는 뜻이다.)"란 대목을 보면 그가 태어나자 해와 달이 청명해졌기 때문에 이름을 혁거세(불구내)라 했는데 그것이 바로 향언이라는 것이다. 여기 '왕' 자가 더해진 혁거세왕(불구내왕)이라는 것은 그의 즉위 사실을 소급해서 일컫는 것이다. 더욱이 성장 과정에 나오는 박씨 유래설은 더 후대적인 요소로[202] 돌출적인 사항이다. 바로 이어지는 알영의 경우 성씨가 아닌 이름의 유래설이 나오는 것과 부조화를 이루는 것은 물론 해당 신화 전체에서 성씨가 나오는 것은 이것뿐이기 때문이다. 따라서 태어나자마자 그에게 붙여진 이름이 있다면 그것은 혁거세왕도, 박혁거세도 아닌 혁거세이다. 알영의 경우는 탄생 대목이 아닌 성장 대목에 가서야 그가 나온 우물 이름에 따라 이름이 붙여졌다는 내용이 나온다. 이는 혁거세란 이름보다 더 원초적인 듯하다. 출생지명을 이름으로 삼는 것이 어떤 의미와 관련시켜 이름을 삼는 것보다 더 단순하기 때문이다. 이로써 볼 때 혁거세도 애초에는 그가 나온 우물 이름에 따라 불리어졌는지 모른다. "처음에 왕이 계정에서 탄생했기 때문에 혹 나라이름을 계림이라고도 했다. 이것은 계룡이 상서를 나타냈기 때문이다."란 기록을 보면 글자상의 혼란[203]을 접어두더라도 그가 태어난 우물과 관련된 이름은 나라 이름으로 전이된 듯하다. 그리고 그에게는 왕의 위치에 걸맞은 혁거세라는 이름이 붙여진 것이 아닌가 한다. 어쨌든 혁거세와 알영은 같은 날, 같은 지역[204]에서 신비한 과정을 거쳐 태어났다.

그 다음은 성장과 즉위·납비 과정인데 혁거세와 알영은 같은 궁실에서 '이성아(二聖兒)'로 숭배 받다 13세 때 동시에 왕과 왕후가 되었다. 특

---

202) 허경회, 앞의 논문, p.87 참조 ; 이종항, 「伊珍阿豉王이 伊棐諾尊이다」, 『伽倻文化』 9, 1996, p.33 주20) 참조.
203) 앞의 1절 '선도산 성모 신화'에서 논란되었음.
204) 이종욱은 알천 마을과 알영 마을이 그다지 멀지 않게 이웃해 있다고 하였다. (이종욱, 앞의 책, p.123 참조)

이한 것은 성스러운 두 아이로 성장하다가 왕과 왕후가 되었다 뿐이지, 둘 간의 혼인 여부는 드러나 있지 않다는 점이다. 궁실에서 자랐다는 것은 혁거세와 알영이 애초에 왕과 왕후로서 점지되었음을 암시한다. 이는 이들이 바로 건국의 주체이기에 그 후사가 불필요하다는 것과 관련될 여지가 있다. 혹은 계룡이 상서를 나타냈다는 말이 혁거세와 알영 둘 다와 관련되는 것으로 보아 둘이 남매지간이기 때문에 그런 것이 아닌가 한다.205) 처음부터 남매였기 때문에 부부로서의 면모가 나타나지 않은 것이다. 후대에 왕과 왕비의 격을 부여함으로써 부부로서의 면모를 부각시킬 수 있었을 것이나 애초에 남매로서 전승되었기 때문에 이것이 여의치 않았던 듯하다.206) 요컨대 혁거세와 알영은 계룡에게서 태어난 남매신이다.207) 단지 이것만이 혁거세와 알영의 신화적 의미이다. 이러한 점은 신라 상고기 왕실에서 왕비와 왕매의 혼동 현상, 더 근원적으로는 '신라 왕실의 근친혼(近親婚)'과 관련된다.208)

　신라 왕실의 족내혼 내지 근친혼에 대해서는 1930년대부터 국내 및

---

205) 나희라는 『삼국유사』 왕력 편을 인용하면서 혁거세 관련 사항 바로 다음에 "娥伊英 娥英"이란 기록이 나온다면서 이것이 왕비 알영의 이름과 비슷하기 때문에 혁거세와 알영은 왕매지간이라 하였다. 물론 둘 다 선도산 성모의 소생이기에 그렇다는 논지도 폈다. (나희라, 앞의 논문, pp.83~84 참조)

206) 나경수는 "男妹라고 하는 것 역시 血緣的 관계로서 男妹일 뿐이지, 自然的 관계는 男女이기 때문에 異性의 표상인 日月이 부부일 수도, 남매일 수도 있다"(나경수, 「男妹日月說話의 硏究-敍事構造와 象徵體系」, 『語文論叢』 10·11, 전남대 어문학연구회, 1989, p.63)고 하였지만 현전하는 혁거세와 알영 신화에는 이러한 원시적인 요소가 많이 남아 있지 않다.

207) 나경수는 사후 합장 문제와 관련해서 이들의 남매신적 의미를 풀이한 바 있다. (앞의 책, pp.127~128 참조) 그리고 나경수는 이미 남매혼 모티프를 가진 일련의 설화를 남매혼 설화라 칭하고 이에 대한 종합적 검토를 시도한 바 있다. (나경수, 「男妹婚說話의 文學的 檢討」, 『語文論叢』 9, 전남대 어문학연구회, 1986) 한편 이집트 신화에서 이시스와 오시리스는 쌍둥이 남매신으로서 부부이기도 하여 이러한 점이 신화에서 보편적인 현상임을 입증해 준다. (Joseph Campbell & Bill Moyers, *The Power of Myth*, 1988. 이윤기 역, 『신화의 힘』, 고려원, 1992, p.331)

208) 나희라, 앞의 논문, p.87 참조.

일본인 학자들 간에 많은 논란이 있었다.[209] 이들 논자들 간에는 특히, 씨족의 존재 양상과 관련하여 족내혼의 개념 규정, 그것과 근친혼과의 관계에 대해서는 이견을 보이나[210] 신라 왕실의 혼인이 동성·근친혼이라는 데에는 대체로 의견의 일치를 보고 있다. 특히, 都守泰一, 장승두, 이광규, 최재석 등은 『삼국사기』, 『삼국유사』 등에 나타나는 근친혼의 사례를 들었다.[211] 물론 이는 왕실에 한정된 것이라 이를 근거로 신라 전체의 혼인 습속 내지 그것이 반영된 것으로서 신화를 논하는 데는 무리가 따른다. 하지만 다른 자료가 거의 없는 상태에서[212], 그리고 본 글에서 다루는 신화가 왕실을 중심으로 하는 건국신화라는 점에서 이를 신라 전체의 혼인 습속 내지 건국신화와 관련시키는 것은 필요하고 가능하다고 생각한다.

다음 죽음과 관련해서는 『삼국사기』와 다르게 알영의 경우도 다루어진다. 물론 혁거세의 경우에 비하면 많은 것이 탈락되어 있고 단지 "왕후도 세상을 떠났다 한다."는 기록만 나온다. 하지만 나라 사람들이 합장하려 했다는 점에서 둘은 죽음에 임해서도 같은 대우를 받았다. 뱀이 합장을 방해했다는 것도 사후에 있어서조차 둘이 독자적인 신성 원리를 구현

---

209) 최재석은 많은 지면을 할애해 이에 대한 연구사를 종합적이고 비판적으로 서술한 바 있다. (최재석, 『韓國家族制度史研究』, 일지사, 1983, pp.65~71 참조) 따라서 여기에선 이와 관련된 사료 내지 논저를 일일이 검토하기보다 최재석의 글을 활용하여 이 문제에 대한 대체적인 논의 경향을 파악하고 필요한 경우 개별 논저를 참조하려고 한다.

210) 이기동의 경우 "新羅 中古王室의 혼인은 氏族 단위로 보면 族內婚이나 리니지(lineage) 단위로 보면 族外婚"이라 하였다. 한편 최재석은 "新羅時代는 父系血緣集團인 씨족이 존재하지 않는다." 하여 씨족의 존재를 선세로 한 족내혼 개념을 인정하지 않았다. 따라서 자신의 글에서 족내혼이라 함은 동성·근친혼을, 족외혼은 異姓 간의 혼인을 뜻한다고 별도로 부기하였다. (최재석, 앞의 책, pp.68, 88 참조)

211) 최재석, 앞의 책, pp.69~85 참조.

212) 『신당서』 신라조에 "兄弟女, 姑, 姨, 從姉妹, 皆聘爲妻."라는 대목이 있다. (『標點校勘 新唐書』 下, 卷 二百二十, 列傳 第 一百四十五 東夷, 경인문화사, 1971, p.6202)

하려 한 것으로 보아야 한다. 결국 혁거세와 알영은 각각 별개의 신으로 제향되었기 때문이다.[213] 물론 지금까지 연구자들은 합장의 대상을 하늘로부터 흩어져 내린 혁거세의 유체라 했다.[214] 이는 "나라 사람들이 이들을 합해서 장사지내려 했다. 그러나 큰 뱀이 나타나 쫓아다니면서 이를 방해하므로 오체를 각각 장사지내어 오릉"을 만들었다는 대목에서 앞의 유체를 혁거세의 오체로 간주하고 이것들을 모아 합장을 하려 하니 뱀이 방해했는데 분장을 하니 괜찮았다는 논리에 따른 것이다. 하지만 "7일 뒤에 그 죽은 몸뚱이가 땅에 흩어져 떨어졌다. 그러더니 왕후도 세상을 떠났다 한다. 나라 사람들이 이들을 합해서 장사지내려 했다."란 대목을 보면 왕후의 죽음에 이어 바로 합장이 운위되므로 합장의 대상은 혁거세와 알영이다. 일반적으로도 합장이라는 말은 여러 시체 특히 부부를 한 곳에 묻는 경우에 쓰이지 흩어져 있는 유체를 모아 묻는 경우에 쓰이지 않는다. 그렇다면 알영 역시 혁거세와 함께 죽은 후 유체로 떨어져 내렸으며 이들의 유체 즉, 5체로 각기 5릉을 만들었다는 것이 아닐까 한다. 5릉이 혁거세, 알영, 남해, 유리, 파사의 무덤이라는 것[215]도 이를 방증한다. 혁거세의 죽음 장면이 신비롭다는 점, 상대적으로 알영의 그것이 너무 소략하다는 점 때문에 그 동안 합장의 대상을 혁거세의 유체로 본 것일 수 있다. 그러다 보니 이성으로서 존재해 온 혁거세와 알영의 행적이 마지막 부분에서 더욱 희미해져 버리고 혁거세 중심의 논의가 되고 만 것이다. 신화 연구는 현전하는 표피적인 신화 문맥에 머물 수 없다. 그 속

---

213) 지병규, 앞의 논문, p.122 참조.
214) 여기 합장의 대상을 혁거세의 유체로 보는 경우는, 김열규, 앞의 책, p.248 참조 ; 황패강, 앞의 책, p.159 참조 ; 김화경, 앞의 논문, p.10 참조 ; 이동환, 역주 『삼국사기』(상), 삼중당, 1983, p.36 참조 ; 권태효, 앞의 논문, p.240 참조 ; 임재해, 앞의 책, pp.226~227 참조. 왕과 왕후의 합장으로 보는 경우로는, 김승찬, 앞의 논문, p.13 참조 ; 전규태, 앞의 책, p.61 참조 ; 정중환, 앞의 논문, p.130 참조 ; 지병규, 앞의 논문, p.122 참조 ; 나경수, 앞의 책, p.59 참조.
215) 김승찬, 앞의 논문, p.13 참조.

에서 애초의 신화적 발상을 끄집어내야 한다. 크고 작은 전승상의 사정에 따라 혁거세 신화에 묻혀 있는 알영 신화의 자취가 드러나도록 힘써야 하는 것은 이 때문이다.

요컨대 현전하는 신화 문맥을 통해 그 원초형을 재구해 보면 혁거세와 알영은 이성으로서 숭배 받았다. 그들의 탄생, 성장, 즉위·납비, 죽음 장면은 병렬적인 양상을 띠기 때문이다. 특히, 알영의 경우 이처럼 여성신의 일대기가 온전히 드러난 신화는 드물다고 볼 때 신라 건국신화의 이성신적 요소는 강조될 필요가 있다. 그리고 이들의 관계는 애초에 남매였을 가능성이 높다. 이 점 또한 다른 신화의 남녀 부부신을 바라보는 시각에서 벗어나 이들의 특수한 관계에 초점을 맞추어 연구할 필요가 있다.

그러면 남매로서 이성인 혁거세와 알영이 신라 건국신화에서 차지하는 위상은 무엇인가. 앞서 이 둘을 선도산 성모의 소생이라고 하는 전승을 고찰한 바 있다. 아울러 혁거세가 계정에서 계룡에게서 태어났다는 것, 알영이 알영정가에서 역시 계룡에게서 태어났다는 것, 계룡과 서술 성모가 같은 존재라는 것 등을 종합해 보면 애초에 혁거세와 알영은 계룡에게서 태어난 남매신이었다. 이것이 신라 건국신화의 가장 원초적 형태이다. 그리고 앞서 양산촌 시조 신화가 신라 건국신화로 흡수되었다고 하였는데 이를 연관시키면 6촌이 사로국으로 통합되면서 그 중 주촌인 양산촌 시조 신화의, 성모가 남매신을 낳았다는 구조가 신라 건국신화의 근간을 이루었을 것이다. 그렇다면 혁거세와 알영 신화는 본격적인 건국신화이기보다는 그것의 구성 요소인 선도산 성모 신화와 이후의 3성씨 시조 신화를 매개하는 자리에 있다고 볼 수 있다.

(4) 3성씨(三姓氏) 신화 — 박·석·김 성씨 시조

지금까지 신라 건국신화 연구는 문헌상 실질적인 건국주인 혁거세를 중심으로 하든지 간혹 석탈해와 김알지 전승을 포함하더라도 셋을 별개로 다루거나 그들 간의 외적인 관계만을 언급하고 말았다. 그러다 보니 신라 건국신화는 뚜렷한 갈등 구조가 없는[216] 흥미 없는 연구 주제가 된 듯하다. 물론 세 편의 신화 각각이 다른 나라 건국신화에 비해 몇 가지 신화적 요소를 갖추지 못한 것은 사실이다. 그런데 중복적 요소가 없는 것은 아니나 세 편이 상호 간에 신화적 요소를 나누어 갖고 있다는 점에 주목할 필요가 있다. 다른 쪽에는 과도하게 들어 있거나, 둘이나 셋을 연결시켜야 문리가 통하는 요소가 있다는 것이다. 이러한 점에서 볼 때 셋은 애초에 하나였을 가능성이 있다. 물론 셋이 그대로 하나인 것은 아닐 것이다. 셋을 합친다고 원래의 하나가 되지 않는다는 것이다. 하나가 셋으로 갈라질 때 체계 변동과 같은 변질이 일어났을 것이고 그 각각은 2차적인 변모 과정을 겪었을 것이기 때문이다. 최선의 방법은 현전하는 셋의 신화 구조를 고려해 애초의 하나를 재구하는 것이다. 이 글에선 그 재구된 신화를 제주도의 삼성(三姓) 신화와 구별하기 위해 3성씨(三姓氏) 시조 신화라고 일컫기로 한다.

신라의 건국신화가 고도로 복잡한 체계를 갖춘 것은 여기에 와서이다. 신라의 역사 발전 단계의 어느 시점에서 박혁거세, 석탈해, 김알지 등 왕실 3성씨 시조 전승이 현전하듯 별개로서가 아니라 하나의 통합된 구조물로 존재했을 것이다. 건국신화란 건국 과정에 대한 후대인의 인식 체계를 반영한 것이라 할 때 신라의 경우 건국의 완성은 3성씨 시조의 계기적 역할에 의한 것이기 때문이다. 즉, 혁거세가 나라를 세운 다음 탈해와 알지가 가세한 것이 아니라 셋이 "동시대에 並列하여 있었던 것"[217]이다. 이는 물론 무리한 시론일지 모르나 현전하는 3편의 신화 문맥에서 그 단서가 엿보이고 있기도 하거니와 3성 왕위 교대의 정립 과

---

216) 김일렬, 「＜三國遺事＞ 「紀異」篇에 나타난 神聖・智慧・힘」, 『韓國 古典小說과 敍事文學』(下), 집문당, 1998, p.38 참조.
217) 김철준, 앞의 책, p.33.

정에 대한 역사학계의 연구 성과를 활용한다면 충분히 개연성 있는 논의일가 될 수 있다.[218] 또한 세 편의 신화 각각에 대한 연구로는 신라 건국신화의 진상을 밝히는 데 한계가 있기에 이 논의는 결과 여부를 떠나 하나의 시도로서 의미가 있다고 본다.

지금까지 이러한 견지에서 신라 건국신화에 접근한 사례가 없는 것은 아니다. 홍기문은 신라의 건국 신화에 대해 "부여, 고구려, 백제의 세 나라가 동일한 내용의 한 건국신화를 에워싸고 분쟁을 일으켰던 데 비해서 이와 같이 오직 한 나라가 세 층계의 건국 신화를 몰아 가지고 있는 것은 좋은 대조를 이루는 것"이며 "이러한 두 편의 대조와 함께 층계와 층계 간의 비교도 또한 중요하다."[219]고 한 바 있다. 3성씨 시조 신화로 존재하는 신라 건국신화의 특이한 구조를 층계라는 말로써 지적한 데 이어 그것들 즉, 박·석·김 3성씨 시조 신화 간의 관계에 주목한 것이다. 혁거세 신화에 탈해 신화가 포함되면서 알영 신화가 희미해졌다는 것, 호공이라는 이는 세 신화를 연결시키기 위해서 출현한 인물인 듯한데 그 연결의 경위를 구체적으로 확인할 수 없다는 것, 알지 신화는 혁거세 신화를 다소 변경시킨 것이라는 점[220] 등은 특히 셋의 관계에 눈을 돌리게 하는 탁견이다. 그런데 이상의 논의들은 너무 간결하게 처리되었을 뿐 그 이상의 구체적인 분석으로 발전하지 못했다. 특히, 세 신화가 상호 관련되어 변질되는 양상이 신화 문맥 속에서 어떻게 확인되는 지, 그리고 왜 그러한 현상이 일어났는지 신화 내적·외적 요인들을 구명하는 데까지는 이르지 못한 것이다. 그의 해당 논의의 대부분은 이 또한 초기

---

218) 강종훈은 "삼성 족단의 시조 설화기 구성될 때, 박씨의 시조대에 석씨의 시조가 출현하고 석씨의 시조대에 김씨의 시조가 출현한 것인 양 큰 줄기가 미리 만들어졌던 것은 아닐까라는 추측"을 한 바 있다. (강종훈, 앞의 논문, p.73) 이순근은 3성씨 시조 신화에 나타나는 '3集團間의 상호연결관계'에 주목하고 이를 "三姓族集團의 現實的 相互關係의 反映"으로 보았다. (이순근, 앞의 논문, pp.28~29)

219) 홍기문, 앞의 책, p.81.

220) 홍기문, 앞의 책, pp.92~95 참조.

연구로서 불가피한 일이긴 하지만 신화 자료를 소개하고 설명하는 데 할애되었을 뿐이다.

전규태는 특히, 박혁거세, 석탈해, 김알지 등의 세 신화는 각기 땅의 원리, 바다의 원리, 하늘의 원리를 나타내므로 하나의 신화로 통합될 수 있음을 시사하였다. 그리고 여기에는 이 삼계가 결합되었을 때 하나의 완벽한 신화가 형성된다는 신라인의 우주관이 반영된 것으로 보았다.[221] 이는 신라 건국신화를 다루되 개별 전승 간의 관계에 주목했다는 점에서 높이 평가할 만하다. 다만 이러한 점을 우주관의 측면에서민 다루고 신화의 앞뒤를 살피지 않아 건국신화로서의 현실적이고 역사적인 면을 놓치고 말았다는 한계가 있다.

김두진은 이상의 논점에 좀 더 밀착된 관심을 보인다. 특히 그의 두 편의 논문 즉, 「신라 건국신화의 신성족관념」, 「신라 탈해신화의 형성기반—영웅전설적 성격을 중심으로」는 신라 건국신화를 구성하는 개별 전승들이 앞뒤로 얽혀 서로 관련을 갖고 있다는 일관된 문제의식에서 비롯된 것이다. 그에 의하면 석탈해와 김알지 신화는 6촌장 천강 신화와 함께 애초에는 박혁거세 신화와 서로 밀접하게 얽혀서 신라 건국신화 속에 포용되어 있었는데 그것들이 독자적으로 서술된 것은 석씨와 김씨가 왕위를 차지할 수 있었기 때문이다. 그리고 이러한 신화 전승들 간의 이합집산에는 신라가 이웃의 소국가를 연합하면서 연맹왕국으로 통합되어 가는 과정 내지 국내의 이질적인 세력 집단 간의 역학 관계가 작용한 것으로 보았다.

그런데 김두진의 논의는 아직 해명되지 않은 몇 가지 전제에 기초한 것이다. 우선, 그는 김철준의 논의[222]를 전적으로 받아들여 알영을 김씨

---

221) 전규태, 앞의 책, pp.53~65 참조.

222) 알영이 닭의 일종인 계룡에게서 태어나고 알지 신화에 백계(白雞)가 등장한다는 점, 신라 고유의 계신(雞神) 신앙 등으로 볼 때 알영은 토착, 선주의 김씨족 출신이라 하였다. (김철준, 앞의 책, p.73 참조)

족으로 간주하였다.[223] 다음으로 김알지 전승을, 김씨족이 알영과 관련된
애초의 지신족 관념체계에서 벗어나 천신족 관념체계를 다시 수립하려는
의지의 표현[224]으로 보아 그 계기를 김씨 왕권의 현실적인 성장에 두었
다.[225] 그런데 알영이 김씨족이 아니라면 이러한 논의는 성립될 수 없다.
알영에 부여되었다고 하는 신성족 관념이라는 것도 과장된 논리에 따른
것이다. 특히,『삼국유사』협주에 알영이 요임금의 두 비의 이름(娥皇, 女
英)과 유사한 아리영(娥利英)[226]으로 되어 있는 것과 선도산 성모가 중국
제실의 딸로 되어 있는 것 등을 놓고 중국 문화의 영향을 고려한다든지,
알영이 계룡의 옆구리를 통하여 태어난 것을 두고 불교 신앙의 영향을
논의하는 것은 재고할 필요가 있다. 더욱이 앞의 둘은 인명과 관련된 것
으로 다른 설화에서처럼 기록 당시의 단순한 후대적 요소로 신화의 구조
적인 면을 변개할 만한 것은 아니다. 따라서 이를 두고 "地神族觀念에 中
國文化나 佛敎信仰의 要素를 첨부시킴으로써, 그것을 보다 우월한 支配
理念으로 자리하게 하였다."[227]고 할 수는 없다고 본다. 또한 김두진은 6
촌장 천강 신화와 혁거세, 석탈해 신화가 먼저 결합되어 있었다고 하였
다. 역사적으로 탈해가 신라 왕실과 밀착되어 있을 때 탈해 전설이 신라
건국신화 속에 융해되어 있었고 나중에 석씨 왕실이 폐쇄적인 통치 집단
으로 성장할 때 석탈해 신화가 독립된 체계를 갖게 되었다는 것이다.[228]
이 점은 재고할 필요가 있다. 신화적 현실과 역사적 현실 간의 시간적

223) 김두진, 앞의 논문(1988), p.27.
224) 김두진, 앞의 논문(1988), p.33 참조.
225) 김두신, 앞의 논문(1988), pp.43~44 참조.
226) 김철준은 "閼英은 그 뒤의 王妃·王母名으로 자주 나오는 阿老·阿尼·阿
    婁·阿禮·內禮 등의 「Ar」과 같은 것으로서 堯女名 娥英에서 만들어진 것
    이 아니다."라고 하였다. (김철준, 앞의 책, p.69) 최진원은 '娥利'에 대해 우
    리 말 '아리'를 音借表記한 것으로 보았다. 그리고 그것은 '大, 姑, 三支' 등
    의 의미를 갖고 있다고 하였다. (최진원, 앞의 논문(1990), p.51 참조)
227) 김두진, 앞의 논문(1988), p.36.
228) 김두진, 앞의 논문(1988), p.28 참조.

거리가 고려되지 않았기 때문이다. 석씨가 혁거세와 밀착될 때 그 둘의 신화가 합쳐지고 그 둘이 알력 관계에 있을 때 떨어지게 되었다 함은 신화와 역사를 직결시킨 것이다. 역사적으로 혁거세와 탈해보다 후대에 등장하는 알지가 그 신화 전승 면에서도 후발적인 것으로 간주된 것은 이 때문이다. 요컨대 김두진은 신라 건국신화라는 큰 틀에서 각 개별 전승들이 이합집산을 했다는 점, 거기에는 일정한 역사적 요인이 작용했다는 점을 천착해 본 논의에 많은 암시를 주었다. 그런데 구체적인 분석 과정에서는 본 논의와 일치하지 않는다.

셋의 신화는 처음부터 한 문맥으로 이루어졌으며 이것이 정립된 것은 적어도 3성 왕위 교대가 한차례 돌고 난 후일 것이다. 더 구체적으로는 그러한 왕위 교대가 신라인에게 각인되고 내면화되려면 3성씨 간에 현실적으로 권력 다툼이 있을 때보다 그것이 중지되고 상고기 때부터의 그러한 권력 교대 양상이 긍정적으로 인식될 때부터일 것이다. 혹은 셋 중 하나가 확고한 기반을 굳혀 더 이상 다른 세력의 도전에 연연해하지 않아도 될 때라고 본다. 그렇게 되려면 최초의 국사 편찬 시기인 진흥왕 때를 기다려야 한다.

우선 현전하는 셋의 신화 전승을 비교하기 위해 장황하지만 해당 신화의 전문을 옮겨 본다. 셋을 견주는 것이 중요하기에, 그리고 양 문헌의 내용에 큰 차이가 없기에 『삼국사기』의 것은 생략하고 『삼국유사』의 것을 주로 활용한다. 혁거세 부분은 앞에서 계속 인용하였지만 논의의 편의를 위해 필요한 부분만 뽑아 싣는다.

(박혁거세)

전한 지절 원년 임자 삼월 초하루에 육부의 조상들이 저마다 자제들을 거느리고 알천 언덕 위에 모여 의논했다. "우리들이 위로 임금이 없어 다스리지 못하기 때문에 백성들이 모두 방자하여 저 하고자 하는 대로 한다. 그러니 어찌 덕이 있는 사람을 찾아서 임금을 삼아 나라를 세우고 도읍을 정하지 않는단 말이냐?”

이에 그들이 높은 곳에 올라 남쪽을 바라보니 양산 밑 나정가에 번갯빛처럼 이상한 기운이 땅에 닿도록 비쳤다. 그리고 흰 말 한 마리가 땅에 꿇어앉아 절하는 형상을 하고 있었다. 그곳을 찾아가 조사해 보니 거기에는 자줏빛 알 한 개가 있었다. 말이 사람을 보더니 길게 울고는 하늘로 올라가 버렸다. 알을 깨고서 어린 사내아이를 얻었는데 모양이 단정하고 아름다웠다. 모두 놀라고 이상하게 여겨 그 아이를 동천에 목욕시키니 몸에서 광채가 나고 새와 짐승들이 따라서 춤을 추었다. 곧 천지가 진동하고 해와 달이 밝아졌다. 이 때문에 그 아이를 혁거세왕이라고 불렀다. 그리고 위호를 거슬한이라고 했다. (혹은 거서간이라고도 하니 그가 처음 입을 열 때에 스스로 말하기를, ‘알지거서간이 한번 일어났다’ 한 그 말로 인해서 일컬은 것이다. 이 뒤로부터 모든 왕들의 존칭이 거서간으로 되었다.) 이에 당시 사람들이 다투어 축하하며 말하기를, “이제 이미 천자가 내려왔으니 마땅히 덕 있는 왕후를 찾아 배필을 삼아야 하옵니다.”

이날 사량리에 있는 알영정가에 계룡이 나타나 왼쪽 갈비에서 어린 여자아이를 낳았다. 얼굴과 모습이 매우 고왔으나 입술이 마치 닭의 부리와 같았다. 곧 월성 북쪽에 있는 냇물에 목욕시키니 그 부리가 떨어졌다. 이 때문에 그 내를 발천이라고 한다. 남산 서쪽 기슭에 궁실을 짓고 두 성스러운 어린이를 모셨다. 남자아이는 알에서 나왔고 그 알의 모양이 박과 같았는데 향인들은 박을 박이라고도 하기 때문에 성을 박씨라고 했다. 또 여자아이는 그 나온 우물 이름으로 이름을 삼았다.

두 성인은 13세가 되었다. 오봉 원년 갑자일에 남자가 왕이 되고 곧 그 여자를 왕후로 삼았다. 나라 이름을 서라벌 또는 서벌이라 하고, 혹은 사라·사로라고도 했다. 처음에 왕이 계정에서 탄생했기 때문에 혹 나라이름을 계림이라고도 했다. 이것은 계룡이 상서를 나타냈기 때문이다. (중략)

나라를 다스린 지 61년 만에 왕은 하늘로 올라갔는데 7일 뒤에 그 죽은 몸뚱이가 땅에 흩어져 떨어졌다. 그러더니 왕후도 왕을 따라 세상을 떠났다 한다. 나라 사람들은 이들을 합해서 장사지내려 했다. 그러나 큰 뱀이 나타나 쫓아다니면서 이를 방해하므로 오체를 각각 장사지내어 오릉을 만들고, 또한 능의 이름을 사릉이라고 했다. 담암사 북릉이 바로 이것이다. 태자 남해왕이 왕위를 계승했다.[229]

(석탈해)

남해왕 때에 가락국 바다 가운데에 어떤 배가 와서 닿았다. 이것을 보고 그 나라 수로왕이 백성들과 함께 북을 치고 법석이면서 그들을 맞아 머물게 하려고 했다. 그러나 그 배는 나는 듯이 계림 동쪽 하서지촌의 아진포로 달아났다. 이 때 마침 포구에 한 늙은 할멈이 있어 이름을 아진의선이라고 하는데 바로 혁거세왕의 고기잡이 할멈이었다. 그는 이 배를 바라보고 "이 바다 가운데에는 본래 바위가 없는데 무슨 까닭으로 까치들이 모여 들어서 우는가?" 하고 말했다. 배를 끌어당겨 살펴보니 까치들이 배 위에 모여들었다. 그 배 안에는 궤 하나가 있었는데 길이는 20척이고 너비는 13척이나 되었다. 그 배를 끌어다가 나무 숲 밑에 매어 두었다. 그러나 이것이 흉한 것인지 길한 것인지 몰라서 하늘을 향해 고했다.

---

229) 前漢地節元年壬子三月朔 六部祖各率子弟 俱會於閼川岸上 議曰 我輩上無君主臨理蒸民 民皆放逸 自從己欲 盍覓有德人 爲之君主 立邦設都乎 於是乘高南望 楊山下蘿井傍 異氣如電光垂地 有一白馬跪拜之狀 尋撿之 有一紫卵 馬見人長嘶上天 剖其卵得童男 形儀端美 驚異之 俗於東泉 身生光彩 鳥獸率舞 天地振動 日月淸明 因名赫居世王 位號曰居瑟邯(或作居西干 初開口之時 自稱云 閼智居西干一起 因其言稱之 自後爲王者之尊稱) 時人爭賀曰 今天子已降 宜覓有德女君配之 是日沙梁里閼英井邊 有雞龍現而左脇誕生童女 姿容殊麗 然而唇似雞觜 將浴於月城北川 其觜撥落 因名其川曰撥川 營宮室於南山西麓 奉養二聖兒 男以卵生 卵如瓠 鄕人以瓠爲朴 故因姓朴 女以所出井名名之 二聖年至十三歲 以五鳳元年甲子 男立爲王 仍以女爲后 國號徐羅伐 又徐伐 或云斯羅 又斯盧 初王生於雞井 故或云鷄林國 以其雞龍現瑞也 (……) 理國六十一年 王升于天 七日後 遺體散落于地 后亦云亡人欲合而葬之 有大蛇逐禁 各葬五體爲五陵 亦名蛇陵 曇嚴寺北陵是也 大子南解王繼位 (『三國遺事』卷 第一, 紀異 第一, 新羅始祖 赫居世王).

이윽고 궤를 열어 보니 단정히 생긴 사내아이가 하나 있었으며 아울러 칠보와 노비가 가득 차 있었다. 그들을 7일 동안 잘 대접했더니 사내아이는 그제야 말했다. "나는 본래 용성국 사람입니다. 우리나라에는 원래 28명의 용왕이 있는데 그들은 모두 사람에게서 났으며 5세, 6세부터 왕위에 올라 온 백성을 가르쳐 성명을 바르게 합니다. 팔품의 성골이 있는데 그들은 간택 과정 없이 모두 왕위에 오릅니다. 그 때 부왕 함달파께서 적녀국의 왕녀를 왕비로 삼았습니다. 그런데 오래 되어도 아들이 없자 기도를 드려 아들 낳기를 구하여 7년 만에 커다란 알 한 개를 낳았습니다. 이에 대왕이 모든 신하들을 모아 묻기를, '사람으로서 알을 낳았으니 고금에 없는 일이다. 이것은 아마 좋은 일이 아닐 것이다' 하였습니다. 그리고 궤를 만들어 나를 그 속에 넣고 칠보와 노비들을 함께 배 안에 실은 뒤 바다에 띄우면서 빌기를, '아무쪼록 인연 있는 곳에 닿아 나라를 세우고 한 집을 이루도록 해주십시오.' 했습니다. 빌기를 마치자 갑자기 붉은 용이 나타나더니 배를 호위해서 지금 여기에 도착한 것입니다."(중략)

아이는 이에 속임수를 썼다. 몰래 숫돌과 숯을 그 집 곁에 묻어 놓고 이튿날 아침에 문 앞에 가서 말했다. "이 집은 우리 조상들이 살던 집이요." 호공은 그렇지 않다 하여 서로 다투었다. 시비가 판결되지 않으므로 이들은 관청에 고발하였다. 관청에서 묻기를, "무엇으로 네 집이라는 것을 증명할 수 있느냐?" 하자 아이가 말했다. "우리 조상은 본래 대장장이였소. 잠시 이웃 고을에 간 동안에 다른 사람이 빼앗아 살고 있는 터이요. 그러니 그 집 땅을 파서 조사해 보면 알 수가 있을 것이요." 이 말에 따라 땅을 파니 과연 숫돌과 숯이 나왔다. 이리하여 그 집을 빼앗아 살게 되었다. 이 때 남해왕은 그 아이, 즉 탈해가 지혜 있는 사람임을 알고 맏공주로 그의 아내를 삼게 하니 이가 아니부인이다. (중략)

노례왕이 세상을 뜨자 광무제 중원 6년 정사 6월에 탈해가 왕위에 올랐다. 옛날에 남의 집을 내 집이라 하여 빼앗았다 해서 석씨라고 했다. 혹 또 까치로 해서 궤를 열게 되었기 때문에 까치(鵲)라는 글자에서 조(鳥) 자를 떼고 석씨로 성을 삼았다고도 한다. 또 궤를 열고 알을 벗고 나왔다 해서 이름을 탈해로 했다고 한다.

그는 재위 23년만인 건초 사년 기묘에 세상을 떠 소천구에 장사 지냈다. 그런데 뒤에 신이 명령하기를, "조심해서 내 뼈를 묻으라."고 했다.

그 두골의 둘레는 3척 2촌, 신골의 길이는 9척 7촌이나 된다. 이빨 은 서로 엉기어 하나가 된 듯도 하고 뼈마디는 연결되어 있었으니 이 른바 천하에 짝이 없는 장사의 골격이었다. 이것을 부수고 소상을 만 들어 대궐 안에 모셔두었다. 그랬더니 신이 또 말하기를 "내 뼈를 동 악에 안치해 두어라." 했다. 그래서 거기에 봉안하게 되었다. (어떤 사 람은 말하기를, 탈해가 죽은 뒤 27대 문무왕 때인 조로 2년 경진(680) 3월 15일 신유 밤에 태종의 꿈에, 몹시 사나운 모습을 한 노인이 나 타나 말하였다. "내가 탈해이다. 내 뼈를 소천구에서 파내다가 소상을 만들어 토함산에 안치하도록 하라." 왕은 그 말을 따랐다고 한다. 그 런 까닭에 지금까지 제사를 끊이지 않고 지내니 이를 동악신이라고 한다.)230)

---

230) 南解王時 駕洛國海中有船來泊 其國首露王 與臣民鼓譟而迎 將欲留之 而舡乃
飛走 至於雞林東下西知村阿珍浦 時浦邊有一嫗 名阿珍義先 乃赫居王之海尺
之母 望之謂曰 此海中元無石嵓 何因鵲集而鳴 拏舡尋之 鵲集一舡上 舡中有
一櫃子 長二十尺 廣十三尺 曳其船置於一樹林下 而未知凶乎吉乎 向天而誓爾
俄而乃開見 有端正男子 幷七寶奴婢滿載其中 供給七日 迺言曰 我本龍城國人
我國嘗有二十八龍王 從人胎而生 自五歲六歲 繼登王位 教萬民修正性命 而有
八品姓骨 然無揀擇 皆登大位 時我父王含達婆 娉積女國王女爲妃 久無子胤
禱祀求息 七年後産一大卵 於是大王會問群臣 人而生卵 古今未有 殆非吉祥
乃造櫃置我 幷七寶奴婢載於舡中 浮海而祝曰 任到有緣之地 立國成家 便有赤
龍 護舡而至此矣 (……) 乃設詭計 潛埋礪炭於其側 詰朝至門云 此是吾祖代家
屋 瓠公云否 爭訟不決 乃告于官 官曰 以何驗是汝家 童曰 我本冶匠 作出隣
鄉 而人取居之 請掘地撿看 從之 果得礪炭 乃取而居焉 時南解王知脫解是智
人 以長公主妻之 是爲阿尼夫人 (……) 及弩禮王崩 以光虎帝中元六年丁巳六
月 乃登王位 以昔是吾家取他人家故 因姓昔氏 或云 因鵲開櫃 故去鳥字 姓昔
氏 解櫃脫卵而生 故因名脫解 在位二十三年 建初四年己卯崩 葬疏川丘中 後
有神詔 愼埋葬我骨 其髑髏周三尺二寸 身骨長九尺七寸 齒凝如一 骨節皆連瑣
所謂天下無敵力士之骨 碎爲塑像 安闕內 神又報云 我骨置於東岳 故令安之
(一云 崩後二十七世文虎王代 調露二年庚辰三月十五日辛酉夜 見夢於太宗 有

(김알지)

영평 3년 경신 8월 4일, 호공이 밤에 월성 서리를 걸어가는데, 크고 밝은 빛이 시림 속에서 비치는 것이 보였다. 자줏빛 구름이 하늘로부터 땅에 뻗쳤는데 그 구름 속에 황금의 궤가 나뭇가지에 걸려 있었다. 그 빛은 궤 속에서 나오고 있었다. 또 흰 닭이 나무 밑에서 울고 있었다.

호공은 이 모양을 왕에게 아뢰었다. 왕이 그 숲에 가서 궤를 열어 보니 어린 사내아이가 누워 있다가 곧 일어났다. 이것은 마치 혁거세의 고사와도 같았으므로 그 말에 따라 아이의 이름을 알지라고 했다. 알지란 곧 우리말로 어린 아이를 일컫는 것이다. 그 아이를 안고 대궐로 돌아오는데 새와 짐승들이 서로 따르면서 기뻐하여 뛰놀고 춤을 추었다.

왕은 길일을 가려 그를 태자로 책봉했다. 그는 뒤에 태자의 자리를 파사왕에게 물려주고 왕위에는 오르지 않았다. 금궤에서 나왔다 하여 성을 김씨라 했다.

알지는 열한을 낳고 열한은 아도를 낳고, 아도는 수류를 낳고, 수류는 욱부를 낳고, 욱부는 구도를 낳고, 구도는 미추를 낳았다. 미추가 왕위에 올랐다. 이처럼 신라의 김씨는 알지에서 시작된 것이다.[231]

우선 셋의 구조를 비교해 보면 혁거세 신화는 '천명[232] - 탄생 - 성장

老人貌甚威猛 曰我是脫解也 拔我骨於疏川丘 塑像安於土含山 王從其言 故至
今國祀不絶 卽東岳神也云)(『三國遺事』卷 第一, 紀異 第一, 第四代 脫解王).

231) 永平三年庚申 八月四日 瓠公夜行月城西里 見大光明於始林中 有紫雲 從天垂
地 雲中有黃金櫃 掛於樹枝 光自櫃出 亦有白鷄 鳴於樹下 以狀聞於王 駕行其
林 開櫃 有童男 臥而卽起 如赫居世之故事 故因其言 以閼智名之 閼智卽鄕言
小兒之稱也 抱載還闕 鳥獸相隨 喜躍蹌蹌 王擇吉日 冊位大子 後讓於婆娑 不
卽王位 因金櫃而出 乃姓金氏 閼智生熱漢 漢生阿都 都生首留 留生郁部 部生
俱道 道生未鄒 鄒卽王位 新羅金氏自閼智始(『三國遺事』卷 第一, 紀異 第一,
金閼智, 脫解王代).

232) 본 장 2절에서 6촌장 천강 신화가 천명적 요소를 갖고 있고 이것은 후대에
첨부된 것이라 했다. 그와 달리 여기에서 천명이라는 말은 단순히 누군가
의 바람에 의해 출현하고 추대 형식으로 즉위한다는 점에서 혁거세의 출현

(성씨)−결연−즉위−국호−죽음'으로, 탈해 신화는 '탄생−시련(기아, 표류)−지략−결연−신성−즉위(성씨)−죽음−좌정(음조)'으로, 알지 신화는 '탄생−즉위(성씨)−계보'로 되어 있다. 이렇게 해서는 분명하게 알 수 없는 것으로 혁거세 신화엔 결연 부분이 있는데, 이것이 탈해의 경우엔 약화되어 있고, 알지의 경우 전무하다. 더 두드러진 차이는 혁거세 신화엔 '천명' 요소가, 탈해 신화엔 '시련', '지략', '신성'[233], '좌정' 요소가, 알지 신화엔 '계보' 요소가 더 들어 있다는 점이다. 이렇게 서로 신화적 요소를 나누어 갖고 있는 것은 이것들이 애초에 한 문맥 속에 있었기 때문이 아닐까 한다. 하나의 단일 신화 문맥에서라면 각각의 신화적 요소가 되풀이되어 나타날 필요가 없기 때문이다. 하나의 신화 문맥에 3성씨 시조가 모두 등장한다고 할 때 천명 요소는 혁거세가, 영웅·신성적 요소는 탈해가, 계보 요소는 알지가 담당하면 되는 것이다. 셋 모두에게 그러한 요소들이 중복되어 나타날 필요가 없는 것이다.[234] 신화는 기억되기에 적절한 단위로서 구성된다. 어떤 요소가 중복될 경우 이는 잉여적인 것으로 전승 과정에서 침전될 것이기 때문이다. 각각에게 중요한 표지로서 나타나 이들을 분리시키고 개별화시키는 성씨 유래담 같은 것은 지나치게 강화된 부분과 함께 후대에 독립되어 나갈 때 첨가된 것일 수도 있다. 혹은 그것은 더 이상 생략될 수 없는, 신인의 등장에 필수적인 표지이므로 남아 있게 된 것이 아닌가 한다. 건국신화에서 중요한 것은 건국에

은 선험적으로, 필연적으로 준비된 것이라는 의미에서이다.

233) 권태효는 이 셋의 신화 요소를 근거로 석탈해 신화가 신라 고유의 것이 아니라 북방에서 유입된 것이라 하였다. (권태효, 앞의 논문, p.247 참조)

234) 김두진은 혁거세 신화에도 애초에 빈약하지만 영웅적 요소가 있었을 것인데 탈해 신화가 신라 건국신화에 흡수되면서 이 둘의 영웅적 요소는 혼효되었다가 탈해 신화가 독자적으로 서술되면서 혁거세 신화의 영웅적 요소는 그 쪽에 포함되었을 것이라 하였다. 또한 부계적 남성 집단을 대표하는 혁거세 신화에 영웅적 요소가 강하게 나타나지 못한 것은 유이민으로서 박씨족이 강한 세력으로 형성되지 못하고 선주한 토착 세력에게 융해되었기 때문이라고 하였다. (김두진, 앞의 논문(1988), pp.31~32 참조)

필요한 신화 요소이지 세 명의 신인이 아닐 것이기 때문이다.

　이러한 점은 조선 건국신화로서의 「용비어천가」 구조와 상통한다. 조
흥욱은 「용비어천가」의 제작 의도가 "六祖 각 개인의 행적을 찬양하여
그들을 영웅화하는 데 있었던 것이 아니고 조선 왕조를 창업하기까지의
肇基之遠과 王業之艱難을 六祖의 행적 전체를 통해서 노래하려는 데 있
다"고 하였다.[235] 125장 전체가 한 영웅의 일대기 구조로 되어 있되 4조
부분은 영웅의 어린 시절을, 태조와 태종 부분은 영웅으로서의 행적을
나타낸다는 것이다. 마찬가지로 신라 건국신화에선 세 신인이 계기적으
로 등장하되 각각 특징적인 신화 요소를 표상하며 건국신화 구조에 구
성적 요소로서 자리한 것이다. 세 신인이 신라의 건국 과정에 자기 방식
대로 기여한 바를 반영한 결과 앞에서와 같은 요소 간 동이 현상이 일
어났다는 것이다.[236]

　다음으로 셋을 연결해 주는 몇 가지 표지를 통해 다른 각도에서, 좀
더 구체적으로 이들의 결합 양상을 구명해 보고자 한다. 우선 이들 3성
씨 시조는 거의 동시대에 존재한 것으로 나타난다. 정확히 말하면 같은
시간대에 살았다는 것이다. 『삼국사기』에 의하면 탈해가 등장한 것은 혁
거세 재위 39년이다. 혁거세의 재위 기간이 61년이라 하니 그가 왕성하
게 국정을 돌볼 때 탈해가 태어난 것이다. 그리고 왕의 사위가 된 것은
2대 남해왕 5년으로 27세이고 호공의 집을 빼앗은 것은 그 이전이므로
탈해는 혁거세 재위 당시에 이미 그의 신이한 행적을 보인 것이다. 또한
탈해가 신라에 도착했을 때 그를 거두어 기른 이가 바로 '혁거세왕의 고
기잡이 할멈'이라 함도 둘의 신화상의 공존을 말해 주는 것이다. 현전하
는 신화 전승이 별개로 되어 있어 이 둘이 시간적으로 동떨어져 있는

---

235) 조흥욱, 「龍飛御天歌의 性格」, 『韓國文學史의 爭點』, 집문당, 1986, p.301.
236) 이순근은 이러한 현상은 각 족단이 소유한 신앙 대상과 체계가 서로 다름
　　을 의미하는 것이라 하여 다른 의견을 제시하였다. (이순근, 앞의 논문,
　　p.28 참조)

88

것처럼 보일 뿐이다. 그리고 알지는 바로 탈해가 거두어 기르고 태자로 책봉까지 했다 하니 이 둘은 직접적으로 만난 것이다.[237] 또한 혁거세 신화에 혁거세를 '알지거서간'이라 한 대목이 나오고 알지 신화에 '혁거세의 고사'와 같아서 알지라고 했다는 대목이 나온다. 물론 후자의 주체는 탈해이다. 이상의 논의를 보면 셋은 탈해를 중심으로 연결되어 있다. 혁거세가 탈해를, 탈해가 알지를 거두어 기른 셈이다. 이것이 본래 신라 건국신화의 구조가 아닌가 한다. 기억을 통해 전승되는 건국신화는 건국 과정에 대한 후대인의 긍정적인 평가를 기반으로 한다고 할 때 이상의 계기적이고 순조로운 왕위 교대 양상[238]이야말로 신라인의 긍지[239]에 부합한다고 보기 때문이다. 그리고 그것은 현실 역사적으로 이어져 내려온 제도이기에 그에 대한 합리적인 설명 방식으로서 건국신화에 값하는 것이기도 한다. 따라서 애초에 신라 건국신화는 혁거세 대목에 이어 탈해가, 그리고 그 뒤를 이어 알지가 등장하는 구조로 되어 있었을 것이다. 그것이 나중에 분화되어 나가면서 탈해는 혁거세에게도 있었을 영웅적·신성적 요소를, 알지는 혁거세의 신이한 탄생 요소를 빼간 것이다.

둘째로 호공의 역할이다. "호공이란 자는 그 출신이 알려져 있지 않다. 본래 왜국 사람으로 처음에 박을 허리에 차고 바다를 건너온 까닭에 호

---

237) 김두진은 이러한 만남의 의미를 신라 국가 초기의, 석씨 세력과 김씨 세력 간의 제휴에서 찾았다. (김두진, 앞의 논문(1988), p.37)
238) 이기동은 이와 관련하여 ① "『三國史記』 新羅本紀의 기사를 보면 上古시대에 신라의 王系는 朴·昔·金의 3姓이 交立하는 형편이었음에도 불구하고 매번 아무런 流血劇도 발생되지 않은 채 매우 평화적인 방법으로 왕실의 교체가 이루어진 것처럼 되어 있다." ② "그러나 실제로는 이와 크게 달랐을 것이다."라고 하며 견해를 달리하는 논의(이덕성, 『朝鮮古代社會硏究』, 정음사, 1949)를 들었다. (이기동, 앞의 책, p.3) 이 글에선 신라 본기의 해당 문맥을 실제적인 역사적 사실을 반영하는 기록물로서보다는 후대에 구성된 3성씨 시조 신화로 보았다. 따라서 ②의 견해를 보류하기로 한다.
239) 홍기문은 주로 알지 신화에 대한 것이지만 김씨 후손들의 경우를 예로 들어 "신라에서도 자기들의 건국 신화에 대하여 일정한 긍지감을 가졌었다."고 한 바 있다. (홍기문, 앞의 책, p.95)

공이라고 일컬었다."[240]는 기록에 의하면 호공은 출신이 모호한 전설적인 인물이다.[241] 그런데 이러한 인물이 혁거세 때부터 탈해 때까지 국사에 있어 중대한 역할을 한다. 혁거세 때에는 직책은 알 수 없으나 삼한 중 우세한 세력인 마한에 사신으로 파견된다. 이 때 마한 왕이 월등한 세력을 과시하며 조공이 부실하다 꾸짖으니 호공은 "우리나라는 이성(二聖)이 일으키신 이래 인사가 바로잡히고 천시가 고르고 창고가 가득 차고 백성들은 삼가 사양하길 좋아하여 진한의 유민으로부터 변한, 낙랑, 왜인에 이르기까지 두려워하지 않음이 없다. 그러나 우리 임금은 겸손하여 신하를 보내어 인사를 닦으니 이는 예에 지나친다고 할 수 있거늘 도리어 대왕이 진노하여 무력으로 겁박하니 무슨 뜻이냐?"[242]라고 하며 당당히 맞선다. 그리고 탈해 때에는 양산 밑에 있는 길지(吉地)로 탈해가 탐내는 집에 사는 것으로 되어 있다. 양산 밑 나정 곁에서 혁거세가 태어난 것을 상기해 보면, 또 지리에 통달한[243] 탈해가 가장 좋은 터로 눈독들이고 있는 집에 살고 있는 것으로 보아서 호공은 혁거세 세력의 핵심 인물인 듯 하다. 또한 탈해 대의 중신(重臣)인 대보(大輔)로서 호공은 탈해가 알지를 거두는 데 긴요한 역할을 한다. 『삼국사기』에서는 탈해가 닭 우는

240) "瓠公者 未詳其族姓 本倭人 初以瓠繫腰 渡海而來 故稱瓠公"(『三國史記』 卷第一, 新羅本紀 第一, 始祖 赫居世居西干)

241) 김두진은 『삼국유사』의 "男以卵生 卵如瓠 鄕人以瓠爲朴 故因姓朴"이란 기록에 의거해 호공을 박씨족이라 한 데 이어 그가 바다로 들어 왔다는 점에서 혁거세 집단 역시 바다를 통해 들어온 이주민일 가능성이 있다고 하였다. (김두진, 앞의 논문(1988), p.30 참조) 이순근도 호공을 박씨족으로 보고 이를 통해 '朴·昔族間의 유대'를 추정하였다. 게다가 탈해가 빼앗은 호공의 집터를 "당시 金·朴·昔 三姓族의 中心地點"으로 간주하였다. (이순근, 앞의 논문, pp.29~30 참조)

242) "我國自二聖肇興 人事修 天時和 倉庾充實 人民敬讓 自辰韓遺民 以至卞韓·樂浪·倭人 無不畏懷 而吾王謙虛 遣下臣修聘 可謂過於禮矣 而大王赫怒 劫之以兵 是何意耶"(『三國史記』 卷 第一, 新羅本紀 第一, 始祖 赫居世居西干)

243) "望城中可居之地 見一峯如三日月 勢可久之地."(『三國遺事』 卷 第一, 紀異 第一, 第四代 脫解王)

소리를 듣고 호공을 보내어 살피게 했고 호공이 그 장면을 보고하자 사람을 보내어 궤를 가져온 것으로 되어 있다. 『삼국유사』에서는 처음부터 호공이 발견하되 탈해가 직접 가서 거두는 것으로 되어 있어 둘의 역할이 강화되어 있다. 어쨌든 호공은 3성씨 시조의 재위 무렵에 국사에 깊이 관여한 자다.

그런데 호공이 처음 등장한 것은 마한에 사신으로 파견된 혁거세 38년이고 대보가 된 것은 탈해대 2년, 알지를 발견한 것은 같은 왕 9년이라고 한다. 『삼국사기』 기록대로라면 그가 드러나게 활동한 기간만 해도 혁거세대 23년, 남해대 21년, 유리왕대 34년, 탈해대 9년이니 86년이나 된다.[244] 게다가 마한에 수빙(修聘)차로 파견되려면 적어도 20세 이상은 되어야 한다고 할 때 그의 생존 기간 자체가 현실적이지 않다. 물론 신라 상고기의 기년(紀年) 문제에 관한 한 의문점이 많아 이에 대한 역사 학계의 논의가 분분한 것은 사실이다.[245] 중요한 것은 이렇게 출신이 모호하고, 생존 기간도 비현실적인 인물이 어떻게 신화 문맥에 나타났느냐 하는 것이다. 게다가 86년 중 표면에 드러난 기간은 남해 대와 유리왕 대를 뺀 꼭 3성씨 시조 때이다. 이러한 점을 볼 때 호공은 3성씨 시조를 연결하기 위해 신화 문맥에 등장한 것이 아닌가 한다. 그가 없이는 3성씨 시조의 만남은 곤란했을 것이기 때문이다. 신화적 현실에선 현실적인 나이를 따지는 것보다는 3성씨 시조가 결부되는 측면이 긴요했을 것이다. 그것이 신라 건국신화의 본질적인 부분이기 때문이다. 따라서 호공은 3성씨 시조의 매개 인물로 그들을 계기적으로 연결시키는 기호이다.[246] 동일 인물이 세 신화에 나온다는 것 자체가 그가 그들 모두

---

244) 이상 『三國史記』 卷 第一, 新羅本紀 第一.
245) 애초에는 신라 상고사를 부인하는 일제 식민 사관을 비판하면서 시작되었으나 차원을 달리 해 사료 비판을 통해 문헌상 모순되는 부분을 재조정하여 신라 상고사를 올바로 인식하려는 시도가 근래에까지 이어지고 있다. 대표적인 연구 성과물로는, 김철준, 「新羅上古世系와 그 紀年」, 앞의 책 ; 김광수, 앞의 논문 ; 강종훈, 앞의 논문.

와 공존했음은 물론 그를 매개로 그들 모두가 공존했음을 말해주는 것이다.

셋째로 남해왕이다. 그는 혁거세의 태자로, 알지를 거두어 기른 탈해의 장인으로 셋을 간접적으로 연결시킨다. 그를 통해 탈해가 왕실 집단에 속하게 된 것이고 그럼으로써 알지 또한 왕실 세력이 될 수 있었기 때문이다. 또한 그는 혈족 원리가 아닌 공적인 관계[247]를 중시해 왕위 계승권을 개방함으로써 탈해가 왕이 되는 길을 열어 놓았는데 이것이 알지에게도 영향을 미친 것이다. 물론 직접 왕이 되지는 않았지만 알지는 후대의 김씨 왕권이 등장하는 데 있어 결정적인 역할을 한 것이기 때문이다.[248] 호공이 가공적 인물로서 셋을 직접적으로 연결시켰다면 남해왕은 현실적 인물로서 셋을 간접적으로 연결시킨 것이다.

넷째로 세 신화 모두 성씨 유래담이 중요하게 다루어진다.[249] 몇 가지 이설들까지 동원하여 성씨의 각이함을 부각시키는 이유는 무엇일까? 애초에 하나의 신화 문맥으로 되어 있을 때부터 이것은 존재했으리라 본다. 각각 자기 집단 내에서 혁거세, 탈해, 알지 전승이던 것이 3성씨 신화가 될 무렵 박혁거세, 석탈해, 김알지로 바뀌었다는 것이다.[250] 신라

---

246) 홍기문도 "호공은 세 층계의 건국 신화를 연결시키기 위해서 출현한 인물"로 추정하였다. (홍기문, 앞의 책, p.95)

247) 이종욱, 앞의 책, p.67 참조.

248) 이순근, 앞의 논문, p.51 참조.

249) 서영대는 고구려 귀족 가문의 시조 전승을 분석하면서 "성씨를 받음으로써 고구려의 지배세력이 된 자들이 있었고 또 그의 후손이 이어지고 있었다고 한다면, 이들 기사는 고구려 귀족세력의 시조전승이라고 할 수 있다"(서영대, 앞의 논문, p.200)라고 하면서 고구려의 경우에도 성씨 취득이 권력 관계상 중대한 사안이었음을 말하였다. 이것이 신라와 가야의 경우와 어떻게 같거나 다른 지 검토할 필요가 있다.

250) 김태준은 "元來 朴이니, 昔이니, 金이니, 姓을 定한 것도 建國後에도 相當한 時日을 지난 후 三國統一 以前까지에 된 것이며, 始祖 赫居世를 朴赫居世로 한 것도 먼 後日의 일"이라 하였다. 그리고 더 구체적으로 "天降三姓에 神話를 붙여 提唱한 것은 法興王 以後의 일"로 보고 있다. (김태준, 「姓氏・門閥・族譜의 研究」, 『朝鮮語文』 7, 1933, pp.23~33) 이순근은 "新羅三

건국신화가 정립될 무렵 성씨가 신분 및 사회적 진출에 있어 중대한 역할을 하였을 것인데[251] 그에 따라 3성씨 시조 대목마다 성씨 유래담이 필수적으로 따라 붙었을 것이다.

이상의 논의로써 볼 때 6세기 진흥왕 때 『국사』에 편입된 신라 건국신화는 3성씨 시조가 특징적인 신화 요소와 자기 성씨 유래담을 지닌 채 한 문맥 속에 공존하는 형태였을 것이다.[252] 물론 여기에서의 신화적 요소는 후대 역사 과정에서 해당 성씨의 왕실이 특징적으로 보여준 역사적 성과를 반영한 것일 터이다.[253] 그리고 이러한 하나의 신화가 셋으로 갈라진 것은 김씨 왕실의 확고한 정치적 기반 위에서였을 것이다.[254]

姓이 비슷한 시기에 성립되었다"고 하고 "三姓神話가 口碑傳承되어 오던 것이 姓氏取得과 더불어 보다 구체화"되었다고 하였다. (이순근, 앞의 논문, p.32)

김화경은 탈해 신화와 관련하여 "원래는 한 부족의 시조 설화였던 것이 신라가 부족 연맹의 형태로 통합되어 나아가는 과정에서 그 건국설화의 일부로 편입된 것이 아닌가" 하고 추정한 바 있다. (김화경, 앞의 논문, p.14)

251) 이순근, 앞의 논문, p.41 참조.

252) 전덕재, 앞의 책, p.15 참조.

253) 이순근에 의하면 김성이 최초로 쓰인 이후 석씨족은 사실상 역사상의 권력의 무대에서 도태되는 과정에 있었다고 한다. 그리고 미약하나마 남아 있던 석씨족도 칭성했다면 김씨족에 이어 박씨족과 함께였을 것이라고 한다. (이순근, 앞의 논문, p.19 참조) 이러한 사실과 3성씨 신화 중 탈해 경우의 풍부한 신화적 요소를 연결시키면 현실적인 권력이 약할 수록 자기 집단의 시조 신화를 강화하는 경향을 상정해 볼 수 있을 것이다.

254) 김두진은 이와 관련하여 "昔氏와 金氏들이 王位를 차지할 수 있었던 데서 가능"한 것으로 보았다. (김두진, 앞의 논문(1988), p.18) 김광수는 "三國歷史가 하나의 體制로 再編될 가능성이 주어지는 統一直後는 金氏系의 武烈系 王家를 중심으로 三國統一의 霸業이 성취되고 바야흐로 그들의 강력한 支配體制가 편제되는 시기이다."라 하고 "朴氏, 昔氏, 金氏의 순으로 전한 듯 꾸며졌음을 보면 그것은 역시 이미 居柒夫代로까지 소급되는 이유 있는 편제"로 본다고 하였다. (김광수, 앞의 논문, pp.15~16) 이인경은 "인도의 카스트제도에서 가장 윗자리를 차지한 브라만 계층은 그들의 기반을 다지기 위해서 여러 흩어져 있던 제의와 그 숭배신을 수용 통합하였는데 이런 과정에서 각기 다른 神들의 신화가 하나로 통합되었던 것"으로 보았다. (이인경, 「한국서사시와 인도서사시 <라마야나>의 비교연구」, 『韓國 古典小說과 敍

더 이상 다른 성씨 세력으로부터의 도전이 없을 때 현전하는 형태대로의 혁거세 중심의 신화를 인정하고, 알지 신화로써 김씨 왕권의 유래담을 삼는 데 만족할 수 있었을 것이다.[255] 알지 신화는 김씨족이 지신족 관념 체계에서 벗어나 천신족 관념 체계를 다시 수립하려는 것으로 '광명이세(光明理世)'를 표방하는 박혁거세 전승과 거의 다를 바 없다.[256]는 지적이 있거니와 알지 신화의 탄생 대목은 셋 중 가장 신이하다는 점 또한 이를 입증한다. 마지막에 창세기조로 이어진, 미추왕까지의 계보가 그들에게 더 중요한 신화적 요소였을 것이다. 뿐만 아니라 「보월탑비」에 전하는, 알지보다 윗대의 조상이라고도 하고 그 알지의 아들이라고도 하는 성한(星漢) 전승 등 다양한 경로를 통해 김씨 시조 전승은 확장되어 온 터이다.[257]

事文學』(下), 집문당, 1998, p.743)

255) 이순근은 신라 중고기의 세력 관계에 대해 "三姓支配體制의 秩序가 붕괴되어 王族으로서 金氏族, 王妃族으로서 朴氏族이 兩立"한 것으로 보았다. (이순근, 앞의 논문, p.20)

256) 김두진, 앞의 논문(1988), p.33. 또한 김두진은 알영을 신성화함으로써 김씨족 신화를 보완하려 했다 하는데(위의 논문, p.41 참조) 현전하는 신화 문맥을 보면 혁거세 부분과 비교했을 때 서술의 비중상 알영의 의미가 강화되기보다 오히려 약화된 것으로 보인다. 한편 홍기문은 "알지신화는 혁거세신화를 다소 변경시킨 정도에서 더 지나지 않는 내용이다."라고 하였다. (홍기문, 앞의 책, p.95) 김철준은 "擡頭함이 늦은 金部族은 이때에 늦으나마 天降族의 始祖說話를 갖기 위하여 (중략) 後代的인 觀念의 金櫃 金榏 등을 갖다 붙이었다."고 하였다. (김철준, 앞의 책, p.73) 강종훈은 "김씨 족단이 신라의 왕위를 차지하게 되면서 자신들을 혁거세의 박씨 족단처럼 천강족으로 분식"한 것이라 하였다. (강종훈, 앞의 논문, p.71)

257) 강종훈은 성한 전승에서 김씨의 시조가 한 나라를 다스린 왕이라고 표시되어 있으므로 성한은 알지에 비해 시조다운 모습을 확실히 보여 준다고 하였다. (앞의 논문, p.75 참조)

2) 신라 건국신화의 체계화 과정

지금까지 신라 건국신화가 체계화되기까지, 긴 역사적 과정에서 부침했던 개별 전승들의 신화적 의미와 그것들 간의 관계를 검토해 보았다. 본 절에선 이것들이 신라사의 전개 과정에서 어떻게 신라 건국신화로 통합되어 가는 지 신라사의 특수한 상황과 관련해서 고찰하려 한다.

우선 양산촌 시조 신화의 손재에 주목할 필요가 있다. 양신촌온 6촌 중 주촌으로 건국주 혁거세를 배출할 정도의 우세한 집단이다. 다른 집단에도 나름대로의 시조 신화가 있었을 것이지만, 그리고 대개는 그것들 간에 큰 차이가 없었을 것이지만 양산촌의 그것이 사로 집단의 국조 신화가 되었을 것으로 상정한다. 6촌이라고 하는 선주민 집단이 통합되어 신라의 전신인 사로국을 형성할 때의 일이다. 양산촌 시조 신화의 구조는 현전하는 6촌장 천강 신화에 나타난 대로 시조가 하늘에서 산으로 내려온다는 것은 아닐 것이다. 이는 천명적 요소를 담지하는 것으로 후대의 신화적 발상에서 기인한 것이다. 그보다는 고구려의 경우와 현전하는 신화 문맥을 고려해 볼 때 양산촌의 시조 신화는 성모가 남매신을 낳았다는 구조로 되어 있었을 것이다. 현전하는 신화 문맥상 그러한 것이 현저하게 약화되어 있지만, 그 전승상의 자취는 충분히 끄집어 낼 수 있기 때문이다.

『삼국유사』의 경우 선도산 성모 신화와 혁거세 신화가 선후를 가릴 수 없게 중첩되어 있다든지, 혁거세와 알영이 남매로서, 부부로서, 이성으로서 중층적 관계를 갖는 것으로 나타난다. 이러한 난맥상은 선도산 성모가 혁거세와 알영 남매를 낳았다는 성모 신화를 원초적인 시조 신화로 볼 때 풀린다. 이렇게 해야 현전하는 신화 문맥에 끈질기게 남아 있는 선도산 성모 신화의 존재를 이해할 수 있다. 또한 선도산 성모가 낳았다는 남매신은 바로 혁거세와 알영으로 이들은 사로국 초기에 신라 특유의 이성 숭배 신앙의 대상인 것으로 보인다. 이것이 신라 건국신화의 근간이 되는 것으로 개별 전승으로 말하면 '성모 신화→이성 신화'라 할 수 있다.

그 다음 신라는 중고기 때까지 많은 이질적 집단들을 통합해 가는데 그 과정에서 부각된 세력이 바로 탈해와 알지 집단이다. 이들을 끌어안은 신라 왕실은 자의든 타의든 혈연적 원리가 아닌 공적 원리를 채택해 세 집단이 번갈아 왕위를 차지하는 왕위 교대 제도를 정립해 간다. 물론 이성(二聖) 신화라고 하는 시조 신화를 보유하고 있는 혁거세 집단 외 탈해와 알지 집단 내에도 나름대로의 독특한 시조 전승이 있었을 것이다. 그런데 이들 시조 전승들은 3성 왕위 교대라는 역사적 과정 속에서 개별화의 원리를 넘어 서로 연계될, 개방적 구조로 되어갔을 것이다. 3성 왕위 계승 제도는 그 과정이야 어떻든 후대의 관점에서 보면 신라의 국권을 안정시켰다는 긍정적인 평가를 받을 만한 것이다.

6세기 무렵 신라의 왕권은 안정되어 있었고 이에 따라 고대의 왕 계보를 정리하고 정치체제를 정비하는 일련의 정책이 실행된다. 한편 이 때쯤 한자식 성씨가 사용되기 시작하였다. 구체적으로는 『北齊書』에 보이는 565년조의 '김진흥왕 책봉기사'를 한자 성씨 사용의 하한선으로 보는데 그 이전에 이미 국왕명에 김성(金姓)을 사용할 수 있었을 것이라 한다.[258] 565년 이전이라면 『국사』(546) 편찬이 그 계기가 되었을 것이다. 『국사』를 편찬하려면 그 때까지 왕의 계보가 정리되어야 하고 그에 앞서 무엇보다도 왕실 3성씨가 부여되어야 했을 것이기 때문이다. 왕실 집단 중 김성이 최초로 쓰였다 하며 박성은 그 뒤를 이은 것으로, 석성 역시 3성 왕족이라는 점에서 박씨성과 비슷한 시기에 취득된 것이라 한다.[259] 성씨 취득이 왕실 최고 집단에서 시작되었음을 알 수 있다. 이는 당시 성씨 자체가

---

258) 이순근, 앞의 논문, pp.15~16 참조. 그리고 이순근은 당시 중국에서의 신라인 성씨 기술은 신라의 제고에 의거한 것으로 보았다.
259) 이순근, 앞의 논문, pp.18~19 참조.

96

특권 향유와 관련된 표지였다는 점, 성씨 취득 현상은 당시 신라 사회의
구조적 변동과 맞물려 있다는 점과 무관하지 않을 것이다.[260]

따라서 이 때 편제되어 『국사』에 수용된 신라 건국신화라는 것은 왕
계보 정리의 일환이자 성씨 부여의 계기로서 최고 지배 집단의 세력을
과시하는 의미를 지닌다. 이 때 이렇게 정리된 신화가 있다면 그것은 혁
거세, 탈해, 알지가 한 문맥에 등장하는 3성씨 시조 신화였을 것이다. 이
는 3성씨 족단의 현실적 상호 관계와 혁거세, 탈해, 알지가 각 집단에서
시조로서 신성화되면서 추존되어온 과정을 반영할 뿐만 아니라[261] 성씨
를 통해 최고 지배 집단으로서의 배타성도 함축하고 있을 터이다. 이전
의 것이 구조면에서 재조정된 형태에서 통합되었을 것은 물론이다. 3성
씨 시조 전승 각각은 그동안 구비전승 되어 왔을 것인데 이것들이 성씨
취득과 더불어 구체화되었다는 것이다. 이러한 점에서 문자로 정착되었
다는 의미에서의 3성씨 신화의 성립은 성씨 성립 시기와 동일선상에서
파악되어야 한다.[262] 선도산 성모의 존재가 희미해지고 알영의 신화상의
비중이 약화된 것은 이러한 후대적 요인 즉, 성씨 취득 현상의 특수성
때문이라고 본다. 이상의 논의를 개별 전승을 들어 말하면 '이성 신화→
3성 신화'이다.

마지막으로 통일 직후가 되면 신라는 전례 없는 전제 왕권 시대에 들
어선다. 김씨 왕권의 기반은 확고해지고 3성 지배 체제도 유명무실해진
다.[263] 이후 왕권은 김씨 왕권의 수중에서 장기화된다. 이 때쯤이면 왕실
3성 외에 6부성씨가 존재하게 되는데[264] 이들의 정치적 거취가 왕실 세

---

260) 이순근, 앞의 논문, pp.39~40 참조. 또한 그는 성씨 취득의 특권 향유로서
의 의미가 나말까지에 한정된다고 하여 이러한 일련의 사태가 당시 신라
사회의 특수한 상황 속에서 일어난 것임을 알 수 있게 한다. (p.43 참조)
261) 이순근, 앞의 논문, pp.30~31 참조.
262) 이순근, 앞의 논문, p.32 참조.
263) 이순근, 앞의 논문, p.20 참조.
264) 이순근은 통일을 전후해 이것들 말고도 일반민의 집단이 성씨를 갖게 되었
다고 하였다. (앞의 논문, p.18 참조)

력과 관련하여 민감하게 작용할 때이다. 6부성의 취득은 삼국 통일 과정
과 그 후 국가 체제의 재정비 과정에서 발생한 각 족단의 세력 변동을
단계적으로 편제하는 과정에서 발생했다고 한다. 그리고 '사성(賜姓)'이
라는 기록에 의미를 둔다면 6부성 집단이 통일을 전후한 과정에서 왕실
중심의 지배족과 연결되어 있었을 것이다.[265]

　여기에 이르러 3성씨 시조 신화에 현전 형태의 6촌장 천강 신화가 첨
부된 것이 아닌가 한다. 물론 6촌장 천강 신화 자체도 그 동안 전승되어
오면서 많은 변질을 겪었을 것이다. 따라서 원초적인 형태를 확인할 수
없는 것이 사실이다. 앞서 양산촌 시조 신화를 논하면서 그것이 성모가
남매신을 낳았다는 구조로 되어 있었을 것이라는 점, 다른 선주민 집단
의 시조 신화도 그와 별 차이가 없었을 것이라는 추정을 한 바 있다. 그
렇다면 현전하는 6촌장 천강 신화는 몇 단계의 변화 과정을 겪은 것이
된다. 그 세세한 부분은 다 밝힐 수 없지만 어쨌든 통일 직후에 전제 왕
권이 강화되면서 6촌장 천강 신화로 전승되어온 것이 3성씨 시조 신화
에 첨부된 것으로 보인다. 신라 건국신화는 여기에 와서 가장 복잡한 체
계를 갖추게 되지만 그 이전의 개별 신화 전승이 사라진 것은 아니다.
약하게나마 그것들이 남아 있어 체계화의 맥락을 알 수 있게 한다.

---

265) 이순근, 앞의 논문, p.41 참조.

3. 가야 건국신화의 체계화 과정

1) 가야 건국신화의 개별 전승

(1) 정견모주 신화

통상 '가야 건국신화'라 하면 『가락국기』에 전재된 수로왕 난생 신화를 지칭한다. 천강의 알에서 태어난 수로가 선주한 아홉 추장의 추대에 의해 나라를 세웠다는 것이다. 가야 역사의 전개 과정상 이 때의 나라는 전기 가야 연맹의 맹주국(2, 3세기)인 금관 가야 혹은 본가야라 한다. 곧 수로는 금관 가야의 건국주이다. 한편 5세기 후반 후기 가야 연맹의 맹주국은 고령의 대가야라 하는데 여기에도 별도의 건국신화가 전하고 있어 주의를 끈다. 가야산신인 정견모주(正見母主)가 천신에 감응하여 대가야의 건국주인 뇌질주일(惱窒朱日)과 금관 가야의 수로를 가리키는 뇌질청예(惱窒青裔)를 낳았다는 것이다. 물론 '정견'이란 성모 이름이 후대에 불교적으로[266], '주일'과 '청예'라는 국왕 이름이 중국의 옛 전설에 의해[267] 윤색된 것이라 하더라도 산신으로서의 성모가 건국주, 특히 형제 건국주를 낳았다는 것은 고대적인 신화의 발상으로서 볼 만한 것이다.[268] 이는 앞 장에서 논한, 선도산 성모가 남매신을 낳았고 그들이 이

---

266) 윤석효, 『伽耶史』, 민족문화사, 1990, p.55 참조.
267) 홍순창, 「金官國의 世系에 대하여」, 『三國遺事硏究』, 민족문화연구소, 영남대 출판부, 1983 b, pp.37~38 참조. 이병도는 "青裔는 순전히 朱日에 대한 漢字義的 對稱으로 造作한 이름이므로, 이를 首露의 別稱이라고 보기는 어렵다."고 하였다. (이병도, 앞의 책, p.308)

성(二聖)으로서 한 지역을 다스렸다는 것과 상통한다.

지금까지 연구자들은 가야 건국신화를 논하는 자리에서 주로 『가락국기』의 수로왕 신화를 중심으로 한 것이 사실이다.[269] 이는 정견모주 신화가 대가야의 중심지였던 고령 지방 특유의 전승으로서 협소한 공간적 위상을 차지한다는 것, 그것이 대가야의 정치적 의도에 의한 분명한 후대적 발상[270]이라는 것 때문일 것이다. 그러다 보니 정견모주 신화는 역사학 계통의 논자들에 의해서 가야 연맹사 중 대가야 항목에서만 별도

---

268) 홍순창은 "그 根源을 伽耶山神에 둔 것은 이 史料의 古拙性을 나타낸 것으로 注目된다."고 하였다. (홍순창, 앞의 논문(1983 b), pp.37~38) 김의규는 신화적 출생의 측면에서 여성시조가 뇌질주일과 뇌질청예를 낳은 것은 자연스러운 발상이라 하였다. (김의규, 「新羅母系制社會說에 대한 檢討」, 『韓國史硏究』 23, 1979, p.57)

269) 소재영, 앞의 책 ; 김화경, 「首露王 神話의 硏究」, 『震檀學報』 67, 진단학회, 1989 ; 최진원, 앞의 논문(1990) ; 지병규, 앞의 논문 ; 이지영, 앞의 책 ; 임재해, 앞의 책 ; 윤경수, 앞의 책 ; 정상균, 앞의 논문. 이 중 이지영은 정견모주 신화에 대해 간략하게 언급하되 "시조의 모친이 먼저 언급된 데다 '母主'로 되어 있는 것으로 보아, 대가야의 주체(지배 집단)가 토착적인 성격을 지니고 있음"을 알 수 있다 하였다. 그리고 "지배 집단인 이주족이 전승하는 신화와는 달리 토착 집단에서는 또 다른 유형의 신화를 전승하고 있음"(이지영, 앞의 책, pp.169~170)을 알 수 있다 했는데 금관국의 건국신화인 수로 전승과 대가야의 건국신화인 정견 모주 전승을 이주민적인 것과 토착민적인 것으로 나누어 볼 수 있는지 의문시된다. 이를 분명히 하기 위해서도 둘을 각각 다룰 것이 아니라 관련지어 다루어야 할 것이다. 한편 윤경수는 수로가 난생이라는 점, 그 알이 태양을 닮았다고 한 점에서 혁거세와 마찬가지로 태양의 정령인 자웅의 삼족오가 낳았기 때문에 천신과 성모의 결합에 의해 태어났으되 성모는 생략된 것으로 보았다. (윤경수, 앞의 책, p.238 참조) 그런데 암컷 삼족오는 구지봉 산신을 거느리는 산신 성모라 해서(앞의 책, p.237 참조) 가야 산신 정견모주와의 관련성이 암시되나 그에 대해서는 언급하지 않았다.

270) 홍순창은 이를 "伽耶諸國의 聯盟體的 結成을 說話的으로 構成한 것"으로 보았다. (홍순창, 앞의 논문(1983 b), p.37) 김철준은 가야 건국신화의 성립을 2 단계로 구분하면서 '上下 兩加耶의 연맹설화'로서 본 신화는 2단계의 것이며 "제 2 단계의 뒤에 자기영도세력을 과시하기 위한 것"이라고 하였다. (김철준, 『韓國古代史硏究』, 서울대학교 출판부, 1990, p.31)

로 다루어진 감이 있다.[271] 하지만 수로왕 신화도 전승 영역이 김해 지
역으로 한정되어 있었던 듯 하고, 게다가 현전하는 『가락국기』의 신화형
으로 전승된 데에는 신라 통일기 무렵의 김유신 등 신흥 지배 집단인
가야 김씨 즉, 김해 김씨의 영향력이 작용한 듯하다.[272] 이로 보면 수로
왕 신화 자체도 가야 전체를 포용할 만한 보편성은 없는 것이다. 그리고
후대적 발상이라 한 것도 5세기 후반에 대가야가 맹주국이 되었다는 역
사적 사실을 지나치게 의식한 논의는 아닌 지 재고할 필요가 있다. 대가

---

271) 이병도는 이를 상·하(上下) 가라의 시조 설화로서 "두 加耶의 血緣的 宗支
關係를 말한 것"이라고 하였다. 그리고 금관가야가 부족국가로 된 것은 전
설보다도 오래 되었을 것이라는 점, 기록상 국가의 존속 年數와 歷世의 모
순이 있다는 점 등을 볼 때 "始祖가 반드시 首露라고 斷定"하기는 어렵다
고 하였다. 따라서 수로는 바로 6가야 연맹 결성 때의 가락 군장으로서 중
시조라 하였다. (이병도, 앞의 책, pp.308~310, 316) 김철준은 이 신화는 "上
下 兩加耶를 主體로 하여 加耶聯盟의 결속을 본 것"을 반영한다고 하였다.
즉, 연맹이라는 현실 관계를 설명하기 위해 이를 조작했다는 것이다. 그리
고 "正見母主를 加耶山神이라 한 것은 加耶山이 加耶聯盟 지역의 主山임을
유의할 것으로, 이 설화가 있었을 당시는 그만큼 上下 兩加耶가 주체가 되
어 그들의 전 지역의 부족국가를 포괄할 수 있는 신화가 현실상 필요하였
던 것으로 생각된다."고 하였다. (김철준, 앞의 책(1990), pp.30~31) 김태식
은 이 신화에서 "伽倻山神의 권위가 선행한다는 점에서 삼한시대 이래 고
령지방의 토착 在地勢力이 중시되고 있음을 알 수 있다." 하였다. 그리고
형제관계 사항과 관련해서는 "해당 지역의 소국이었던 半路國 즉 伴跛國이
5세기대에 들어 점진적으로 그 세력을 성장시켜 '大加耶'를 표방하며 주변
지역 전체의 정통성을 계승코자 한 것"으로 소속국들에게 "옛 가야로서의
동질감을 고취시키고자 한 것"으로 보았다. (김태식, 『加耶聯盟史』, 일조각,
1993, pp.109~110) 즉, 김철준이 신화 전승의 주체로 두 가야를 지목한 것
과 달리 김태식은 대가야를 지목한 것이다.
272) 김태식은 "金庾信·文明王后 등 가야계 후손의 정치적 比重이 질징에 밀하
고 金官小京을 설치하기도 한 문무왕대를 전후한 시기에, 수로신화를 비롯
한 가락국의 역사가 문자로 일단 정착되었을 가능성이 크다고" 하였다. (위
의 책, p.71) 이순근은 "王族으로서 金氏族, 王妃族으로서 朴氏族이 兩立하
고 있는 新羅中古期의 勢力關係에 새로운 變數로서 등장하는 集團이 伽耶
系金氏"로 왕족김씨와 구별되어 '新金'으로 표현되었다고 하였다. 그리고
유신의 아버지인 舒玄代에 김씨성을 취득한 것으로 보았다. (이순근, 앞의
논문, p.21)

102

야가 그 때 맹주국이 되었다는 것이지 나라의 연원은 금관 가야와 동일 선상에서 파악되어야 하고[273] 건국신화 논의는 후대적인 것뿐만 아니라 고대적인 발상에 닿아 있어야 하기 때문이다.

정견모주 신화는 대가야 관련 사항 외에 수로 전승을 포함하고 있어 복잡한 구조로 되어 있다. 물론 현전하는 자료가 그것을 떠받칠 만큼 온전한 서사 형태를 취하고 있는 것은 아니다. 대가야의 망국과 더불어 그 건국신화인 정견모주 신화가 후대에 확장되고 윤색될 기회를 잃고 소멸되는 과정에 있었기 때문이다.[274] 우리가 접하는 것은 그 과성에서 문자로 정착된 신화의 파편들일 뿐이다. 하지만 신화 연구는 이런 것들을 모아 과거의 전승 양상을 짚어 보는 데 의미가 있다고 본다. 후대의 전승 형세가 약하다고 해서 가벼이 취급할 수는 없다는 것이다.

이러한 점에서 볼 때 정견모주 신화는 극히 축약된 형태로나마 가야사 전체를 아우르는 서사성을 지녔다는 점에서 논구할 가치가 있다. 성모가 알의 형태로 형제를 낳았다는 것, 그 둘이 각각 같은 지역 내 맹주국의 건국주가 되었다는 것은 가야사의 특수성 즉, 연맹체 내의 역학관계에 따라 제 부족이 이합집산을 했음을 반영한 것이기 때문이다. 이는 수로 신화에서도 알의 수효를 놓고 5가야니 6가야니 하는 논란이 일고 있는 것과 같은 양상이다. 그리고 정견모주 신화가 건국신화로서의 정형

273) 『삼국유사』의 5가야조에 '대가야'가 포함된 것은 애초에 고령 지역의 세력이 김해 지역의 세력과 동등하게 6가야 연맹체를 형성했음을 말하는 것이다. 이병도는 정견모주 신화와 관련하여 "大加耶의 部族國家로서의 成立은 실상 이보다도 더 오랜 年代"에 속하였을 것이라는 점, 여기에서 고령의 뇌질주일이 형으로 되어 있으니 대가야라고 했거니와 처음의 맹주국도 대가야로 보았다. (이병도, 앞의 책, pp.307, 311)
274) 김철준은 가야가 고대국가를 건설했다면 본 신화에서 더 발전하여 3단계의 것으로 나아갔을 것이라고 하였다. (김철준, 앞의 책(1990), p.31 참조) 김종철은 건국신화의 경우 "나라가 망하면 함께 소멸될 수밖에 없다. 그러나 한 국가의 소멸은 그 지배층의 몰락일 뿐 일반 백성들은 다른 국가 또는 새로운 국가에 포섭되고, 건국신화 역시 민간전승의 형태로 남게 된다."고 하였다. (김종철, 앞의 논문, p.62)

성을 잃고 건국주의 탄생담만 보유하고 있는 것 또한 고대 국가로 체계
화되지 못하고 망했다는 가야사의 특성을 보여 주는 것이다.

　요컨대 정견모주 신화는 지금 그 원초형을 알 수 없지만 가야사의 어
느 시점에서 가야 지역을 대상으로 신성성을 확보한 시조 신화였을 것
이라 본다. 본 절에서는 이것을 가야 건국신화의 개별 전승으로 보고 그
신화적 의미를 되새기고자 한다. 특히 성모가 형제를 낳았다는 것을 가
야 건국신화의 중요한 전승 인자로 보아 이것을 중심으로 5가야니 6가
야니 논란이 있는 수로 신화와의 관련성을 논할 것이다. 그리고 이러한
관련성을 문제 삼아 가야 건국신화 전승의 판도 내에서 수로신화가 정견
모주 신화를 대체하게 된 맥락을 살펴보고자 한다. 이러한 점은 신라 건
국신화의 체계화 과정에서 하나의 개별 전승이 다음의 것으로 안기어 가
는 것과는 달리 하나가 다른 하나를 밀어 내고 완전히 대체하게 되었다
는 것을 말한다. 우선 ①『신증동국여지승람』에 소개된『석리정전(釋利貞
傳)』과『석순응전(釋順應傳)』의 일절, 합천군편의 사묘조, ②『삼국사기』
잡지편, ③ 고령 지역의 민간전승 등으로 전하는 정견모주 관련 자료를
옮겨 본다.

　　① 가야산신 정견모주가 천신 이비가에 응감한 바 되어 대가야의
　　왕 뇌질주일과 금관국의 왕 뇌질청예 두 사람을 낳았다. 뇌질주일은
　　이진아시왕의 별칭이고 청예는 수로왕의 별칭이라 하지만 가락국 옛
　　기록에 나오는 여섯 알의 전설과 더불어 모두 허황한 것으로서 믿을
　　수 없다.
　　　대가야국의 월광태자는 정견의 10대손이다. 그의 아버지 이뇌왕이
　　신라의 영이찬 비지배의 딸에게 청혼하여 태자를 낳아 이뇌왕은 뇌질
　　주일의 8대손이라 하나 그것도 참고할 것이 못된다.[275]

정견천왕사 : 해인사 안에 있다. 속설에는, "가야국 왕후 정견이 죽어서 산신이 되었다." 한다.[276]

② 고령군은 본시 대가야국이다. 시조 이진아시왕에서 도설지왕까지 16세 5백 2십년이 되었는데 진흥왕이 공멸하여 그 땅으로 대가야군을 삼았다.[277]

③ 정견모주가 알을 두 개 낳아 하나는 머물러 두고 하나는 낙동강 하류로 흘려보냈다.[278]

이상의 자료에서 정견모주 신화와 직접 관련되는 것은 ①과 ③이다. ①은 성모가 천신감응에 의해 양 가야의 건국주를 낳았다는 것이고 ③은 성모가 단독으로 알 두 개를 낳아 하나는 거두어 기르고 다른 하나는 딴 곳으로 보냈다는 것이다. 이 중 ③이 정견모주 신화의 원초형에 가깝다고 보며 이것을 통해 ①의 결락 부분 즉, 난생 요소를 미루어 짐작할 수 있다고 본다.[279]

異腦王 求婚于新羅迎夷粲比枝輩之女而生太子 則異腦王乃惱窒朱日之八世孫也 然亦不可考 (『新增東國與地勝覽』 卷之二十九, 高靈縣)

이종항은 이 자료와 관련하여 "대가야의 건국설화가 어느 시기에 『勝覽』에 수록되었는지 알 수가 없고 釋利貞傳도 원본인지 아니면 몇차례 傳寫된 文獻인지도 지금에 와서는 판단할 수가 없다. 口傳이나 傳寫 때 誤記가 있었을 가능성도 없지는 않다."고 하였다. (이종항, 앞의 논문, p.35 주24))

276) 正見天王祠 在海印寺中 俗傳 大伽倻國王后 正見死爲山神 (『新增東國與地勝覽』 卷之三十, 陜川郡)

277) 高靈郡 本大加耶國 自始祖伊珍阿豉王 至道設智王 凡十六世 五百二十年 眞興大王侵滅之 以其地爲大加耶郡 (『三國史記』 卷 第三十四, 雜誌 第三, 地理一, 高靈郡)

278) 김태식, 앞의 책, p.109.

279) 김태식은 고령 良田洞 암각화 소재지의 지명이 '알터'라는 점과 ③의 난생 요소에 의거하여 ①에 원래 난생 요소가 있었을 것인데 『석리정전』이라는 전기의 성격상 계보만 간략하게 소개되면서 그것이 생략된 듯하다고 하였다. (앞의 책, p.109 참조)

한국 건국신화에서 난생 요소는 고구려, 신라의 경우에서 보듯 보편적인 것이다. 그런데 알이 두 개라는 것이 문제다. 신라의 경우 선도산 성모가 남매신을 낳았다는 대목에서 암시되긴 했지만, 2란 요소가 분명히 드러난 것은 ③의 정견모주 신화에서이다. 그리고 이것이 바로 가야 건국신화의 특성을 잘 나타내는 요소이기도 하다. 이는 알이 즉, 건국주가 둘이 필요한 가야 지역의 사정을 반영한 것으로 볼 수 있기 때문이다. 가야의 경우 낙동강 연안에 소부족국가들이 밀집해 있되 특히 강의 상하류로 지역이 크게 분할되어 있었을 것이다. 강을 끼고 삶의 터전을 마련한 지역에서 흔히 있을 수 있는 일이다. 대가야가 망하면서 신라에 귀의한 우륵(于勒)의 곡명(曲名) 중에 「상가라도(上加羅都)」, 「하가라도(下加羅都)」가 있으니 오래 전부터 강의 상류 지역을 상가라, 하류 지역을 하가라라 칭해온 것을 알 수 있다.[280] 즉, 상하 가라라는 개념은 맹주국이 되면서 생긴 대가야라는 말과 달리 순전히 지역적인 특성을 반영한 것으로 오랜 시간을 경과해 온 것이라 할 수 있다. 둘은 앞뒤로 맹주국이 되기 전부터 경쟁 관계에 있었을 것이고 나머지 소부족들은 이 둘의 역학 관계에 따라 이합집산을 했을 것이다. ③은 이상의, 낙동강을 사이에 두고 벌어진, 가야사 초기의 연맹체 상황을 반영하는 것이라 본다. 여기에선 아직 힘의 우열 관계가 나타나지 않는다. 하나는 머물러 두고 하나는 하류로 보냈다는 것은 지역 분배를 의미하는 것이고 더욱이 둘 다 성모가 낳은 것이기 때문이다. 하류가 순전히 강의 하류가 아니라 김해 지역을 지칭하게 된 것은 고령 지역에 와서일 것이다. 그리고 이것이 ①에 가서는 더 구체화되어 2란과 상하가 대소의 의미로 고정된 것이라 본다. 요컨대 성모가 2란을 낳았다는 것은 소부족 국가들이 두 개의 중심을 놓고 이합집산을 했다는 가야사의 초기 단계를 반영한 것으로 고대의 신화적 발상에 기인한 것이다. 2란 요소로써 알 수 있는 형제 난생

---

280) 이병도, 앞의 책, p.303 참조.

이 핵심적인 신화 요소라는 것이다. 이러한 점은 수로 신화에서도 확인
돼 둘의 상관성이 짐작된다.

『가락국기』 수로 신화에는 다음과 같은 견강부회적인 대목이 있다.

① 해처럼 둥근 황금 알 여섯 개가 있었다. (중략) ② 여섯 알은 변
해서 어린아이가 되어 있는데 용모가 매우 훤칠했다. 이들을 평상 위
에 앉혀 놓고 여러 사람들이 절하고 축하하면서 극진히 공경했다. 이
들은 나날이 자라 10 여일이 되니 키는 9척으로 은나라 천을과 같고
얼굴이 용과 같은 것이 한나라 고조와 같다. 눈썹이 8자로 채색이 나
는 것은 당나라 고조와 같고, 눈동자가 겹으로 된 것은 우나라 순과
같았다. 그 달 보름에 왕위에 올랐는데 세상에 처음 나타났다고 해서
이름을 수로라고 했다. (중략) ③ 곧 여섯 가야 중의 하나다. 나머지
다섯 사람도 각각 가서 다섯 가야의 임금이 되었다.[281]

처음 금합에 있던 알은 여섯 개였다. 이것이 나중에 여섯 동자가 되어
6가야의 주인이 된 것이고 그 중 하나가 수로왕이라는 것이다. 문제는 ①,
②이다. ①에서 ②로 전개되는 것에 수상한 점이 있다는 것이다. 특히 ②
를 보면 6란이 한 명의 동자로 되었다고 할 수도 있기 때문이다. 6이라는
숫자가 이 신화에서 그렇게 중요하다면 동자 앞에 '六'자(혹은, '六卵' 다
음에 '各'자)를 붙였어야 할 것이다. 그런데 그렇게 하지 않았을 뿐더러
이어지는 대목에서도 '6'이 전혀 고려되지 않았다. 원문을 보면 용모에 대
한 것이라든지, 사람들이 평상 위에 앉힌 다음 절하고 공경하는 것이 꼭
한 사람을 대상으로 하는 것처럼 되어 있기 때문이다. 물론 이어 한 사람
이 왕위에 오른 것으로 되어 있다. 그리고 세상에 처음 나타났다고 해서

---

281) 有黃金卵六圓如日者 (……) 六卵化爲童子 容貌甚偉 仍坐於床 衆庶拜賀 盡恭
敬止 日月而大 踰十餘晨昏 身長九尺 則殷之天乙 顔如龍焉 則漢之高祖 眉之
八彩 則有唐之高 眼之重瞳則 有虞之舜 其於月望日卽位也 始現故諱首露
(……) 卽六伽耶之一也 餘五人各歸爲五伽耶主. (『三國遺事』 卷第二, 紀異 第
二, 駕洛國記)

그의 이름을 수로라 한다고 하였다. 용모 묘사까지 여섯 명에 대한 것이
라 한다면 이 대목은 너무나 돌발적인 전환 장면이다. 나머지 다섯 명에
대한 배려가 전혀 보이지 않는 것이다. 특히 세상에 처음 나타났다고 하
는 것은 나머지 다섯 명에게도 해당되는 말이기 때문이다. 이상의 논의를
보면 애초에 문제를 일으킨 요인은 6란이다. 혹 ③을 위해 ①과 ②의 6란
요소를 마련한 것은 아닌가 한다. 물론 이들이 6가야의 주체이니 다섯은
각각 5가야의 임금이 되었다고 하는 것은 후대에 삽입된 내용이다.282) 그
렇다 하더라도 수로 전승이 알의 수효를 놓고 혼란을 겪고 있는 것은 사
실이다. 이와 관련하여 이병도는 6란(6인) 요소는 시대적 모순을 범한 것
으로서 설화의 원형을 잃은 것이니 의당 '일란 설화(一卵說話)'가 되어야
한다고 하였다. 나아가 『고려사』 지리지, 세종지리지 김해조의 기록283)에
선 다소 원형에 가까운 '일란 설화(一卵說話)'와 같이 나타나고 있다고 하
면서 수로 신화에서 애초에 알은 한 개였을 것이라 하였다. 그리고 이를
6란 설화의 모순을 피하려고 노력한 자취로 보았다.284)

　6란 요소의 혼란은 여기에서 그치지 않는다. 위의 ③과 관련된 논란이
더 있다. 『가락국기』에서 수로왕의 금관가야가 6가야 중 하나라고 했고

---

282) 이병도, 앞의 책, p.315 참조. 김태식은 "六卵・六加耶에 관련된 「가락국기」
　　의 내용은 羅末麗初의 전승에 의하여 수정・첨입되었을 가능성이 크다"고
　　하였다. (김태식, 앞의 책, p.72)
283) 開樻而視 有一童子剖穀而生 年可十五 容貌甚偉 衆皆拜賀盡禮云云.
284) 이병도, 앞의 책, p.315. 김철준도 "원래의 卵生說話에는 6卵이 아니었고, 首
　　露王이 卵生한 것만을 말하고 있었을 것이나, 그 뒤 金海의 加耶가 他五加
　　耶와의 연맹관계를 說明하기 위하여 6卵으로 한 것으로, 당시의 加耶聯盟
　　關係를 상징한 것"으로 보았다. (김철준, 앞의 책(1990), p.30) 양희철도 "수
　　로왕 건국 신화의 원형은 한국고대 건국신화의 일반에서 볼 수 있는 一卵
　　의 난생신화"라 하였다. (양희철, 「<駕洛國記>의 「龜旨曲」과 建國神話 硏
　　究」, 『加羅文化』 5, 경남대 가라문화여구소, 1987, p.109) 『동국여지승람』보
　　다 시대적으로 선행된다고 하는 「경상도지리지」에는 "有金樻自天而降中有
　　金色卵"이라 하여 一卵설을 입증한다. (편집부, 「伽倻史文獻要抄」, 『伽倻文
　　化』 2, 1989, p.154)

108

나머지 5인도 5가야의 임금이 되었다 했으니, 5가야의 항목에서 금관은 빠져 있어야 한다. 그런데 『고려사략』[285])에선 5가야가 금관, 고령, 비화, 아라, 성산이라 하여 금관을 포함함으로써 모순을 드러냈다. 『삼국유사』의 5가야조에 이르러 이들 『가락국기』와 『고려사략』의 내용이 비판적으로 검토된 듯하다. 여기에서 5가야는 아라, 고령, 대가야, 성산, 소가야로 되어 있다. 『고려사략』에서의 비화가 고령의 대가야를 말한다 하니[286]) 세 문헌 모두 금관과 대가야가 6가야 연맹체에 들어 있었다고 한 것이다. 물론 6가야 연맹의 존재 및 실체는 밝혀질 수 없다고 한다.[287]) 다만 "나말 여초 당시인에게 옛 가야에 속하였던 개개의 小國名이나 지역범위는 명확히 기억되지 않더라도 '加耶'라는 이름이 과거에 상당히 넓은 지역까지 포괄하고 있었다는 막연한 인식"[288])에서 6가야의 관념이 생겨났다는 것은 주목할 만하다. 6가야 연맹체가 역사적으로 존재하지 않았다 하더라도 후대인에게 가야가 다른 나라처럼 통합적인 정치체가 아니라 다원적인 연맹체로 기억된다는 것이 중요하다.[289]) 신화에서 중요한 것은 역사적 사실이 아니라 그에 대한 관념이기 때문이다. 그리고 이러한 관념은 일정 정도 그 때까지의 전승 자료를 기반으로 해서 생겨난다고 할 수 있다. 6란−6형제 요소는 가야사의 실정을 반영할 뿐만 아니라 정견모주 신화의 2란−2형제 요소를 계승했다는 의미가 있다. 둘은 형제 난생 요소를 갖고 있다는 점에서 공통적이다. 이로써 가야 건국신화는 형

---

285) 이민수는 『삼국유사』의 5가야조 협주에 보이는 『本朝史略』을 『고려사략』이라 했다. (『三國遺事』(이민수 역) 卷 第一, 紀異 第一, 五伽耶, 역자주 5)
286) 『三國遺事』 卷 第一, 紀異 第一, 五伽耶.
287) 김태식, 앞의 책, p.74 참조.
288) 김태식, 앞의 책, p.74.
289) 이기동은 "가야는 고구려・백제・신라의 국가 체제와 비교해 볼 때 그 結集力이 상대적으로 미약했던 것으로 짐작된다."고 하였다. 이어 "응당 국가 통합의 필요성을 切實하게 느꼈을 법도 하지만, 끝내 그것을 이룩하지 못했다."하고 이를 "加耶史의 일대 수수께끼"라 하였다. (이기동, 앞의 논문, pp.215, 217~218)

제 난생 요소에서 시작하고 거기에서 끝난다는 점을 알 수 있다.[290] 이
는 가야사가 잡다한 소부족국가들 간의 긴밀한 관계 내지 힘겨루기를
통해 전개되어 왔다는 점, 그리고 그들이 통합되어 고대국가를 이루지
못하고 끝내 흩어지게 되었다는 점을 반영한다. 6가야의 구성 인자가 시
대를 달리하는 각 문헌을 통해 엇갈린 전승을 남긴 것도 이를 입증한
다.[291]

   요컨대 가야 건국신화의 핵심적 전승 요소는 형제 난생이다. 정견모주
신화는 그러한 요소로써 한 때 가야 전 지역의 시조 신화로 존재했을
것이다. 이러한 요소가 그 뒤 6형제 난생으로 이어져 수로 신화에 포함
된 것이다.

(2) 9간 신화

   『가락국기』의 수로왕 신화는 두 층위로 이루어져 있다. 하나는 첫 부
분의 9간 신화이고 다른 하나는 수로왕 신화이다. 그간 수로왕 신화의
적층성에 대해선 김영일[292], 양희철[293], 이강옥[294]에 의해 정치하게 분석
된 바 있지만 층위를 갈라 보는 방식은 재고할 필요가 있다. 예컨대 김
영일의 경우 『가락국기』의 수로왕 신화를 10개의 서사 단락으로 나누어
그 중 하나를 9간 신화로 보는데 이렇게 해서는 각 층위를 명확하게 갈
라 볼 수 없다고 본다. 물론 현전하는 신화 문맥으로 보면 9간 신화는
서술상 비중이 극히 작아 10개 중 하나에 불과하지만 수로왕 신화에서

---

290) 이종항은 일본의 건국 신화에 伊珍阿豉王 신화와 수로왕 신화가 혼용되어
    있다는 점을 들어 "금관가야나 대가야가 모두 '하늘'이라는 한 어버이에서
    탄생한 형제가 국조로 되어 있어서 동일한 국가라는 사상이 농후"했던 것
    으로 추정했다. (이종항, 앞의 논문, p.52)
291) 김정학, 앞의 논문, p.10 참조.
292) 김영일, 앞의 논문.
293) 양희철, 앞의 논문.
294) 이강옥, 앞의 논문.

그것이 차지하는 위상은 그렇지 않을 것이다. 이병도는 가락국기에는 가야 자체 내의 최초 부족결성을 반영하는 9간설화와 그 후 가야 중심의 연맹체 구성을 반영하는 6란설화가 분석되지 않은 채 한데 혼동되어 있다고[295] 한 바 있거니와 둘은 계통을 달리하는 독립적인 신화로 간주되어야 한다. 따라서 적층성을 논할 경우 『가락국기』는 우선 크게 두 개의 층위 즉, 9간 신화와 수로왕 신화로 이루어져 있다고 보아야 한다. 둘은 별개로 전승되어 오다가 어느 시기에 이르러 현전 문맥대로 결합되었을 것이다. 본 절에선 9간 신화가 애초에 김해 시역[296]의 독립된 시조 신화로 존재했던 개별 신화 전승임을 밝히고 그것과 수로왕 신화의 관련 양상을 검토할 것이다.

지금까지 9간 신화에 대한 연구는 단편적이고 역사적인 관심을 표명하는 정도에서 진전이 없었다고 할 수 있다. 대개 김해 지역의 선주민들이 수로를 왕으로 추대한 사실이 신화에 반영된 것으로 보아 선주민 신화로서의 신라 6촌장 신화와 같은 성격의 신화로 보았다.[297] 특히 이강옥은 구간 관련 단락에 대해 씨족 혹은 부족 단위로 살아가던 시대의 형편을 꾸밈이나 왜곡 없이 기술한 부분으로 내용 자체도 이상하거나 환상적인 것이 아니라고 하였다. 그런데 이어 동일한 단락을 놓고 "다음 단락을 이끌어 내기 위한, 다음 단락의 필요에 의해 덧붙여진 것"[298]이라 한 것은 위와 다른 견지가 아닌가 한다. 이는 9간 신화를 "건국주의 탁월한 통치 능력을 강조하기 위한 하나의 예비적 장치"라고 한 김화경[299]의 논의와

295) 이병도, 앞의 책, p.311.
296) 정중환은 9간의 생활 터전은 "전 가야지방을 의미하는 뜻이라기보다 특히 가락국을 제한적으로 말하는 것"이라고 하였다. (정중환, 앞의 논문(1991), p.96) 9간 신화의 공간적 배경을 김해 지역에 한정하자는 것인데 거기에서 구지봉이 멀지 않다는 것과 9간 신화가 유독 수로왕 신화와만 관련된다는 점에서 납득할 만한 견해라고 생각한다.
297) 이강옥, 앞의 논문, p.141 참조 ; 임재해, 앞의 책, p.288 참조 ; 이지영, 앞의 책, p.173 참조.
298) 이강옥, 앞의 논문, p.141.

동궤의 것이기 때문이다.

요컨대 9간 신화는 크게 두 가지 의미로 해석되어 왔다고 할 수 있다. 하나는 가락국 건국 이전의 역사적 사실이 단순히 묻어 있는 것으로, 다른 하나는 가락국 건국 과정을 합리화하기 위한, 의도적인 장치로 9간 신화를 본 것이다. 전자의 경우 9간이라는 선주민 집단의 우두머리가 존재했다는 것을 전제로 하므로 그들 나름의 시조 전승이 있었다는 것도 인정하는 셈이다. 후자의 경우 전혀 근거 없는, 가락국 건국과 무관한 이야기를 꾸며 '장치'로 삼은 것은 아닐 터이다. 전자의, 역사적 사실을 반영한다고 하는, 별개의 전승을 끌어들여 그렇게 했을 것이 아닌가 한다. 그렇다면 두 경우 모두 9간 신화가 수로왕 신화와 별도로 전승되어 왔음을 전제로 하는 것이다. 문제는 둘이 어떻게 현전 문맥대로 결합하게 되었는가 하는 것이다. 『가락국기』의 신화 자료를 인용하되 둘의 접합 양상을 검토하기 위하여 수로왕 신화 중 9간이 등장하는 부분도 보기로 한다.

① 천지가 개벽한 후로 이곳에는 아직 나라 이름이 없었다. 그리고 또 임금과 신하의 칭호도 없었다. 이 때 아도간, 여도간, 피도간, 오도간, 유수간, 유천간, 신천간, 오천간, 신귀간 등 아홉 간이 있었다. 이들 추장들이 백성들을 통솔했는데 모두 100호 7만 5천 명이었다. 이 사람들은 거의 산과 들에 모여 살았으며 우물을 파서 마시고 밭을 갈아 식량을 얻었다.

② 후한의 세조 광부제 건무 18년 임인 3월 계욕일에 그들이 살고 있는 북쪽 구지에서 무엇을 부르는 이상한 소리가 났다. 무리 2, 3백 명이 여기에 모였는데 사람의 소리 같기는 하지만 그 모습을 숨기고 소리만 내서 말했다. "여기에 사람이 있느냐?" 9간 등이 말했다. "우

---

299) 김화경, 앞의 논문(1989), p.138.

리들이 있습니다." 그러자 또 말했다. "여기가 어디냐?" "구지입니다." 또 말했다. "하늘이 나에게 명해 이 곳에 나라를 새로 세우고 임금이 되라고 하였으므로 일부러 여기에 내려온 것이니, 너희들은 모름지기 산봉우리 꼭대기의 흙을 파면서 노래를 부르되 '거북아 거북아, 머리를 내어라. 내놓지 않으면 구워먹겠다.' 하고, 뛰면서 춤을 추어라. 그러면 곧 대왕을 맞이하여 기뻐 뛰놀게 될 것이다." 9간들이 이 말을 좇아 모두 기뻐하면서 노래하고 춤을 추었다. 잠시 후 우러러 쳐다보니 다만 자줏빛 줄이 하늘로부터 드리워져서 땅에 닿고 있을 뿐이었다. 줄 끝을 찾아보니 붉은 보자기에 싸인 금합이 있었다. 열어보니 해처럼 둥근 황금 알 여섯 개가 있었다. 여러 사람들이 모두 놀라고 기뻐하여 함께 절하였다. 잠시 후 다시 싸서 안고 아도간의 집으로 와서 의자 위에 놓아두고 여러 사람은 각기 흩어졌다. 12일이 지난 이튿날 아침에 여러 사람들이 다시 모여서 그 합을 여니 여섯 알은 변해서 어린아이가 되어 있는데 용모가 매우 훤칠했다. 이들을 평상 위에 앉혀 놓고 여러 사람들이 절하고 축하하면서 극진히 공경했다. (중략)

건무 24년 무신 7월 27일에 9간 등이 조알할 때 아뢰었다. "대왕께서 내려오신 이래 좋은 배필을 구하지 못하셨으니 신들 집에 있는 처녀 중에서 가장 고운 여자를 골라 궁중에 들여보내어 대왕의 짝이 되게 하겠습니다." 그러나 왕은 말했다. "내가 여기에 내려온 것은 하늘의 명령이니 나에게 짝을 지어 왕후를 삼게 하는 것도 역시 하늘의 명령이 있을 것이니 경들은 염려 말라."(중략)

어느 날 왕이 신하들에게 말했다. "9간들은 여러 관리의 어른인데 그 지위와 명칭이 모두 야비한 사람이나 농부들의 칭호이니 이것은 벼슬 높은 사람의 명칭이 못된다. 만일 외국 사람들이 듣는다면 반드시 웃음거리가 될 것이다." 이리하여 아도를 고쳐서 아궁이라 하고, 여도를 여해, 피도를 피장, 오도를 오상이라 하고, 유수와 유천의 이름은 앞의 글자는 그대로 두고 뒤의 글자만 고쳐서 유공·유덕이라 하고 신천을 고쳐서 신도, 오천을 고쳐서 오릉이라 했다. 신귀(神鬼)의 음은 바꾸지 않고 그 훈만 신귀(臣貴)라고 고쳤다.[300]

①은 '천지개벽'이라는 태고적 시간을, ②는 '후한 광무제'라는 역사적 시간을 배경으로 하고 있어 신화 발상의 시점상 현격한 차이가 있다. '천지개벽'이니 '후한 광무제'니 하는 용어의 실제적 의미와는 별개로 둘이 다른 시간 차원에 속한다는 것은 자명하다. 또한 ①의 경우 아홉 추장이 백성들을 통솔했다는 것, 그들 모두가 어떻게 생활했는가 하는 것이 나타나 있어 그것대로 완결된 신화 형태를 취하고 있다. 물론 현전 문맥에선 탄생담을 비롯한 그들의 신이한 행적을 볼 수 없다. 하지만 이는 전승 과정에서 탈락되었을 것이며 애초에는 9간 신화가 그 자체로 신이한 탄생담을 지닌 시조 신화였을 것이다. 이것이 그보다 앞선 시기에는 아홉 명의 추장 각각의 시조 신화였음은 물론이다.

그런데 시조 신화에서 탄생담이 탈락된다는 것은 드문 일이다. 그것이 시조 신화의 본질적인 신화 요소이기 때문이다.[301] 다른 것은 다 떨어져

---

300) 開闢之後 此地未有邦國之號 亦無君臣之稱 越有我刀干 汝刀干 彼刀干 五刀干 留水干 留天干 神天干 五天干 神鬼干等九干者 是酋長 領總百姓 凡一百戶 七萬五千人 多以自都山野 鑿井而飮 耕田而食 屬後漢世祖光武帝建武十八年壬寅三月禊洛之日 所居北龜旨 有殊常聲氣 呼喚衆庶 二三百人集會於此 有如人音 隱其形 而發其音曰 此有人否 九干等云 吾徒在 又曰 吾所在爲何 對云 龜旨也 又曰 皇天所以命我者 御是處 惟新家邦 爲君后 爲玆故降矣 儞等須掘峯頂撮土 歌之云 龜何龜何 首其現也 若不現也 燔灼而喫也 以之蹈舞 則是迎大王 歡喜踊躍之也 九干等如其言 咸忻而歌舞 未幾仰而觀之 惟紫繩自天垂而着地 尋繩之下 乃見紅幅裹金合子 開而視之 有黃金卵六 圓如日者 衆人悉皆驚喜 俱伸百拜 尋還 裹著抱持 而歸我刀家 寘榻上 其衆各散 過浹辰 翌日平明 衆庶復相聚集開合 而六卵化爲童子 容貌甚偉 仍坐於床 衆庶拜賀 盡恭敬止 (……) 屬建武二十四年戊申七月二十七日 九干等朝謁之次 獻言曰 大王降靈已來 好仇未得 請臣等所有處乆絶好者 選入宮闈 俾爲优儷 王曰 朕降于玆 天命也 配朕而作后 亦天之命 卿等無慮 (……) 一日上語臣下曰 九干等俱爲庶僚之長 其位與名 皆是宵人野夫之號 頓非簪履職位之稱 儻化外傳聞 必有嗤笑之恥 遂改我刀爲我躬 汝刀爲汝諧 彼刀爲彼藏 五刀爲五常 留水留天之名 不動上字 改下字 留功 留德改爲神道 五天改爲五能 神鬼之音不易 改訓爲臣貴(『三國遺事』卷第二, 紀異 第二, 駕洛國記)

301) 장덕순에 의하면 시조 신화는 "특히, 始祖의 出生을 神聖化하고 있다."(장덕순 외, 『口碑文學槪說』, 일조각, 1971, p.35) 서대석은 "國祖神話는 國祖의

나가도 신이한 탄생담만은 잔존하는 것이 상례라는 것이다. 그렇다면 9
간 신화에 있었을 탄생담이 단지 오랜 전승 기간 동안에 자연스럽게 탈
락된 것으로 볼 수 없다. 여기에는 어떤 특정 시기의 계기가 있었을 것
인데 그것이 바로 수로왕 신화와 관련되는 것이 아닌가 한다. 수로왕 신
화에는 다양한 전승들이 얽혀 있지만 그 중 6난생담만이 원초적인 것이
라 할 때 탄생담으로서는 확장된 양상을 띠고 있다. 9간 신화에는 있어
야 할 아홉 개의 탄생담이 생략되어 있는 것과 대조적으로 수로왕 신화
에는 6난생담이 들어 있는 것이다. 전자는 축소되었고 후자는 확장되었
다 할 수 있다. 이러한 축소와 확장의 긴장 관계 속에서 9간의 탄생담이
탈락된 것이 아닌가 한다. 앞서 3성씨 시조 신화를 다룰 때에 한 문맥에
동일한 신화 요소가 중복될 필요가 없다고 한 바 있는데, 이는 9간 신화
와 수로왕 신화의 결합 양상에도 적용될 수 있을 듯하다. 확장된 탄생담
이 마련되어 있는 수로왕 신화와 결합되는 국면에서 9간의 탄생담은 들
어설 여지가 없었을 것이다. 요컨대 현전 문맥에선 수로왕 신화의 확장
된 서사 구조에 밀려 축소, 생략되어 있지만 9간 신화는 애초에 신이한
탄생담을 지닌 시조 신화로 한 때 절대적 신성성을 구현했을 것이다. 문
제는 수로왕 신화에 9간 신화가 첨부된 것은 어떠한 맥락에서인가 즉,
전자가 후자를 필요로 한 이유는 무엇인가 하는 것이다. 신화 문맥상으
로 보더라도 9간 신화는 그것대로 완결된 구조를 갖고 있기에 둘이 결
합된 것은 수로왕 신화 쪽의 의도에 따른 것으로 볼 수 있기 때문에 이
러한 질문이 성립하는 것이다.

　후술하겠지만 『가락국기』의 수로왕 신화는 다양한 전승을 동원하여

出生過程이 內容上의 中樞를 이루는 神話"라 한 바 있다. (서대석, 『韓國巫
歌의 硏究』, 문학사상사, 1980, p.89) 국조 신화란 開國始祖神話의 준말로서
시조 신화의 한 유형이기에 이러한 견해는 시조 신화의 본질에 대한 지적
으로 볼 만한 것이다. 김광순 역시 시조 신화의 유형을 논하면서 그 부계
와 모계의 성격을 기준으로 함으로써 탄생담을 시조 신화의 본질적 요소로
간주한 바 있다. (김광순, 앞의 논문, pp.5~12 참조)

수로의 신성성을 강조하느라 장황하고 복잡한 구조로 되어 있다. 9간 신화가 필요한 것도 이와 같은 맥락이 아닌가 한다. 우선 『가락국기』의 수로왕 신화에는 많은 사람들이 등장한다. 수로를 맞이하는 데 직접적으로 관여하는 추장이 아홉일 뿐더러 그들이 다스리는 백성이 7만 5천명이고, 그 중 9간과 함께 산에 있던 일반 백성들이 2, 3백 명이다. 특히 9간과 백성 2, 3백 명은 황금란 여섯 개를 둘러싸고 놀라고 기뻐하며 12시간 후 알이 동자로 변했을 때도 그 자리에 참석하여 경배했다 한다. 즉, 이들은 수로의 탄강과 즉위의 목격자로서 의미 있는 존재들이다. 수로는 일방적으로 군림하는 형식을 취하지만 그 이면에는 다른 어떤 건국주에 못지않게 선주민들의 적극적이고 호의적인 추대 과정이 있었음을 9간 신화는 말해 준다.302) 6촌장처럼 왕을 맞이해야 할 현실적인 절박한 사정이 없었기에 9간의 적극적인 역할은 수로의 신성성을 더욱 강조하는 셈이 된다. 그들의 수동적인 듯한 자세도 신성을 목격한 자가 취하게 되는 자연스러운 것으로 그만큼 수로의 신성성을 부각시키는 역할을 한다.303) 이러한 점은 다른 경우를 들어 더 입증할 수 있다.

　9간의 행적은 수로의 탄생과 즉위 국면에 그치지 않는다. 수로의 결연 과정에서도 이들은 핵심적인 역할을 할 뿐더러 '여러 관리의 어른'으로서 국정에 있어서도 긴요한 역할을 하는 것으로 되어 있다. 전자의 경우 왕후를 추천하는 대목은 "내가 여기에 내려온 것은 하늘의 명령이니 나에게 짝을 지어 왕후를 삼게 하는 것도 역시 하늘의 명령이 있을 것"이라는, 수로의 천명성을 강조하는 데로 귀결된다. 후자의 경우 "9간들은

---

302) 송효섭은 "수로는 주몽이나 발해에 비해 순탄한 삶을 살게 되는데, 이는 수로가 그들과는 달리 인간들의 요청에 신적인 것이 호응하여 탄생하였기 때문"이라고 하였다. (송효섭, 「始祖傳承 속의 神秘體驗－三國遺事 紀異篇의 敍事構造와 관련하여」, 『語文論叢』 7·8, 전남대 어문학연구회, 1985, p.347)

303) 송효섭은 여기 9간을 비롯한 백성들의 태도와 관련하여 "목격자들의 느낌도 매우 강렬한 것이어서 신비체험의 전형을 보이고 있다"고 하였다. (송효섭, 위의 논문, p.346)

여러 관리의 어른인데 그 지위와 명칭이 모두 야비한 사람이나 농부들의 칭호이니 이것은 벼슬 높은 사람의 명칭이 못된다. 만일 외국 사람들이 듣는다면 반드시 웃음거리가 될 것"이라 하여 수로 집권 세력의 우월성을 확인한다는 의의가 있다. 역시 이 둘의 경우도 수로의 신성성을 드높이고 그의 건국을 정당화하는 역할을 하는 것이다.

　요컨대 수로왕 신화는 복수적인 구성 인자들 특히, 9간을 긴밀히 관여시킴으로써 수로의 탄생과 건국 과정을 신성화하기 위해 9간 신화를 끌어 들인 것이다.

(3) 수로왕 신화

　① 『고기』

　「고기」에서 말하기를, "만어산은 옛날의 자성산, 또는 아야사산이니 그 곁에 가라국이 있었다. 옛날 하늘에서 알이 바닷가로 내려와 사람이 되어 나라를 다스렸는데 이가 바로 수로왕이다. 이 때 국경 안에 옥지란 연못이 있었고 그 속에 독룡이 살고 있었다. 만어산에 나찰녀 다섯이 있어서 독룡과 왕래하면서 사귀었다. 그런 때문에 때때로 번개가 치고 비가 내려 4년 동안 오곡을 거두지 못했다. 왕이 주문을 외워 이것을 금하려 했으나 금하지 못했다. 머리를 숙이고 부처를 청하여 설법한 뒤에 나찰녀가 오계를 받은 후로 재해가 없어졌다. 이 때문에 동해의 물고기와 용이 마침내 화하여 골짜기 속에 가득 찬 돌이 되어 각각 쇠북과 경쇠의 소리가 났다."[304)

---

304) 古記云　萬魚寺(山)者　古之慈成山也　又阿耶斯山　傍有呵囉國　昔天卵下于海邊作人御國　卽首露王　當此時　境內有玉池　池有毒龍焉　萬魚山有五羅刹女　往來交通　故時降電雨　歷四年　五穀不成　王呪禁不能　稽首請佛說法　然後羅刹女受五戒而無後害　故東海魚龍遂化爲滿洞之石　各有鍾磬之聲. (『三國遺事』卷第三, 塔像 第四, 魚山佛影)

② 『가락국기』

　후한의 세조 광무제 건무 18년 임인 3월 계욕일에 그들이 살고 있는 북쪽 구지에서 무엇을 부르는 이상한 소리가 났다. 무리 2, 3백 명이 여기에 모였는데 사람의 소리 같기는 하지만 그 모습을 숨기고 소리만 내서 말했다. "여기에 사람이 있느냐?" 9간 등이 말했다. "우리들이 있습니다." 그러자 또 말했다. "여기가 어디냐?" "구지입니다." 또 말했다. "하늘이 나에게 명해 이 곳에 나라를 새로 세우고 임금이 되라고 하였으므로 일부러 여기에 내려온 것이니, 너희들은 모름지기 산봉우리 꼭대기의 흙을 파면서 노래를 부르되 '거북아 거북아, 머리를 내어라. 내놓지 않으면 구워먹겠다.' 하고, 뛰면서 춤을 추어라. 그러면 곧 대왕을 맞이하여 기뻐 뛰놀게 될 것이다." 9간들이 이 말을 좇아 모두 기뻐하면서 노래하고 춤을 추었다. 잠시 후 우러러 쳐다보니 다만 자줏빛 줄이 하늘로부터 드리워져서 땅에 닿고 있을 뿐이었다. 줄 끝을 찾아보니 붉은 보자기에 싸인 금합이 있었다. 열어보니 해처럼 둥근 황금 알 여섯 개가 있었다. 여러 사람들이 모두 놀라고 기뻐하여 함께 절하였다. 잠시 후 다시 싸서 안고 아도간의 집으로 와서 의자 위에 놓아두고 여러 사람은 각기 흩어졌다. 12일이 지난 이튿날 아침에 여러 사람들이 다시 모여서 그 합을 여니 여섯 알은 변해서 어린아이가 되어 있는데 용모가 매우 훤칠했다. 이들을 평상 위에 앉혀 놓고 여러 사람들이 절하고 축하하면서 극진히 공경했다. 이들은 나날이 자라 10여 일이 되니 키는 9척으로 은나라 천을과 같고 얼굴이 용과 같은 것이 한나라 고조와 같다. 눈썹이 8자로 채색이 나는 것은 당나라 고조와 같고, 눈동자가 겹으로 된 것은 우나라 순과 같았다. 그 달 보름에 욍위에 올랐는데 세상에 처음 나타났다고 해서 이름을 수로라고 했다. 혹은 수릉이라고도 했다. 나라를 대가락이라고 하고 또 가야국이라고도 하니 곧 여섯 가야 중의 하나다. 나머지 다섯 사람도 각각 가서 다섯 가야의 임금이 되었다. (중략)
　탈해는 바다로 가락국에 왔다. (중략) "내가 술법을 겨루는 마당에 매가 독수리에게, 참새가 새매에게 잡히지 않은 것은 대개 성인께서 죽이기를 미워하는 어진 마음을 가진 때문입니다. 내가 왕과 더불어 왕위를 다툼은 실로 어려울 것입니다." (중략) 여기에 실린 기사는 신라의 것과 많이 다르다. (중략)

"저는 아유타국의 공주로 성은 허이고 이름은 황옥이며 나이는 16세입니다. 본국에서 금년 5월에 부왕과 모후께서 저에게 말씀하시기를, '우리가 어젯밤 꿈에 함께 하늘의 상제를 뵈니 상제께서 말씀하시길, 「가락국의 왕 수로는 하늘이 내려 보내서 왕위에 오르게 한 이로 신령스럽고 성스러운 사람이다. 또 나라를 새로 다스리는 데 있어 아직 배필을 정하지 못했으니 경들은 공주를 보내서 그 배필을 삼게 하라.」 하시고 말을 마치자 하늘로 올라가셨다.'" (중략) 왕이 대답했다. "나는 나면서부터 성스러워서 공주가 멀리 올 것을 미리 알고 왕비를 맞으라는 신하들의 청을 따르지 않았소. 그런데 이제 현숙한 공주가 스스로 오셨으니 이 몸에는 매우 다행한 일이요."(중략)

(왕후가 세상을 떠나자) 왕은 매양 외로운 베개를 의지하여 몹시도 슬퍼하다가 10년을 지난 헌제 입안 4년 기묘 3월 23일에 돌아가시니 나이가 1백 58세였다. 나라 사람들이 마치 부모를 잃은 듯 슬퍼하여 왕후가 세상을 떠나던 날 보다 더했다. 대궐 동북쪽 평지에 빈궁을 세우니 높이가 한 길이며 둘레가 3백보인데 거기에 장사지내고 이름을 수릉왕묘라고 했다.305)

---

305) 屬後漢世祖光武帝建武十八年壬寅三月禊洛之日 所居北龜旨 有殊常聲氣 呼喚衆庶 二三百人集會於此 有如人音 隱其形 而發其音曰 此有人否 九干等云 吾徒在 又曰 吾所在爲何 對云 龜旨也 又曰 皇天所以命我者 御是處 惟新家邦爲君后 爲玆故降矣 儞等須掘峯頂撮土 歌之云 龜何龜何 首其現也 若不現也 燔灼而喫也 以之蹈舞 則是迎大王 歡喜踊躍之也 九干等如其言 咸忻而歌舞 未幾仰而觀之 惟紫繩自天垂而着地 尋繩之下 乃見紅幅裹金合子 開而視之 有黃金卵六 圓如日者 衆人悉皆驚喜 俱伸百拜 尋還 裹著抱持 而歸我刀家 寘榻上 其衆各散 過浹辰 翌日平明 衆庶復相聚集開合 而六卵化爲童子 容貌甚偉 仍坐於床 衆庶拜賀 盡恭敬止 日月而大 踰十餘晨昏 身長九尺 則殷之天乙 顔如龍焉 則漢之高祖 眉之八彩 則有唐之高 眼之重瞳則 有虞之舜 其於月望日 卽位也 始現故諱首露 或云首陵 國稱大駕洛 又稱伽耶國 卽六伽耶之一也 餘五人各歸爲五伽耶王 (……) 脫解從海而來 (……) 僕也適於角術之場 鷹之鷲雀之於鸇 獲免焉 此盖聖人惡殺之仁而然乎 僕之與王 爭位良難 (……) 事記所

③「김유신전」

　김유신은 왕경 사람이다. 그 12대조 수로는 어떤 사람인지를 모른
다. 후한 건무 18년 임인에 구봉에 올라가 가락의 9촌을 바라보고는
드디어 그 곳에 가서 나라를 열고 이름을 가야라 했다가 후에 금관국
으로 고쳤다. 그 자손이 계속 이어져 9대손 구해에 이르렀는데 구차
휴라고도 하며 유신에게 증조가 된다. 신라 사람들이 스스로 소호금
천씨의 후예이므로 성을 김이라 한다고 하였으며, 유신의 비문에도
헌원의 후예요 소호의 종손이라 하였으니, 그러면 남가야의 시조 수
로도 신라와 같은 성씨가 되는 것이다.[306]

　유신의 현손으로 신라의 집사랑인 장청이 행록 10권을 지은 것이
세상에 전하는데 만들어 넣은 말이 자못 많으므로 더러 빼버리고 그
중에서 기록할 만한 것을 취하여 전을 삼는다.[307]

현전 문헌 자료상 수로왕 신화의 최고(最古)형은 ①의,『고기』의 기록
으로 전하는 천강난생담일 것이다. 알이 하늘에서 바닷가로 내려와 사람
이 되어 나라를 다스렸다는 지극히 단순한 내용이지만 이것이야말로 수

　載多異與新羅 (……) 妾是阿踰陀國公主也 姓許名黃玉 年二八矣 在本國時 今
年五月中 父王與皇后顧妾而語曰 爺孃一昨夢中 同見皇天上帝 謂曰 駕洛國元
君首露者 天所降而俾御大寶 乃神乃聖 惟其人乎 且以新莅家邦 未定匹偶 卿
等須遣公主而配之 言訖升天 (……) 王答曰 朕生而頗聖 先知公主自遠而居 下
臣有納妃之請 不敢從焉 今也淑質自臻 眇躬多幸 (……) 元君乃每歆鰥枕 悲嘆
良多 隔二五歲 以獻帝立安四年己卯三月二十三日而殂落 壽一百五十八歲矣
國中之人若亡天只 悲慟甚於后崩之日 遂於闕之艮方平地 造立殯宮 高一丈 周
三百步而葬之 號首陵王廟也 (『三國遺事』 卷第二, 紀異 第二, 駕洛國記)
306) 金庾信 王京人也 十二世祖首露 不知何許人也 以後漢建武十八年壬寅 登龜峰
望駕洛九村 遂至其地開國 號曰加耶 後改爲金官國 其子孫相承 至九世孫仇亥
或云仇次休 於庾信爲曾祖 羅人自謂 少昊金天氏之後 故姓金 庾信碑亦云 軒
轅之裔 少昊之胤 則南加耶始祖首露與新羅同姓也. (『三國史記』 卷 第四十一,
列傳 第一, 金庾信 上)
307) 庾信玄孫 新羅執事郎長淸作行錄十卷 行於世 頗多釀辭 故刪落之 取其可書者
爲之傳 (『三國史記』 卷 第四十三, 列傳 第三, 金庾信 下)

로왕 신화의 핵심적 요소가 아닌가 한다. 망국과 함께 전승 통로를 잃은 건국신화이기에 온전한 서사 구조를 갖추고 있지는 못하지만 천강난생담만은 후대인의 기억에 남아 그 자취를 남긴 것이다. 신화는 기억을 통해 보존되기 때문에 오랜 시간을 거치는 동안, 특히 여러 현실적 요인에 의해 재생력을 상실할 경우 그것의 구성 요소를 상당 부분 잃게 된다. 하지만 그 중 가장 본질적인 요소는 잔존하게 되는 것 같다. 이로써 볼 때 수로왕 신화에서 가장 본질적인 요소는 『고기』의 기록과 같이 천강난생의 건국주가 나라를 세웠다는 것이 아닌가 한다.

그런데 알이 바닷가로 내려 왔다고 하는 점에 주목할 필요가 있다. 이는 멀리는 고조선 신화에서 환웅이 하늘에서 태백산으로 내려 왔다 하고 가까이는 「김유신전」과 『가락국기』에서 구지라는 산봉우리를 배경으로 수로가 출현하는 것과 대조적이다. 물론 신라의 경우 혁거세와 알영은 우물을 배경으로 탄생했다고 하여 바닷가에서 수로가 탄생했다는 것과 유사한 양상을 띤다. 하지만 '우물'은 인구가 밀집한 부락의 중심지에 있는 것으로 신라의 지역적 특성에서 기인한 '정천 신앙'[308]과 관련되어 있다. 이에 반해 수로 탄생담의 바닷가는 낙동강과 같은 큰 규모의 하천을 끼고 살아온 가야의 지역적 특성과 관련되어 있을 것이다.[309] 앞에서 정견모주가 알을 두 개 낳아 하나는 머물러 두고 하나는 낙동강 하류로 흘려보냈다는 민간전승을 가야 전 지역의 원고적인 시조 신화로 본 바 있다. 수로 탄생담에 나타나는 바닷가 요소는 이와 관련되지 않나 한다. 낙동강이라는 하천 요소가 바닷가라는 해안 요소로 전환되었다고 보는 것이다.

여기에서 경남 하동군에서 채록된 '수로왕 전설'을 검토할 필요가 있다.

김해 김가, 수로왕(首露王)이라 쿠는 이가 꿈을 꾸닌게, 꿈에 용하

---

308) 김현룡, 앞의 책, pp.57~58 참조 ; 이병도, 앞의 책, pp.781~784 참조.
309) 이병도, 앞의 책, pp.303~304 참조.

고 거빅이하고(거북이하고) 싸움을 해. 거북하고 용하고 싸움을 하는
데, 거빅이가 용한테 져서, 거빅이를 치고 용이 득천(登天)을 해 올라
갔다 말이야, 꿈에, 수리왕 꿈에.

그래 자고, 꿈을 깨고 나인께, 저 잠을 깨고 난께 꿈이라. 그래서 그
꿈이 참 신기시럽아서, 그 터로 가봤다 말이지. 용하고 거빅이하고 싸우
던 터로 가본께, 거빅이가 알로 뱄던가 알로 씨러놨어(낳아 두었어). 거
따가 알로 씨러놓고, 그기 그 산 터가 환하기 제 똑 꿈꾼 것과 같애.

그래서 그 꿈꾸고, '참 꿈을 꾸믄 용꿈을 꾸라'더마는 그래가고 그
수로왕이 됐거든, 그 사람. 수로왕이 됐는데, 그런께 그 터에다가,
수리왕 무덤도 크담하이 맨들아서, 그 김해 가믄 묻히가 있고, 그 거
빅이 알 씨러놓은 기라든지, 용 득천해서 올라감서러 굽을 쳐서 거석
한 기라는 거를 다 시방 그기 가믄 맨들아 놔갖고 있어.310)

수로의 꿈에 용과 거북이 싸움을 했는데 용이 거북을 이기고 하늘로
올라갔다는 것, 잠에서 깨어나 꿈속의 배경이 되는 장소로 가 봤더니 거
북이 알을 낳아 두었다는 것, 그 용꿈 때문에 수로가 왕이 되었다는 것
이다. 대개 건국주에게는 신이한 탄생담이 따라 붙게 마련인데 여기 수
로에게는 그것이 없다. 물론 건국에 대한 사항도 없이 그저 왕이 되었다
고만 했다. 용꿈과 등극에 초점이 맞춰지면서 건국주의 탄생담과 건국
과정에 대한 전승이 약화된 듯 하다.

여기서 거북과 그 알의 존재에 주목할 필요가 있다. 거북은 바로 수로
의 탄생담과 관련되는 요소가 아닌가 한다. 그 알에서 수로가 탄생했다
는 것이다. 그렇지 않다면 이 설화에서 거북과 그 알이 강조되는 것을
이해할 수 없게 된다. 용꿈 때문에 등극했다는 것이 주된 내용이기 때문
이다. 요컨대 이 설화에선 탄생담과 등극담이 뒤섞여 있다고 할 수 있
다. 오랜 세월 전승되어 오면서 그렇게 된 것인지 제보자 개인의 특수한

---

310) 『구비문학대계』 8-14, 한국 정신문화연구원, 1979~1984, 하동군 금남면 설
    화 13.

사정에 의한 것인 지311), 다른 각편이 전해지지 않아 확인할 수 없지만, 그 뒤섞임 현상 자체는 인정해야 할 것이다. 그렇다면 『고기』형의 수로 난생담에서 바닷가로 하강했다고 하는 알의 정체는 바로 거북의 알이 아닌가 한다. 요컨대 수로 신화의 원고형은 거북이 바닷가에 낳은 알에서 수로가 태어났다는 것이다. 이와 관련하여 한재룡은 가락의 김부족(金部族)은 농경 부족이었기 때문에 물과 관계있는 거북을 택하였을 것으로 보았다.312) 한편 거북은 한꺼번에 수백 개의 알을 낳는다 하니 이 또한 가야 신화의 복수형 난생담의 진원지로서 볼 만 하다.313) 그리고 천강 요소보다 바닷가 요소가 더 지배적이라는 것에 주의할 필요가 있다.314) 천강 요소는 좀 더 후대적인 것으로 이것이 강조되면서 바닷가

---

311) 이 설화의 제보자는 강두옥(남, 80)인데 "고령인 탓으로 이야기에 지쳤는지, 곧 귀가하겠다는 의사를 표시해왔을 뿐 아니라, 더 이상 이야기가 나올 것 같지 않아 이 이야기를 마지막으로 채록을 마쳤다."고 한다. (『구비문학대계』 8-14, p.243)

312) 한재룡, 앞의 논문, p.85.

313) 금관, 고령 지역을 통틀어 가야사의 초기 단계를 염두에 둔다면 이러한 '거북 난생담'을 정견모주의 '2난생담'보다 앞선, 보다 원시적인 시조 신화로 볼 수 있다. 하지만 혹 거북이 『가락국기』의 구지봉 내지 구지가에서 연원한 것일 수도 있다는 점, 이것이 수로왕과만 관련되어 나타난다는 점, 바닷가 근처라는 금관 가야의 지역적 특수성에 기인한 것일 수도 있다는 점 등에서 아직은 단정하기 어렵다. 여기에서 확실히 취할 수 있는 것은 거북의 알(한꺼번에 수백 개를 낳는다는)에서 연상되는 형제 난생이다. 이러한 점에서 '거북 난생담'은 성모의 '2난생담'에 닿아 있다고 본다.

314) 『新增東國與地勝覽』 卷之三十二, 金海都護府에 나오는 수로 탄생담을 보면 9간이 물가에 모여서 술을 마시다가 구지봉을 바라보니 이상한 기운이 있었다고 한다. 『가락국기』 수로왕 신화의 '禊浴' 의식이 술 마시는 것으로 변해 있되 물가에서 그랬다는 점에서 물의 요소가 여전히 강조되어 있다. (물론 계욕 의식 중에 술 마시는 과정이 들어 있겠으나 여기에서는 후자가 강조된 것으로 보인다) 정중환은 이를 신라의 閼川岸上에서의 혁거세 탄생과 관련하여 "처음부터 九干 등이 龜旨峰上에서 集會한 것이 아니고 龜旨峰下의 南方의 一定한 岸上이나 江邊(東流水)에서 禊浴集會를 하는데 龜旨峰上에서 聲氣가 있어 그곳으로 衆庶가 간 것"으로 보았다. (정중환, 앞의 논문(1991), p.114)

요소는 잊혀지고 성산 요소가 부각된 듯 하다.

또한 『고기』형 전승의 경우 '수로'라는 이름도 나중에 붙여진 것이 아닌가 한다. 이병기는 가야사에 대한 기록에서 그 역세(歷世)와 역년(歷年)의 모순에 주목한 후 가락의 최초 시조가 수로와는 전혀 다른 사람이고 수로는 6가야연맹 결성 때 맹주국으로서 출발할 때의 가락 군장[中始祖]이라고 한 바 있다.315) 이러한 점은 『삼국사기』 김유신전에서 수로가 유신의 12대조 밖에 되지 않는다고 한 기록과 관련해서도 지적될 수 있다. 통일기의 김유신에게 있어서 12대조라는 것은 그리 아득한 옛날의 조상이 아니다. 더욱이 신라 진흥왕 때 나라를 들어 투항한 구해왕에게 있어 수로는 9대조밖에 안 된다. 그렇다면 '수로'라는 건국주 이름은 후대적인 것으로 수로 중심의 건국신화를 구성할 때 삽입된 것이 아닌가 한다. 망국과 함께 오랜 시간 전승되는 동안 재정비될 여지를 잃으면서 애초의 건국주 이름은 잊혀져 있다가 어느 시점에서 한 때 맹위를 떨쳤던 수로왕의 이름이 오르내리면서 그것을 대체하게 되었다는 것이다. 물론 후술하겠지만 수로왕 중심의 금관국 건국신화가 형성된 데에는 그 후손인 김유신을 중심으로 한 통일기 가야 김씨계의 영향력이 작용했을 것이다. 요컨대 애초의 금관국 건국신화는 바닷가를 배경으로 거북이 낳은 알에서 태어난 사람이 나라를 세웠다는 것으로 상정할 수 있다.

이러한 『고기』의 수로왕 신화는 『가락국기』에 이르러 크게 두 가지 면에서 변질된다. 우선 바닷가 난생이 천강 난생으로 변하면서 그 공간적 배경이 구지라는 산으로 올라간다. 물론 바닷가 난생에 비해 천강 난생은 그 출자와 관련되어 건국주의 신성성을 표방하는 데 더 적절한 신화 요소다. 천강의 알은 바로 하늘의 아들이기 때문이다. "여기에 사람이 있느냐?" 하는 것은 수로가 사람이 아닌, 하늘에 속하는 신이라는 것이고 "하늘이 나에게 명해 이 곳에 나라를 새로 세우고 임금이 되라고 하

---

315) 이병도, 앞의 책, pp.318, 316.

였으므로 일부러 여기에 내려온 것"이라 한 것은 수로가 하늘의 아들임을 말하는 것이다. 수로를 포함한 6란이 하늘에서 내려오는 것은 당연하다. 민간 전승의 거북의 알이 여기에서는 분리되어 거북은 거북대로 있고 알은 하늘에서 내려오는 것은 아닐까 한다.[316] "하늘에서 내려온 알이 화해서 성군이 되었다"[317]고 하든지, 하늘이 "산 속에 알을 내려 보내"[318] 임금이 되게 했다든지 하는 것은 이러한 천강 난생담이 고려에 이르기까지 수로 신화의 핵심적 요소로 각인되어 왔음을 말해 준다. 요컨대 바닷가 난생이 천강 난생으로 전환되면서 거북이 탈락하고 수로의 신성성과 절대성이 강화된 것으로 보인다.

또한 『고기』의 수로왕 신화는 『가락국기』에 와서 극도로 복잡하고 장황한 수식을 입었다. 그 본질적인 신화 요소라고 한 바 있는 난생도 6란으로 복수화될 뿐더러 9간이라는 선주민에 의한 추대, 탈해와의 경합술, 타국 공주와의 결연 등 다양한 전승이 뒤섞이게 된 것이다.[319] 그리고 이렇게 확장된 서사는 수로를 신성화하는 데 기여한다. 탄생담 중 "하늘이 나에게 명해 이 곳에 나라를 새로 세우고 임금이 되라고 하였으므로 일

---

316) 앞의 주 313)에서도 말했듯이 민간전승의 거북이 『가락국기』의 거북으로 이어진 것인지 그 반대인지 더 많은 각편이 발견되지 않는 한 단정할 수 없다. 여기에서 중요한 것은 수로가 거북이 아니더라도 바닷가 난생에서 산을 배경으로 한 천강 난생으로 전환되었다는 것이다. 이와 관련하여 이 강옥은 "거북이 지상에 낳은 알은 일정한 주술적 과정을 통하여 하늘로부터 내려온 알로 전칭되는 것"이라 하였다. (이강옥, 앞의 논문, p.166) 한재룡은 이러한 전환 과정에 대해선 언급하지 않고 6란이 바로 거북의 알이라고 하여 거북과 6란의 관계를 직결시켰다. (한재룡, 앞의 논문, p.84 참조)

317) 天所降卵 化爲聖君. 고려 때(991)에 수로왕의 능묘에 소속된 밭의 면적을 줄이자는 보고가 있자 조정에서 말한 것이라 한다. (『三國遺事』 卷第二, 紀異 第二, 駕洛國記)

318) 山中降卵. 『가락국기』 말미에 있는 銘에 나오는 것으로 이 책을 지은 금관 지주사 문인이 말한 것이다. (『三國遺事』 卷第二, 紀異 第二, 駕洛國記)

319) 궁궐을 수축하고 직제 및 제도를 기초하는 이야기, 사후 제사 관계 사항, 능묘와 관련된 사후의 이적담(『三國遺事』 卷第二, 紀異 第二, 駕洛國記) 등은 이보다 더 후대적인 것으로 신화의 범위를 넘어선 것이다.

부러 여기에 내려온 것"이라고 한 대목은 단순한 천강 난생담에 족하지
않고 앞뒤의 속뜻까지 풀어 밝힌 것으로 수로의 강림을 합리화하고 정당
화하는 역할을 한다. 그러다 보니 알이 직접 말을 한다는 형식을 취하면
서까지 수로의 신령한 언행이 큰 비중을 차지하고 9간의 역할은 상대적
으로 축소되어 있다.[320] 신라 건국 신화에서 6촌장의 적극적인 역할과 대
조된다 하겠다. 그리고 탈해와의 경합 전승도 "신라의 것과 많이 다르다"
는 『삼국유사』 편찬자의 말과 같이 일방적인 승리 일변도로 되어 있어
수로왕의 신성성, 영웅성을 부각시키는 역할을 한다.[321] 또한 허황옥과의
만남이라는 것도 작위적인 측면이 많다.[322] 시기적으로 맞지 않는 불탑연
기 설화의 의미가 짙은 도래담을 끌어 들여 가락국에 성지(聖地)의 의미
를 부여하고, 수로왕은 그러한 성지의 임금임을 강조한 것이다.[323] 수로
가 도읍할 곳을 정하고는 "이 땅은 협소하기가 여뀌 잎과 같지만 수려하
고 기이하여 16나한이 살 만한 곳이다. 더구나 일에서 삼을 이루고 그 삼
에서 칠을 이루니 칠성이 살 곳으로 가장 적합하다."[324]고 한 것도 같은
맥락이다. 이러한 점은 ①에서도 확인된다. 요컨대 다양한 전승들을 끌어
모아 형성된 수로왕 신화는 다른 어떤 건국신화보다도 완벽한 서사를 지

---

320) 정중환, 앞의 논문(1991), pp.120~121 참조 ; 김영일, 앞의 논문, p.10 참조.
　　 이강옥도 이러한 점이 논리적으로 어색하다는 점을 지적하고 이를 "수로
　　 신화 전체가 수로란 인물이 9간을 물리치고 이 지역을 지배하게 된 것을
　　 天命으로 정당화, 합리화하는데 최우선적인 목적이 있었음을 서술과정에서
　　 무의식적으로 드러내고 있는 것"으로 해석하였다. (이강옥, 앞의 논문,
　　 p.164)
321) 소재영, 앞의 책, p.115 참조.
322) 이와 관련하여 김영일은 "신성혼에 의한 신성왕권의 보장과 후사의 의미를
　　 제외하면 신화적 논리의 계기성이나 서사의 필연성이 결여된 형태이다. 그
　　 럼에도 구체적이고도 상세한 긴 형태의 서사가 略載되지 않고 기술된 이유
　　 는 무엇인가." 의문시하였다. (김영일, 앞의 논문, p.11)
323) 정중환, 앞의 논문(1991), p.126 참조.
324) 此地狹小如蔘葉 然而秀異 可爲十六羅漢住地 何況自一成三 自三成七 七聖住
　　 地 (『三國遺事』 卷第二, 紀異 第二, 駕洛國記)

향한다. 그리고 이러한 것은 수로를 극도로 신성화하는 데 기여한다.[325]

『삼국사기』의 김유신전은 유신의 현손(손자의 손자) 장청[326]이 지어 퍼뜨린 행록 10권을 모본으로 했다 하니 편찬 시기로 보면 『가락국기』보다 앞서 있다고 할 수 있다. 다만 『가락국기』의 경우 그 편찬 연대인 고려 문종 연간까지의 각종 수로 관련 사항을 뺀, 구지가, 난생담 등은 고대적인 신화 요소로서 김해 지역에 전해오던 것으로 보인다. 이것들이 김유신전에는 빠져 있고 수로가 "구봉에 올라가 가락의 9촌을 바라보고는 드디어 그 곳에 가서 나라를 연" 것으로 되어 있다. 9간을 아홉 소집단의 우두머리로 보되 그들의 의지는 전무하고 수로가 일방적으로 그들을 선택한 것으로 되어 있다.[327] 살 만한 곳, 나라를 세울 만한 곳이기에 자기가 선택했다는 것이다. 구봉에 오른 것 자체가 그러한 입지 조건을 고르기 위해서라는 것은 분명하다. 『가락국기』에서 9간이 계욕일에 왕을 맞이했다는 대목과 비교해 볼 때 구지에 오른 행위의 주체가 완전히 바뀌어 있다. 이로써 보면 김유신전의 수로왕 전승에서 수로의 신성성은 한층 강화되었다.

한편 난생 요소 대신 "어떤 사람인지를" 모르는 것으로 설정한 것은 역사적으로 존재한 인물임을 역설하기 위한 듯한데 이는 이어지는 김씨계 계보를 현실화하는 데 기여한다. 물론 "소호금천씨의 후예이므로 성을 김이라 한다."는 성씨 유래설을 충족시키기 위해서라도 난생, 특히 금

---

325) 김영일은 특히 가락국기 서두와 관련해서 "그 서사적 배경과 山上의례의 서사와 기술에 있어 완벽한 형식을" 갖추고 있다고 하고 "신화일반이 지니는 논리적 모순과 그 병렬적 구조에 의한 의미의 해석에 비해 가락국기의 서두의 서사는 면밀한 계기성에 의해 진행"되고 있다 하였다. 그리고 이러한 점이 "후대의 의도성을 드러낸다고" 하였다. (김영일, 앞의 논문, p.19)
326) 이에 대해서는 정중환, 「駕洛國記의 文獻學的 考察」, 『伽倻文化』 3, 가야문화연구원, 1990, p.42 참조.
327) 이와 관련하여 이강옥은 "9간에 의해 수로가 기꺼이 추대되는 것이 아니라 수로 스스로가 9간들로부터 지배권을 탈취"한 것으로 보았다. (이강옥, 앞의 논문, p.162)

란생(金卵生) 요소는 생략되어야 했을 것이다. 요컨대 수로왕 신화는 김유신전에 와서 당대의 계보 의식에 충실한 구조로서, 현재의 역사성이 담보되는 쪽으로 재편성되어 본래의 신화적 틀에서 많이 벗어나게 되었다고 할 수 있다.

2) 가야 건국신화의 체계화 과정

지금까지 가야 건국신화의 개별 전승들을 고찰하고 그것들 간의 관계를 간략히 검토해 보았다. 본 절에서는 그 관계 면을 좀 더 명확히 제시하면서 가야 건국신화의 판도 내에서 정견모주 신화의 위상과 향방, 그리고 수로왕 신화가 『가락국기』형으로 정립되는 맥락을 추궁하고자 한다.

우선 민간 전승으로 전하는 2난생담의 정견모주 신화가 가야 전 지역의 원고적인 시조 신화였을 것으로 본다. 성모가 알의 형태로 형제를 낳았다는 것은 가야사의 특수성 즉, 연맹체 내의 제 부족이 역학 관계에 따라 이합집산을 했음을 반영한 것이겠기 때문이다. 이것이 한 편으로 2형제 신화인 대가야의 건국신화로, 다른 한편 알이 바닷가로 내려와서 임금이 되었다는 『고기』형의 수로왕 신화로 계승된 것으로 본다.[328] 그 중 대가야 건국신화는 망국과 더불어 전승 기회를 잃어 후대에 확장되고 윤색

---

328) 이강옥은 『신증동국여지승람』의 정견모주 신화를 근거로 수로의 근원시를 가야산 주위로 추정하였다. 그리고 어떠한 이유인지 김해 지역으로 이주한 과정을 신비화하고 합리화하는 건국 신화의 필요성을 느꼈을 것이고 이 때 전대의 신화가 부정된 것으로 보았다. 그런데 수로는 기존 신화처럼 개별 인물들의 관계를 변개시킴으로써 모집단을 부정한 것이 아니라 모집단에서의 신화 전체를 무시함으로써 부정한 것이라 하였다. (앞의 논문, p.163 참조) 이는 신라의 경우와 달리 현전 『가락국기』형 수로 신화에서 정견모주 신화의 흔적을 전혀 찾을 수 없는 데 대한 한 가지 이해 방식이 될 수 있다.

128

될 여지를 얻지 못해 탄생담만 남게 되었다.329) 수로왕 신화 역시 『고기』
형의 바닷가 난생담으로 전승되다가 망국과 더불어 전승이 차단될 운명
에 처해 있었을 것이다. 그런데 현전하는 『가락국기』의 수로왕 신화를 보
면 6난생담을 비롯하여 9간에 의한 추대, 탈해와의 경합술, 타국 공주와
의 결연 등 다양한 전승들이 결합되어 있다.330) 그리고 이 모든 것들은
수로의 절대적 신성성을 표방하기 위해 동원된 듯하다.331) 그 서사의 방
대함이라든지 구조의 복잡함은 정견모주 신화와 대조적이다. 그렇다면 역
사적으로 더 오래 존속한 대가야의 건국신화가 망국과 더불어 전승 경로
를 잃고 희미해져 있는데 더 일찍 망한 금관 가야의 건국신화가 이렇게
과도하게 수식된 것은 어떠한 맥락에서인가.332)

---

329) 서대석은 "神話는 神에 대한 祭典에서 전승된다. 따라서 神에 대한 祭典이
없어지면 神話 또한 전승할 터전을 잃게 되고 口演 기회를 상실하면서 사
라진다"고 하였다. 이는 창세 신화를 중심으로 한 견해이지만 문자로 정착
되기 이전에는 구비로 전해졌을 것이기에 건국신화에도 적용될 수 있다고
본다. (서대석, 「創世始祖神話의 意味와 變異」, 『구비문학』 4, 1980, p.10)
330) 김영일은 건국 신화 일반의 서사 단락을 기준으로 『가락국기』에선 "단지
신성혼과 死後의 異蹟과 奉祀에 관한 기술이 확대되어 있을 뿐"이라 하였
다. 그리고 "확장된 이 같은 서사의 부분은 곧 구비전승물로서의 수로神話
와 기록물과의 변형을 가름하는 단서가 될 수 있을 것"이라 하여 확장된
성분을 가리는 데 있어서 이 글과 다르다. 다만 나머지 부분에 대해서도
"그 적층의 계기성이 결여된 형태와 기술형식에 있어서도 나타나는 신화적
논리와 표상의 거리"가 있음을 지적하여 이 글과 일치하는 견해를 제시하
였다. (김영일, 앞의 논문, p.11)
331) 김영일은 "가락국기는 수로의 신성왕권과 건국의 天命을 증명하기 위하여
가능한 모든 신화의 징표들이 복합된 서사의 특성"을 지닌다고 하였다. (앞
의 논문, p.33) 한편 양희철은 이 중 결연담은 "당시의 역사·사회적 문맥
에서 吹希王과 銍知王의 혈통적 적법성을 합리화하는 것"으로, 등극담은
"당시의 역사·사회적 문맥에서 坐知王의 실정을 합리화하여 銍知王의 왕
위를 확고하게 하려는 것"으로 보아 신화 문맥을 후대의 역사적 상황과 관
련시켰다. (양희철, 앞의 논문, p.125)
332) 정중환은 본가야가 투항하였을 때 신라의 회유정책이 융숭하였는데 대가야
의 경우엔 그렇지 않았다고 하였다. 자진투항하지 않고 일단 叛하였기에
상당히 가혹한 처분을 받은 것 같다고 하였다. (정중환, 앞의 논문(1990),

여기에서 수로→김수로의 전환 국면을 생각해 볼 수 있다. 현전 자료상 수로에게 김씨성이 따라 붙는 것은 『삼국유사』 왕력편, 『가락국기』 말미의 가락국 역수(曆數), 그리고 『삼국사기』의 김유신전에서이다. 그런데 앞의 둘에는 『개황력』[333])에 근거했다 함이 명시되어 있다. 왕력편의 경우 수로왕조에 "금란에서 나왔다 하여 성을 김, 『개황력』에 실려 있음"이라 기록되어 있다. 『가락국기』의 경우 수로왕과 관련해서는 일체 성씨 관련 사항을 언급하지 않다가 역수 중 2대 거등왕조 말미에 와서야 "『개황력』에는 '성은 김씨이니 대개 시조가 금란에서 난 까닭에 김으로 성을 삼았다'고 했음."[334])을 밝히고 있다. 이후 마지막 구형왕에 이르기까지 왕 이름 다음에 바로 김씨라는 성씨가 제시되었다. 금란에서 김씨성이 유래했다는 것은 둘이 같은 『개황력』을 모본으로 했기에 동일하나 전자에선 수로왕부터, 후자에선 2대 거등왕부터 김씨성으로 되어 있는 것에서 차이를 보인다. 특히 거등왕조를 보면 출자, 재위, 죽음, 왕비 등과 관련된 사항을 다 기록하고 끝 부분에 와서 『개황력』을 인용하여 김씨성 운운을 하고 있는 것이다. 그리고 다음 마품왕부터는 왕 이름 바로 다음에 김씨성이 언급되고 있다.[335]) 수로왕 신화에서 못 보던 것이다. 이는 『가락국기』

---

p.23 참조) 이러한 점도 두 신화의 갈림길에 영향을 주었을 것인데 어쨌든 신라 쪽의 사정에 좌우되었다는 점에서 이 글의 논지와도 관련된다. 이강옥은 "대가야와 금관가야의 시조 출생담이 함께 전승됨에도 불구하고, 그리고 「가락국기」 서두에 여섯 개의 알이 내려왔음에도 불구하고 유독 수로의 일대기만이 신화화 된 현상"을 근거로 『가락국기』형 수로왕 신화의 형성 주체는 수로 집단이라 하였다. (이강옥, 앞의 논문, p.165) 근거로 든 몇 가지 정황과 그로써 신화의 형성 주체를 수로 집단이라 한 것은 적절한 지적이라 본다. 그런데 수로 집단을 어떻게 볼 것이냐 하는 점에서 이 글과 다르다. 어쨌든 여기에서 수로 집단은 가락국 초기의 왕으로 설정되어 있는데 반해서 이 글에서는 자신들의 정치적 목적을 위해 수로를 새삼 조상으로 숭배하던 후대 신라의 가야 김씨 세력으로 보기 때문이다.

333) 『가락국기』 역수 중 구형왕조에는 『開皇錄』으로 되어 있지만 동일한 책 이름인 듯하다. (『삼국유사』 권 2, 기이 2, 가락국기)

334) 開皇曆云 姓金氏 盖國世祖從金卵而生 故以金爲姓爾 (『三國遺事』 卷第二, 紀異 第二, 駕洛國記)

130

편찬자가 뒤늦게 『개황력』을 의식하고 가락국 역수를 정리할 때 삽입한 것이 아닌가 한다. 그리고 일연은 이러한 『가락국기』를 참고하여 왕력편 수로왕조에 김씨성 관련 사항을 기록했을 것이다. 어쨌든 『삼국유사』 왕 력편과 『가락국기』의 김씨성 관련 사항은 『개황력』에서 비롯된 것임을 알 수 있다.

김유신전에서는 "신라 사람들이 스스로 소호금천씨의 후예이므로 성을 김이라 한다"고 했고 유신의 경우에도 "소호의 종손"이라 하였다 한다. 물론 대가야 건국신화에서 수로왕의 별칭이라 하는 '청예'가 바로 소호금천씨이므로[336) 소호 관련 사항은 김유신전에 앞서 마련된 것으로 볼 수 있다. 즉, 대가야 건국신화에 이미 보인다는 것이다. 그런데 김유신전의 경우 소호 관련 사항은 유신 사후의 비문(碑文)에 근거한 것이고 현전하는 대가야 건국신화는 최치원(857~?)에 의해 기록된 것이다. 따라서 전자가 원천인 듯 하다. 김두진은 "신라 중대나 하대에 수로왕의 후손들은 소호금천씨의 후예로 생각되었는데", "수로 시조 전승이 헌원과 연계되었으므로 가능"[337)한 것으로 보았다. 그리고 그는 금관가야 건국신화에 이미 이러한 관련성이 마련되어 있다고 하였다. 하지만 그것을 밝힐 수 없으니 근원은 비문이라 할 수 있다.

유신의 경우 그 12대조가 수로인데 유신 자신이 김씨이므로 당연히 "수로도 신라와 같은 성씨가 되는 것"이라고 했다. 수로가 김씨라서 그 후손인 유신이 김씨가 아니라 유신이 김씨이므로 수로가 김씨가 되는, 현재의 성씨가 과거의 윗대에게로 소급 적용되는 특이한 경우이다. 이는 통일기의 어느 시점에서 수로→김수로의 전환 작업이 있었음과 아울러 그 때 수로왕 중심의 신화가 정비되었음을 알려 준다. 이순근은 유신의

335) 『韓國姓氏大觀』에는 수로의 아들 10명 중 장남은 김씨로, 둘째, 셋째는 허씨, 나머지 7명은 불가에 귀의한 것으로 되어 있어 이와 대조된다.
336) 정중환, 『加羅史草』, 부산대 한일문화연구소, 1962, pp.101~103 참조.
337) 김두진, 앞의 책, p.243.

아버지인 서현대에 상당한 세력이 있었음을 근거로 그 때에 김씨성이 취득되었을 것으로 보고 "得姓推定과 首露說話의 구체적 표현"은 "補足的 關係"에 있다고 보았다.[338] 이른바 가야 김씨의 시조 신화이자 금관국 건국신화가 『가락국기』형으로 정착하게 된 것은 바로 가야 김씨성의 취득에 따른 것이다.[339] 더욱이 수로왕은 가야 김씨라는 매개항을 통해 '신라와 동성' 즉, 경주 김씨와도 인연이 닿게 되었다. 물론 유신의 누이(문명왕후)가 무열왕의 왕후가 됨으로써 실질적으로도 두 집단은 왕족으로 묶여 있었다.[340] 그 둘의 아들로 무열왕을 이은 문무왕 법민이 "가야국 시조의 구대손 구형왕이 우리나라에 투항해 올 때 데리고 온 아들 세종의 아들인 솔우공의 아들 서운잡간의 딸 문명왕후께서 나를 낳으셨으니, 시조 수로왕은 어린 나에게 있어서 십오대조가 된다. 그 나라는 이미 없어졌지만 그를 장사지낸 묘는 지금도 남아 있으니 종묘에 합해서 계속하여 제사를 지내게 하리라."[341] 한 것을 보면 가야 김씨계[342]의 계보 의식이 통일기 신라 왕실에서 연원하고 그 곳으로 수렴된 사정을 알 수 있다.[343] 이와 관련하여 『가락국기』 편찬자는 "아름답도다,

---

338) 이순근, 앞의 논문, p.33.

339) 김영일은 "上代에 있었던 시조왕의 탄생과 그 즉위를 신성왕권의 핵심으로 한다면 후손들에 의한 서사적 기술은 가능한 모든 神異를 수용하는 것"이라 하였다. 그리고 "후대의 의도적이고도 합리적인 사고가 가락국기에서 그 즉위의 의례 부분을 재구하는데 크게 작용했을 것"이라 하여 이러한 점을 간접적으로 뒷받침한다. (김영일, 앞의 논문, pp.15, 19)

340) 이순근은 가야 김씨의 경우 "身分上昇의 노력이 姓氏의 取得으로 나타난 것"이라고 하였다. (이순근, 앞의 논문, p.40)

341) 伽耶國元君九代孫仇衡王之降于當國也 所率來子世宗之子 率友公之子 庶云 匝干之女 文明皇后寔生我者 玆故元君於幼沖人 乃爲十五代始祖也 所御國者 已曾敗 所葬廟者今尙存 合于宗祧. 續乃祀事 (『三國遺事』 卷第二, 紀異 第二, 駕洛國記)

342) 물론 문무왕은 알지를 시조로 하는 경주 김씨이다. 그런데 위의 대목은 분명 외가 쪽의 혈통 즉, 가야계 김씨와의 관련성을 강조하는 것이다. 이는 당시 신라에서 진골 출신인 무열왕계의 정치적 처지와 관련된 것으로 볼 수 있다.

343) 이강옥은 문무왕의 발언 단락과 관련하여 여기에는 "왕위 등극을 둘러싸고

문무왕이여. 먼저 조상을 받들었으니. 효성스럽고 또 효성스럽도다. 끊어
졌던 제사가 다시 행해지니."라고 하였다.[344]

그런데 김유신전에 표방되어 있는 이러한 성씨 관련 사항도 『개황력』
에서 비롯된 것이 아닌가 한다. 물론 그것은 『개황력』의 난생담처럼 고
대적인 신화 요소에 의존하지 않고, 중국의 신화·전설적 인물을 끌어와
성씨의 내력을 밝히고 있다. 하지만 이러한 차이는 양 문헌의 전반적인
저술 특성에 기인한 듯 하다. 『개황력』은 추측컨대 수로를 시조로 하는
가락국의 왕력이 아닌가 한다. 김태식은 "金庾信·文明王后 등 가야계
후손의 정치적 비중이 절정에 달하고 金官小京을 설치하기도 한 문무왕
대를 전후한 시기에, 수로신화를 비롯한 가락국의 역사가 일단 문자로
정착되었을 가능성이 크다"[345]고 하였는데, 그 구체적 문헌이 바로 『개
황력』이라는 것이다. 여기에는 가락국 왕의 역수뿐만 아니라 그 때까지
전승되어 온 수로 중심의 신화 요소 특히, 난생담이 포함되어 있었을 것
이다.[346] 물론 이러한 시조 신화를 동반한 가락국의 왕력 자체야 별도로

형성된 신라 왕족 간의 역학관계가 개입되어있다"고 하였다. 이는 "진골혈
통출신의 왕으로서 성골출신의 전대왕들과는 구분되는 다른 어떤 요소로써
자기의 혈통적 열등감을 보상해야만 했다"는 점과 관련된다. 문무왕은 알지
신화에 집착했을 것인데 여기에다 수로 신화를 덧붙인 셈이다. "부계혈족의
시조 신화에 모계혈족의 건국, 시조 신화를 결합시킨 것인 바, 이것이 정치
적으로 삼국통일을 완성시킨 왕을 신화적으로 구분 지워 줌으로써 통일의
의미를 부각시키는 역할"을 한 것이다. 마지막으로 그는 문무왕 '발언' 단락
의 경우 "삼국통일에 결정적 기여를 한 가야족 출신의 김유신에 대한 보상
의 의미와 옛가야지역민들을 회유하는 의미도 내포되어 있다"고 추정하였다.
(이강옥, 앞의 논문, pp.147~149) 역사적인 상황 설정은 적절한 데 이를 수
로왕 신화 전체와 관련시키지 않고 문무왕의 '발언' 단락에 한정시켰다는
점에서 이 글과 다르다.

344) 美矣哉 文武王先奉尊祖 孝乎惟孝 繼泯絶之祀 復行之也. (『三國遺事』 卷第
    二, 紀異 第二, 駕洛國記)
345) 김태식, 앞의 책, p.71.
346) 정중환은 개황이란 말은 '皇國을 開創하였다'는 뜻으로, 여기에는 시조 수
    로왕이 황명의 명으로 가락국을 개창하여 마지막 구형왕이 신라에 투항한
    사실을 기록한 사서라 하였다. 그리고 이는 특히 가락건국의 설화를 중심

전해져 오고 있었을 것이지만, 이것이 성씨를 수반한 계보 의식에 따라
재정리된 것은 일정 시기에 이르러서이다. 김태식은『개황력』의 편찬 시
기를 신라 문무왕대를 전후한 시기로 추정한 바 있다.[347] 요컨대『개황
력』은 난생담을 포함하고 있는 기존의 왕력에 성씨가 개입된 최종적인
가락국 왕력이기에 그 성씨 내력담이 '금란→김씨'로 되어 있는 것이다.
이에 반해 김유신전은 유신을 중심으로 하는 전설이다. 따라서 그의 조
상이요 가락국의 시조라고 하는 수로를 다룰 때에도 탈신화적인 요소를
끌어 들인 듯하다. 난생의 신으로서가 아닌 사람으로서 수로가 등장하고
그 성씨 내력담이 '소호금천씨의 후예→김씨'로 되어 있는 것은 이 때문
이다. 이로써 볼 때 김유신전에 있어 그 성씨 내력담이 유다른 것이긴
하지만 이는 그 문헌적 속성에 따른 것이며 근본적인 계보 의식에 있어
서는『개황록』과 동궤의 것이라 본다. 그렇다면『삼국유사』왕력편,『가
락국기』역수, 김유신전 등에 표방된 성씨 내력담 내지 계보 의식은 모
두『개황력』에 기인한 것이다. 물론『개황력』이 문헌으로서가 아닌 책
이름만 전하고 있어 그 전모를 알 수 없지만, 수로왕 신화가『가락국기』
형으로 정립되는 데 큰 영향을 미쳤을 것이라 본다. 김태식은 "'開皇'은
수나라 文帝의 연호이고 김유신이 개황 15년(595) 乙卯에 출생한 것으로
보아, 이『개황력』의 편찬 시기는 김유신과 관련하여 신라 문무왕대를
전후한 시기로 추정되는데, 가락국 왕력이 포함되었을 이 책의 편년은
신라의 왕력과 밀접한 관계 아래 정해졌으리라고" 하였다.[348]

으로 편찬되었을 것이라 하였다. (정중환, 앞의 논문(1990), p.43 참조)

347) 김태식, 앞의 책, p.40 참조. 한편 정중환은 그 편찬과 관련하여 "新羅末이
나 高麗初에 우리나라에서 편찬된 것"이라 하여 더 후대로 잡았다. 이에
대해선 "眞骨社會의 沒落過程에서 疏外되고 嫉視만을 받던 駕洛王孫과 駕
洛인들은 復古的으로 祖上의 榮光을 追遠하면서 駕洛國의 建國과 그 王統
을 기록하여 皇天의 明命으로 建國한 首露王의 建國說話를 中心하고 仇衡
王에 이르기까지의 年代記를 편찬하여 이것을 開皇錄이라 하였을 것이니
그 편찬 시기는 아마도 後三國의 風雲과 高麗建國의 新天地에서만 可能하
였기 때문이다."라고 하였다. (정중환, 앞의 논문(1990), pp.43~44)

이러한 연유로 『고기』류의, 바닷가로의 천강난생 요소가 경주 김씨 시조라고 하는 김알지 신화와 유사하게 황금궤 난생 요소로 바뀌게 된 것이 아닌가 한다.[349] 『개황력』의, "금란에서 나왔다 하여 성을 김(因金卵而生 故姓金氏)"이라 한다는 것도 "금궤에서 나왔다 하여 성을 김씨라 했다(因金櫃而出 乃姓金氏)"는 김알지 신화에서 연원한 듯하다. 『신증동국여지승람』 구지봉조에는 수로왕과 관련하여 "금합에서 났다 하여 성을 김씨"[350]라 한다는 대목이 있는데, 이는 김알지 신화의 '금궤'의 영향으로 '금란→금합'으로 변하게 된 사정을 말해 준다. 『고기』류의 난생에 김알지 신화의 황금궤가 더 들어간 것이고 김알지 신화의 '자줏빛 구름[紫雲]'이 '자줏빛 줄[紫繩]'로 구체화된 듯하다. 이렇듯 『가락국기』형 수로왕 신화는 수로→김수로의 전환 무렵 특히, 경주 김씨 시조인 김알지 신화의 신성 요소를 받아들여 장황하고 화려한 서사체를 이루었다.

요컨대 수로왕 신화는 『고기』형의 난생담으로 전해오다가 망국과 더불어 전승력을 현저히 잃었을 것이다. 그러다가 신라 통일기 무렵 가야 김씨 세력의 성씨 취득을 계기로 가락국 왕력인 『개황력』이 편찬되고 그 후속 작업으로 그들 중심의 시조 신화이자 금관국 건국신화가 정비되었을 것이다.[351] 이것이 바로 『가락국기』형 수로왕 신화이다. 여기에

---

348) 김태식, 앞의 책, p.40.
349) 이종항은 "수로왕 탄생 설화는 박혁거세의 탄생설화와 깊게 밀착되어" 있어 "금관가야의 시조 탄생설화가 다분히 신라적"이라는 점, 대가야의 건국신화는 매우 고구려적이라는 점을 지적하였다. (이종항, 앞의 논문(1996), p.49 참조) 둘 중 수로왕 신화가 신라 건국 신화와 유사하다고 본 것은 주목할 만하지만 그 연유를 구명하지 않았고 그 비교 대상으로서도 박혁거세 신화보다는 김알지 신화가 더 적절하다는 점을 간과했다. 앞서 김영일도 『가락국기』가 혁거세 신화를 원형으로 한다고 간단히 언급한 바 있는데(김영일, 앞의 논문, p.19 참조) 이에 대해서도 같은 말을 할 수 있다.
350) 生于金合因姓金氏 (『新增東國與地勝覽』 卷之三十二, 金海都護府)
351) 허경회는 특히, 수로 신화만이 다양한 삽화들로 꾸며졌고 5가야의 시조에 대한 것은 그렇지 못한 것을 두고 "이는 始祖說話에서 보이는 바와 같이 그 氏族 및 部族祖의 자손들이 後世에 얼마만큼 번영하였으며 그 始祖의

와서 수로왕 신화는 극도로 복잡하고 장황한 수식을 입게 되는데 이는
수로를 신성화하는 데 기여한다. 이로써 볼 때 가야 건국신화의 체계화
란 수로왕 신화에나 적용할 수 있을 터인데 여기에서의 체계화는 앞선
전승이 자연적, 단계적으로 통합되어 이루어지는 것이 아니라는 점에서
비정상적이라 할 수 있다. 이는 망국과 함께 전승이 차단되어 잊혀져가
는 건국신화를 특정한 시기의 관련 집단이 당대적 목적을 위해 정비하
였다는 의미에서이다.[352] 수로왕 신화의 과장된 신성 원리는 여기에서
비롯된 것이다.

세력이 얼마만큼 威勢를 떨쳤는가에 따라서 傳承의 有無 내지 그 記錄의
長短, 大小가 결정된다는 사실의 좋은 보기"라고 하였다. (허경회, 앞의 논
문, p.97)

352) 물론 어느 나라든 건국 신화가 형성되고 정비되는 데에는 이러한 당대적인
목적 의식이 작용한다고 할 수 있다. 하지만 그렇다고 앞선 전승이 무시되고
전혀 다른 것이 만들어지는 것은 아니다. 국가가 지속되는 한 건국 신화의
정비, 재정비 과정에는 일정 정도 연속성과 단계성의 원리가 작용한다고 할
수 있다. 이러한 점에서 볼 때 가야의 경우『고기』형에서『가락국기』형으로
전환된 데에는 그 서사적 특징상 비약적인 면이 있다. 그외 별도로 전하는
신화가 없어서 더욱 그러한데 이 또한 가야 건국 신화 전승의 한 특징으로
고대 국가로 체계화되지 못한 가야사의 특수성에서 기인한 것이라 본다.

4. 신라와 가야의 건국신화 비교

1) 개별 전승의 측면

(1) 다원성

신라와 가야 건국신화에는 다양한 개별 전승들이 존재한다. 신라의 경우, 선도산 성모 신화, 6촌장 천강 신화, 이성 신화, 3성씨 시조 신화가, 가야의 경우 정견모주 신화, 9간 신화, 수로왕 신화가 그것이다. 이러한 점은 "동일한 내용의 한 건국 신화를 에워싸고 분쟁을 일으켰었던"[353] 부여, 고구려, 백제의 경우와 대조적인 것으로 지적된 바 있듯이, 양 국 건국신화의 가장 공통된 특징이라 할 만하다. 일찍이 김동욱은 원조신 (原祖神)인 선도산 신모와 이에서 난 알영·혁거세, 시림신(始林神)인 김알지, 토함산신인 석탈해 등 신라에는 많은 신들이 있다고 하고 이를 "神과 神母의 코라스"라 칭하였다. 그리고 이는 신라 6촌을 중심으로 소용돌이치면서 전개된 씨족끼리의 "헤게모니 爭奪鬪爭의 敍事詩的 構造"를 근간으로 한다고 하였다.[354] 이러한 신라 건국신화의 특징을 다원성의 견지에서 바라본 초기의 연구자는 김철준[355]과 김화경이라 본다. 특히 김화경은 신라 건국신화에는 다양한 성씨 시조 설화들이 있다는 것, "이들의 제휴에 의해 왕권(王權)이 확립되어 나아간나는 득이한 양상"을 보여 준다는 점 등을 지적하였다.[356]

---

353) 홍기문, 앞의 책, p.81.
354) 김동욱, 앞의 논문, p.314.
355) 김철준, 「부족연맹세력의 대두」, 『한국사』 2, 탐구당, 1978, p.141 참조.
356) 김화경, 앞의 논문(1984), p.1.

그런데 이상의 연구자들은 그러한 다원성의 문제를 제기하는 데 그치고 이를 신화 문맥을 분석하면서 본격적으로 논의하지는 않았다. 김두진에 와서야 신라 건국신화가 이질적인 개별 전승들이 결합된 것으로 존재한다는 점이 신화 문맥을 통해 확인되었다. 김두진은 신라 건국신화가 박혁거세와 알영의 시조 전승을 주축으로 하여 아주 복잡한 양상으로 나타나 있다는 점, 그 속에 다른 많은 씨족의 시조전승이 포용되어 있다는 점 등을 언급한 것이다.357) 또한 그 많은 전승들 간의 관계 양상에 천착하여 신라 건국신화의 체계화에까지 그 관심이 닿고 있다.

이로써 볼 때 신라의 경우 다원적 성격에 대한 관심이 일찌감치 고조되어 있었다고 볼 수 있는데, 가야의 경우엔 그렇지 못한 것이 사실이다. 대개 수로왕 신화를 중심으로 연구가 이루어지기 때문에 그럴 터이나, 거기에 포함되어 있는 9간 신화에 크게 주의하지 않았던 것이 문제의 시초라 본다. 9간 신화는 독립적으로 전승되어 오다가 어느 시기에 이르러 수로왕 신화와 결합되었을 것이니 별개의 신화 전승이라 할 만한 것이다. 이에 대한 천착 없이는 수로왕 신화는 물론 가야 건국신화에 대해 충분히 이해했다고 보기 어렵다.

이보다 더 큰 문제는 정견모주 신화에 대한 홀대이다. 분명 수로왕 신화는 가야 연맹체의 한 연맹국 신화로서 존재하기에 가야 신화 전체로서는 한 부분 내지 반쪽에 지나지 않는다. 그 나머지 반쪽인 대가야 건국신화 내지 그 둘의 근간이기도 한 정견모주 신화를 아울러 다루어야 가야 건국신화 전체를 이해했다고 할 수 있는 것이다. 물론 가야의 건국신화 전승은 신라의 그것에 비해 양적으로도 적고 그 각각의 구조도 단순한 것이 사실이다. 하지만 그것만으로도 예컨대 부여, 고구려 신화에 비해 다원성을 논의하기에 충분하다고 본다. 요컨대 신라와 가야의 건국신화는 다양한 개별 전승에 의해 존재했고, 그것들 간의 일정한 관계에

---

357) 김두진, 앞의 논문(1988), pp.14, 16.

따라 좀 더 복잡한 구조로 통합되었다 할 수 있다. 문제는 양국의 건국 신화가 왜 이러한 다원적 성격을 갖게 되었는가 하는 것이다.

김화경은 신라의 경우 이질적인 문화 집단들이 공존한 사실을 반영하기 때문에 일원적인 통일 과정을 서술하고 있는 다른 나라의 건국신화와 달리 다원적 성격을 갖는다고 하였다.358) 김철준은 "신라의 시조 설화들은 고구려와 백제와 달리 복잡하게 박·석·김 삼성 시조로 나타나 있고, 그것이 그 자손들에 의해서 후세에 까지 전승되어 온 것을 보면 신라 사회는 다원적이었고, 또 그러한 것 자체가 신라 사회의 후진성을 말하는 것이다"라고 하여 다원성의 소지를 신라 사회의 다원적 성격에 두었다.359) 그 '이질적인 문화 집단'을 성씨 집단에 국한시킨 것인데360) 이러한 점에서 김철준의 논의는 다양한 신들의 존재를 '씨족끼리의 헤게모니 쟁탈투쟁'에 기인한 것으로 보는 김동욱의 논의와 동궤라 할 수 있다. 다만 김동욱의 경우 신라 사회의 다원적 성격을 구체화시켰다는 데 의의가 있다. 김화경은 '이질적인 문화 집단들'의 공존을 반영한 것으로 보아 씨족 간의 권력 투쟁에 국한하지 않는 견해를 내세워 이를 포괄적인 방향으로 문제화시켰다.

이상의 견해를 종합하면 신라 신화의 다원성은 신라 사회의 다원적 성격에 기인한다는 것인데, 대체로 납득할 만한 견해라 본다. 신라는 3성 왕위 교대라는 특이한 제도로도 알 수 있듯이 다양한 집단들의 역학 관계를 중심으로 역사적 단계를 밟아 왔다고 보기 때문이다. 중고기까지 역사적으로 존재했던 그러한 특유한 왕위 계승 제도가 신화 문맥에도 부합된다는 점에서 그것을 통해 6촌장 천강 신화 내지 서도산 성모 신화의 역사적 관련성에 접근할 수 있다고 본다. 특히 두 신화는 신라가 이질적인 선주민 집단들을 통합하는 과정을 겪으면서 성립했음을 반영

---

358) 김화경, 앞의 논문(1984), p.1.
359) 김철준, 앞의 논문(1978), p.141.
360) 김철준, 앞의 논문(1978), p.141 참조.

한 것이다. 그러한 과정에서 선주민들의 시조 전승들을 흡수, 통합하였을 것이기 때문이다. 요컨대 신라는 오랜 기간 이질적인 집단들을 단계적으로 통합하는 과정을 겪어 성립했기에 다양한 건국신화 전승을 보유하고 있다는 것이다.

가야의 경우 9간 신화와 수로왕 신화의 관련성은 신라의 경우와 동일하다고 보며 다만 정견모주 신화와 수로왕 신화의 관련성이 특이하다. 이는 가야가 연맹체적 소국가로 분리되어 있었음을 반영하기 때문이다. 여기서의 다원성은 신라에 비해 개별 전승이 좀 더 독자성을 갖는 것으로 나타난다. 둘이 각기 연맹체의 맹주국으로서 독립적인 건국신화를 남겼기 때문이다.

요컨대 신라와 가야는 다원적인 건국신화 전승을 남겼는데 그 맥락은 각이하다. 전자는 소집단들을 통합하면서 하나의 고대 국가로 체계화되는 오랜 과정 속에서 그들의 시조 전승을 포용한 결과로 다원적인 건국신화 전승을 남긴 것이다. 이에 비해 가야는 연맹체적 소집단들이 두 개의 중심을 놓고 이합집산을 했음이 반영되어 독립적인 양대 신화 전승이 있게 된 것이다.

(2) 성모 신화의 존재

신라와 가야의 건국신화는 성모 신화를 근간으로 하고 있다는 점에서 공통적이다. 신라의 경우 선도산 성모가 남매신을 낳았다 하고, 가야의 경우 정견모주가 2난생의 형제신을 낳았다는 것이다. 이들 남매신과 형제신이 양국의 건국주가 됨은 물론이다. 이러한 점은 고조선의 '환웅 · 웅녀-단군', 고구려의 '해모수 · 유화-주몽'과 같은 '천부지모-건국주'의 구조와 다른, 신라와 가야 건국신화의 특징이라 할 만하다. 더욱이 고조선과 고구려의 경우 웅녀와 유화 등 여성 시조보다는 하늘의 원리를 상징한다고 하는 환웅, 해모수 등 남성 시조의 역할이 강화되어 있다

는 점을 고려하면 신라와 가야에 성모신이 존재함은 특기할 만한 것이
다. 이러한 점은 두 가지 각도에서 설명될 수 있다.

우선 인류학적 관점에서 볼 때 전 세계적으로 남신 내지 그 신화에
선행하여 창조신으로서의 여신 내지 그 신화가 존재했다 함은 여러 신
화학자들에 의해 지적되어온 바다.361) 고대 사회는 여신상, 위대한 여신,
어머니(대지) 같은 여신 이미지가 지배적이었다는 것이다.362) 특히 캠벨
은 이러한 현상을 심리적, 경제사적인 견지에서 설명한 후 '여신→남신'
의 전이 과정을 '역사적 문맥'에서 논의한 바 있다. 즉, 여신 이미지가
가장 지배적이었던 곳은 고대 메소포타미아 문화권, 이집트의 나일강 문
화권 같은 농경 문화권인데 기원전 4000년 무렵 북쪽으로부터 인도·유
럽인들이 페르샤, 인도, 그리스, 이탈리아로 내려오면서부터 남성 위주의
신화가 태동했다는 것이다.363) 농경 문화권에 대한 수렵·유목민의 침략
에서 남성 위주의 신화가 비롯되었다는 것으로 이로 인해 양육과 창조,
화합과 같은 여성 원리가 엄격한 사회 질서나 사회 성격을 지니는 아버
지 이미지로 바뀌었다고 할 수 있다.364) 이러한 여성 신화 선행설 내지
남신으로의 전이설은 창조신 여왜를 비롯해 수많은 여성 시조가 전승되
는 중국365), 창조신 아부카허허가 지배적인 만주족366)의 경우와 동궤이
다. 특히 후자는 만주와 한반도의 창조 신화 뿐 아니라, 시조 신화와 건
국신화의 모태367)라고도 하여 주목할 만한 것이다.

---

361) 조셉 캠벨·빌 모이어스, 앞의 책, pp.313, 344 참조 ; Pam Morris, *Literature
   and Feminism*, 1993, 강희원 역, 『문학과 페미니즘』, 문예출판사, 1997, pp.4
   2~43 참조.
362) 조셉 캠벨·빌 모이어스, 앞의 책, p.316.
363) 조셉 캠벨·빌 모이어스, 앞의 책, pp.316, 338.
364) 조셉 캠벨·빌 모이어스, 앞의 책, p.341 참조.
365) 宋兆麟, 『生育神與性巫術硏究』, 1990. 홍 희 역, 『生育神과 性巫術』, 동문선,
   1998, pp.21~38 참조.
366) 김재용·이종주 공저, 『왜 우리 신화인가』, 동아시아, 1999.
367) 김재용·이종주, 위의 책, p.241.

일본의 경우 天照大御神은 伊奘諾 부부신의 7남매 중 유일한 여성신으로 九州王朝의 시조인 瓊瓊杵尊에게 조모가 된다. 이 여신은 태양신인 동시에 천황가의 황조신(皇祖神)으로서 절대적인 숭앙의 대상이 되었다.368) 시조의 조모신이 부각된 것이다. 그런데 천황가의 계보가 시대에 따라 변하면서 이 여신의 위상이 낮아졌다고 한다.369) 또한 『고사기』의 경우 神功의 계보는 부계가 뒤로 물러서고 여계가 존중되면서 '여조신(女祖神)과 젊은(어린) 남손'의 짝이 앞으로 나서게 되는 특색을 지닌다.370) 그의 아들 應神 천황의 계보가 여계 위주로 되어 있는 것은 이 때문이다. 그런데 『일본서기』의 경우 거꾸로 부계 위주로 應神의 혈통을 꾸몄다고 한다.371) 이에 대해 『고사기』쪽이 더 오랜 전승이라는 추정도 있다.372) 이상의 경우는 일본 건국신화에 있어 중요한 두 여신에 대한 것인데 후대로 가면서 그들의 신화상의 지위가 낮아지고 있는 것은 건국신화가 체계화되면서 부계 중심적으로 계보가 전승되는 것과 관련이 있을 것 같다. 여기서도 여성 신화 선행설 내지 남신으로의 전이 현상을 추측할 수 있는데 이는 건국신화의 체계화와 무관하지 않다는 것이다.

우리나라의 경우도 예외는 아니어서 선문데 할망이라는 거인 여신이 산천을 만들었다는 구전 설화가 제주도를 중심으로 전해 온다.373) 할망은 거신으로 대식가였고 그에 걸맞은 엄청난 배설물로 산천을 만들었다 한다. 이와 유사한 거인 할망 이야기가 경상남도와 충청남도의 해안 지대에서도 전승되는데, 삼천포의 드문돌 바위 전설은 지리산의 산신 신화와 거인 할망 이야기가 합류한 양상을 띤다.374) 이는 태초에 세상을 홀

---

368) 이종항, 앞의 논문(1996), p.30.
369) 이종항, 앞의 논문(1996), pp.30~31 참조.
370) 김열규, 앞의 책, p.199.
371) 김열규, 앞의 책, pp.198~199.
372) 김열규, 앞의 책, p.199 참조. 여기에서 저자는 이름을 밝히지 않고 한 일인 학자의 견해라고 하였다.
373) 장주근, 앞의 책, pp.227~228 참조.
374) 강남주, 『남해의 민속 문화』, 둥지, 1991, p.280 참조.

로 창조했다고 하는 대녀신 신화의 계통에 속하는 것으로 한반도 전 지역의 신성한 창조 신화라고 한 바 있다.[375] 이러한 류의 이야기는 더 찾을 수 있다. 명주의 노고 할미[376], 강화의 노과부[377]와 마귀할멈[378], 화성군의 마귀할멈[379] 등이 산천, 다리, 탑 등을 만들었다는 이야기들이 그것이다. 이들의 특징은 주로 도서 지방에서 전승되며 주변의, 큰 규모의

---

375) 졸고, 「여성 신화의 원리」, 『韓國文學硏究』, 동국대학교 한국문학연구소, 1997, p.466 참조.

376) 『구비문학대계』 2-1, 명주군 옥계면, p.568.
   옛날 옛날에 노고가 있는데, 이 노고가 산천을 전부 만들었대. 만드는데, 손이 얼마나 크고 힘이 얼마나 좋은지 그저 평평한 데 가서 줄을 쭉쭉 그으면 산이 되고, 골이 돼서 인물이 나고 이러는데, 그리고 나서 거기에 할미바우가 있고 그러는데, 거 와서 할미바우가 산천을 만드려고 전부 손으로 긋느려고 긋다보니, 그곳에 크은 암석이 나고, 그러니까 보기 좋거군 (후략)
   여기서의 '노고' 내지 다음에 소개되는 설화에서의 '마귀' 는 마고 할미 전승의 '마고'와 같은 것으로 음이 변한 것이다. 천혜숙은 이러한 마고 할미 전승과 설문데 할망 전승을 동일한 것으로 보고 이들을 이 글에서와 같이 "세계의 창조라는 신화적 의미와 연결된다"고 하였다. (천혜숙, 「여성신화연구(1): 大母神 象徵과 그 變容」, 『民俗硏究』 1, 안동대 민속학연구소, 1991, p.7)

377) 『구비문학대계』 1-7, 강화군 하점면 편, p.109.
   (전략) 홀어매가 여기 있는 송장이란 거시기 해가지구 육지라도 건너가게 해야 한다구 그러군 놋다리를 났데요. (후략)

378) 『구비문학대계』 1-7, 강화군 양도면 편, p.756.
   마귀할멈 얘긴 마귀할멈이, 뭐 온 바(바다)를 다 돌아다녀도 발등물도 안 됐는데, 여기 정포. 저 외포리 정포라는 데 거기 가니깐 음, 외포리 거기 오니깐두루 그 못에 오니깐두루 정갱이까지 쑥 들어 가드래지. 그러니깐 아이쿠 여기가 정통이구만 그래서 거기가 정포가 됐데지.

379) 『구비문학대계』 1-5, 화성군 송산면 편, p.512.
   (전략) 근데 전설에 의하면 이 탑을 신화의 일종이지만서두 인간들이 쌓은 탑이 아니고 마귀할머니가 육지에서 돌을 치며 섬에다 날르다가 쌓았다는 그런 탑이라는 전설이 내려오고 있습니다. 그런데, 그 중간에 육지와 그 섬 중간에는 쉬섬이라 하는 섬이 하나 있어요. 쉬섬, 쉬었다 갔대요. 그래서 쉬섬. 그래서는 마귀할머니가 그 돌을 가지고 가다가 쉬었다가 갔다고 해서 그 섬이름을 쉬섬이라구 지금까지 전하고 있습니다. 여기 그런 전설이 거기 있어요.

144

자연물 내지 인공물을 만들었다는 것으로 되어 있지만, 애초에는 선문데 할망과 마찬가지로 천지를 창조했다는 창조 신화였을 것이다.[380] 요컨대 한반도를 포함한 세계 각 지역에 천지, 인간 등을 창조한 지배적인 대녀신이 존재했다고 할 수 있다.[381]

그렇다면 고조선이나 고구려 건국신화의 원초형도 성모 신화였을 가능성이 높다. 이것이 환웅이나 해모수 등 부계신 중심의 신화로 대체된 것은 중국 대륙과 대치해야 했던 그들 나라의 지형학적·역사적 특수성 때문이라고 본다. 고구려가 중국 민족과의 투생 과정에서 성립하였고 또 성장하여 갔다[382]고 하는 것은 주지의 사실이거니와 고조선 또한 늦어도 기원전 14세기 이전에 등장하여 고대 중국의 제나라와 교역하였고 기원전 4세기 전반 연(燕)나라와 각축을 벌였다[383]고 하니 이들 국가가 일찍부터 중국 대륙과 충돌했음을 알 수 있다. 이러한 사정 때문에 이들 나라의 구성원은 호전적인 기질을 갖게 되었을 것이고 더불어 신화 내지 신앙 체계도 단선적이고, 그리하여 부계적인 성격의 것으로 구조화된 것이 아닌가 한다.[384] 물론 이는 사회 전반적인 구조적인 변화와 맞물려 있었을 것이다.[385] 특히 고구려의 경우 일찌감치 중앙집권적인 통치 체

380) 천혜숙은 여기에 돌을 옮겨다 놓은 '여장수', '오뉘힘내기', '떠내려온 산' 전승을 포함시키되 이들은 선문데 할망과 같은 대모신 상징이 사회역사적 배경 속에서 잠재되거나 몰락하는 모습을 전한다고 하였다. (천혜숙, 앞의 논문, pp.8, 14~21 참조)

381) 손진태는 "古代 民族 信仰上의 神은 大部分 女性"인데 "이것은 原始 社會에 있어 母權이 强하였던 것"에서 기인한다고 하였다. (손진태, 앞의 책, p.275)

382) 이기백, 『韓國史新論』, 일조각, 1967/1990, p.45.

383) 노태돈, 「삼국의 성립과 발전」, 『한국사특강』, 서울대학교출판부, 1990, p.40.

384) 김광섭은 『三國志』, 『漢書』, 『三國史記』에 나타나는 고조선과 부여, 고구려의 법속을 근거로 "北方社會는 南方社會에 비하여 일찍부터 强力한 父權社會를 형성했던 것"으로 보았다. (김광섭, 앞의 논문, p.5)

385) 노태돈은 한군현이 설치되면서 8조의 犯禁이 60여조로 갑자기 늘어난 것과 관련하여 "한 단계 앞선 중국의 문물과 제도가 상대적으로 소박한 사회구조와 문화를 지녔던 고조선사회에 무력침공을 통해 일방적으로 강요되어짐

제가 채용되기 시작하였는데 이는 왕위가 부자 상속에 의하여 계승된 것과 거의 동시적인 것이라 한다.[386]

요컨대 고조선과 고구려의 경우 중국 대륙과 힘겨루기를 해야 했던 그 역사적 특수성으로 인해 강력한 중앙집권적 통치 체제를 수립해야 했고, 그 과정에서 신화의 성격도 성모 신화 중심에서 부계신 중심으로 전환되었다고 본다.[387] 고구려의 경우 후대의 기록에 유화와 주몽을 대상으로 하는 모자신 숭배 신앙이 출입하는 것은 이러한 전환 이전의 오랜 습속이 민간에 남아 있었음을 말해 준다. 또 한 가지 덧붙일 것은 중국 대륙과의 접촉 과정에서 그 쪽으로부터 '여신→남신'의 영향을 받았을 가능성도 있다는 것이다. 앞의 경우가 사회·정치적 변화에 따라 신화의 성격이 바뀌었다 하여 중국과의 관련성이 간접적이었다면 이는 전파론적 견지에서 신화 내적인 영향을 상정한 것이다. 여기에 대해서는 중국 쪽의 사정을 먼저 검토해야겠고 더 많은 관련 자료를 대조한 이후에라야 결론을 내릴 수 있겠지만, 그 가능성만은 염두에 둘 필요가 있다고 본다. 이에 비해 신라와 가야의 경우 대륙과의 접촉이 훨씬 후대에야 이루어지기 때문에 상대적으로 자족적인 사회 분위기 속에서 성모 신앙

에 따라 생겨난 산물"로 "고조선사회의 전통적인 사회질서와 문화에 큰 충격과 혼란이 일어났음을 나타낸 것"이라 하였다. (노태돈, 앞의 논문, p.51)

386) 이기백, 앞의 책(1967/1990), p.53 참조.

387) 서대석은 서사무가 「제석본풀이」가 주몽 신화와 구조적으로 일치한다고 하였다. 그리고 이러한 일치는 국가가 형성되기 이전 여러 부족에서 전해지던 생산신, 부족수호신에 대한 신화가 한편으로는 국조 신화로 정착되고, 한편으로는 후대적 요소를 담으면서 현전하는 서사무가로 계승되었기 때문이라 하였다. 근원이 같다는 것인데 이를 "生産守護神으로 太陽崇拜를 한 部族에서는 父系가 强調되고 地母神의 崇拜가 中心이 되었던 部族에게는 母系 重視"되었다 할 때 전자의 부계적 성격에서 찾았다. 「제석본풀이」의 경우 "東北地域의 傳承類型은 父系가 强調되고 西南地域의 傳承類型은 母系가 重視"되는 것도 이 때문이라고 하였다. (서대석, 앞의 책, pp.89~110) 그렇다면 애초 부족 사회 때부터 동북쪽은 부계적이고 서남쪽은 모계적이라는 것인데 그것이 지역적인 차이에서 비롯한 것인 지 거기에 다른 변수가 있는 것인 지는 명확하게 제시하지 않았다.

의 전통이 잔존하게 되었다고 본다.[388] 중대 사회에 들어와 득성 원리에 따라 부계적인 성격의 것으로 신화가 체계화될 때 성모 신화를 홀대한 것과는 별 문제로 그 전통이 확인되기 때문이다.

둘째, 신라와 가야는 그 지역적 특성으로 인해 모권적 전통[389] 내지 거기에서 기인하는 여신 숭배 신앙과 성모 신화가 강하게 나타난 것이라고 본다. 모권적 습속은 농경 사회에 적합한 사회·문화적 틀이라고 하는데, 신라와 가야야말로 여기에 해당되기 때문이다. 특히, 신라의 경우 女, 女壻, 外孫 등의 왕위 계승, 거천(巨川)의 계보[390], 이중 성(姓)의 존재[391] 등 모권적 습속이 문헌상으로도 확인된다. 3명의 여왕이 존재한 것은 첫 번째와 관련된 것으로 한국 역사상 신라만의 유일한 현상이다. 물론 이를 신라 사회의 모권적 습속으로 보는 데 부정적인 논의들도 많다. 그 대표적인 논자로는 최재석을 들 수 있다. 그는 위의 왕위 계승과 관련해서는 여, 여서, 외손 등이 왕위를 계승한 일이 적지 않으나 子와 親孫이 더 많다고 했다. 그리고 거천의 계보 내지 이중 성의 존재 등은 모계 계승의 사례는 아니라고 했다. 모계제의 특색은 원칙적으로 재산이나 지위가 여성의 형제로부터 그 여성의 딸의 형제에 상속되어야 하기

---

388) 나희라는 특히 신라의 경우 "고구려, 백제와는 달리 국가의 성립과정과 그 발전에서 상당 기간 동안 커다란 외부세력과의 충돌이 없었기 때문에" 종교의식이 "국가 구성 집단의 통합과 체제 유지에 일정한 역할을 담당했다"고 하였다. (나희라, 앞의 논문, p.58)

389) 특히, 신라 상대의 모권적 습속에 대해서는 국내외의 많은 학자들에 의해 논의되어 왔다. 이들 논의의 대부분은 그 존재를 두고 긍정하는 편과 부정하는 편으로 나뉘어 있다. 이에 대한 연구사적 검토는 최재석의 '古代社會의 母系·父系의 문제'(최재석, 앞의 책, p.89 참조)로 미룬다.

390) 慶州戶長巨川母阿之女 女母明珠女 女母積利女之子 廣學大德大緣三重 (『三國遺事』 卷 第五, 神呪 第六, 明朗神印) 이는 모계 출자의 대표적인 사례로 자주 논의되어 왔다.

391) 朴堤上처럼 성씨가 문헌에 따라 김씨와 박씨로 다르게 표현되어 있는 것을 말한다. (『삼국사기』에선 박씨, 『삼국유사』에서는 김씨) 이는 신라 사회가 모계에서 부계로 이행하면서 성씨상의 혼란이 일어났다고 하는 논의의 대표적인 사례이다.

때문이라는 것이다. 또한 성도 모성(母姓)을 따르는 사례가 있으나 부성 (父姓)을 따른다고 했다.[392] 그런데 이상의 견해는 지나치게 현전하는 자 료에 의존한 것이다. 문자 이전의 시대에 관하여는 자료가 없기 때문에 말하기 곤란하나 기록이 전하는 삼국 이전과 삼국시대에 있어서 한국의 가족은 부계적인 원리가 우월하다는 것은[393] 기록으로 남아 있는 시대가 후대라는 점, 기록 당시의 사회상이 반영될 수도 있다는 점을 간과한 것 이다. 또한 기록상 부계적인 것이 더 많은 것은 사실이나 다른 나라와 달리 신라에 두드러진 모권적 유습이 전한다는 것은 특이한 현상으로 받아들여야 한다. 신라 왕실의 경우 왕위가 시조 혁거세의 子와 婿, 親 孫과 外孫에게 계승된 것으로 보아 왕위계승 면에서 子와 婿 간이나 親 孫과 外孫 간의 차별은 거의 없었던 것[394]이라면 이를 충분히 고려해야 한다는 것이다. 또한 그는 여, 여서, 외손의 일련의 왕위계승을 '비부계 적(非父系的) 왕위계승'[395]이라고 하는 등 모계적인 것을 비부계적인 것 으로 표현한다. 모계적인 것과 비부계적인 것은 구체적인 면에서 차이가 있겠지만 문헌 자료가 한정되어 있는 상황을 고려한다면 몇 가지 현저 한 특징을 통해 모계, 모권적 습속을 논의할 수 있다고 본다.

한편 고대의 여신은 산신과 중첩되어 나타나 그 선후를 가리는 것이 문제되기도 하는데[396], 신라와 가야에는 유독 여산신 전승이 많다는 점 또한 주목할 필요가 있다. 신라의 선도산 성모는 바로 선도산신이고, 가 야의 정견모주는 곧 가야산신일 뿐더러 신라의 경우 그외에도 많은 여 산신의 전승이 있다. 운제산 성모, 치술령 신모, 삼산(奈歷, 骨火, 穴禮)의

---

392) 이상은 최재석, 앞의 책, p.95 참조.
393) 최재석, 앞의 책, pp.95~96.
394) 최재석, 앞의 책, p.134.
395) 최재석, 앞의 책, p.145.
396) 홍순창은 산신은 원래 여성신이었는데 그러한 여산신이 女仙人 聖母, 國祖 의 聖母로 후세에 神聖化된 것이라 하여 산신이 선행한 것이라 하였다. (홍 순창, 앞의 논문(1983 a), p.61 참조)

호국산신 등이 그것이다. 홍순창은 산신의 사당이 경상도에 집중되어 있
는 것은 산신에 대한 숭배열이 다른 지역에 비하여 월등하였음을 시사
하는 것이라 하였거니와,[397] 이 역시 산록을 중심으로 하는 그들 나라의
지형적 특성에서 기인한 것이 아닌가 한다.

그런데 애초에 산신이 여신이라 할 때 이는 신라와 가야에서 여신 숭
배 전통이 강하였음을 말해주는 것이다. 손진태는 이를 두고 신라는 비
교적 모권의 풍이 강하게 남아 있던 나라이므로 모신(母神) 전설이 유전
된 것이라 한 바 있다.[398] 여기 모신 즉, 선도산 성모가 선도산신인 것은
물론이다. 가야의 경우 권주현은 그 신앙 체계의 특성으로 신모로서의
여신 숭배와 산신 신앙을 들었다.[399] 그리고 가야가 이러한 신앙 체계를
갖추게 된 것은 소백산맥에서 지리산으로 이어지는 산록의 지형 조건
때문이라고 하였다.[400] 요컨대 신라와 가야는 농경 지대와 산록이라는
지형적 특성에 따라 여신과 산신 숭배 신앙이 현저하되 그 둘이 섞이는
것도 같은 조건 때문일 것이다.

그런데 앞의 두 가지 관점은 다른 것이 아니다. 둘 다 양국의 지역적
특성에 기인한 것이기 때문이다. 대륙의 영향에 크게 좌우되지 않고 그
들 나름의, 그리고 인류사적 의미의 성모 신화를 보존하게 된 것도 양국
이 반도 남쪽의 자족적 공간[401]에서 역사 과정을 밟았기에 가능했던 것
이다. 역시 근본적 동인은 두 번째로서, 양국 나름의 지역적 특성에 따
른 성모 신화 전통이 인류학적 의미의 여신 선행설에도 부합된다고 보
아야 순리다. 다만 신라의 경우 그것이 좀 더 강하게 나타나는 것은 우
선 지역적 조건에 있어 신라가 가야보다 더 폐쇄적이기 때문이 아닌가

---

397) 홍순창, 앞의 논문(1983 a), p.62.
398) 손진태, 앞의 책, p.273.
399) 권주현, 「가야문화사연구」, 계명대학교 박사논문, p.124 참조.
400) 권주현, 위의 논문, p.123.
401) 이기동은 특히 신라의 경우 이를 '지역적인 閉鎖性', '지리적인 隔絶性', '自
閉的인 지역적 특징' 등으로 표현하였다. (이기동, 앞의 책, pp.9~10 참조)

한다.402) 방어선이자 장애물이기도 한 소백산맥으로 인해 신라는 다른 지역으로부터 오랫동안 고립되어 있었고 이러한 지역적 특징이 삼한・삼국시대에는 더욱 두드러지게 영향을 끼쳤을 것이라 한다.403) 자족적인 지역적 특성으로 인해 양국이 성모 신화를 보존하게 되었다면 둘의 차이도 같은 맥락에서 이해되어야 한다. 두 번째는 역시 건국신화의 체계화와 관련되어 있다고 본다. 신라의 건국신화는 앞의 전승을 일정 정도 안고 체계화되었기 때문에 그 과정에서 선도산 성모 신화가 잔존하게 되었던 것이다. 이에 비해 가야의 경우는 양대 건국신화 중 하나를 중심으로 집중적인 체계화가 이루어졌기 때문에 나머지 하나인 성모 신화가 패배의 신화로서 파편만 남게 되었다고 본다.

요컨대 신라와 가야의 건국신화에는 성모 신화 전승이 뿌리 깊게 자리 잡고 있는데 그것은 양국의 지역적 특성에 따른 모권적 습속, 여신 숭배 신앙에서 비롯된 것이다. 다만 건국신화가 체계화되는 과정에서 둘은 약간 다른 처지에 놓이게 되는데 선도산 성모 신화는 신화의 저층으로 물러난 반면 정견모주 신화는 신화의 밖에 존재하게 된 것이다.

(3) 선주민 신화의 존재

신라와 가야 건국신화의 첫머리엔 건국 이전에 선주한 집단의 시조 전승인 6촌장 신화404)와 9간 신화가 자리한다. 이는 그 외 다른 나라의

---

402) 이기동은 가야가 "일찍부터 해상교역의 중심지로 발달했다."고 하였다. (앞의 책, p.212)

403) 이기동, 앞의 책, pp.9~15 참조.

404) 앞의 2장 2절에서 논한 '6촌장 천강 신화'와 구별하기 위해 잠정적으로 6촌장 신화라 한 것이다. 전자는 오히려 후대 6부성씨 시조 신화라 할 만한 것인데 학계의 보편적인 신화명이기에 그것을 존중하고, 후대적인 요소인 천강담을 강조하기 위하여 6촌장 천강 신화라 한 것이다. 그렇다면 여기 '6'이라는 숫자는 구체적인 실상에 따른 것이다. 이에 비해 후자는 단순히 사로국 이전의 잡다한 선주민 집단의 존재가 반영된 것으로 보아 6촌장 신

건국신화에는 없는 것으로 양 건국신화의 특징이라 할 만하다. 물론 그 다른 나라 즉, 고조선, 부여, 고구려가 건국될 때에도 어떤 형태로든 선주민 세력이 있었을 것이고 그들 나름의 시조 전승이 있었을 것이지만[405], 그것이 신라와 가야의 경우처럼 현전하는 건국신화 문맥에는 나타나지 않는다. 게다가 6촌장 신화와 9간 신화는 양 건국신화에 단순히 삽입되어 있는 것이 아니라 중요한 요소로서 기능한다. 앞의 2장과 3장에서도 말한 바와 같이 6촌장과 9간 없이 양 건국신화의 본질적인 요소인 건국주의 탄생과 즉위 사건은 성립될 수 없기 때문이나. 그렇다면 이러한 선주민 신화가 유독 신라와 가야의 건국신화에만 존재하게 된 내력은 무엇일까 궁금하지 않을 수 없다.[406]

우선 각각 삼한의 소국들 중의 하나로서 양국의 전신인 사로국과 가락국이 성립되기까지 해당 지역에는 읍락이라고도 하는 촌 단위의 소규모[407] 사회·정치 집단이 상당수 존재했다고 한다.[408] 바로 사로 6촌과

화라 한 것이다. 여기에서 '6'이라는 숫자는 구체적인 실상보다 막연히 집단의 수가 많다는 것을 나타낸 것으로 보았다. 하지만 6촌장 천강 신화의 존재도 6촌장 신화에 기인한 것일 터이다. 가야의 경우 수로왕 신화에 포함되어 있는 9간 신화와 단순히 선주민의 존재가 반영된 9간 신화를 구분해 볼 수 있지만 신라의 경우처럼 분명하진 않다.

405) 특히, 고구려의 경우에 대해선 서영대, 앞의 논문, pp.192~217 참조.

406) 물론 백제도 공주로의 천도 이후 그 지역 토착 세력의 '곰나루' 설화를 건국 신화로 취하였다고 한다. (최래옥, 「現地調査를 通한 百濟說話의 硏究」, 『韓國學論集』 2, 한양대학교 한국학연구소, 1982, p.136 참조) 하지만 이러한 것이 현전하는 건국 신화에 나타나지 않는다는 점에서 신라, 가야의 경우와 다르다.

407) 이종욱은 특히, 6촌의 규모에 대해 직경이 10km 내외의 범위에 속하는 것으로 "인간이 교통수단의 보조 없이 일상생활을 하는데 적당한 규모"라고 하였다. (이종욱, 앞의 논문, p.9) 한편 이종욱은 9간을 6촌장과 유사한 존재들이라 한 바 있다. 문제가 되는 촌 내지 읍락 사회를 추장 사회라고 하는 것도 추장으로 기록되어 전하는 가락국의 9간을 염두에 두었기 때문이다. (앞의 논문, p.6 참조) 따라서 앞으로 본 절에서 이종욱의 논문을 참조할 경우 비록 6촌에 대한 것이라 할지라도 9간까지 적용된다는 의미에서 그렇게 할 것이다.

가락 9촌이 그것이다. 수적으로 상당하다는 것이 6이나 9라는 숫자[409]로 나타난 것이 아닌가 한다. 이들은 산곡 사이에 나뉘어 살면서 독립적인 생활을 영위하되[410] 제의를 통해 공동체적 유대 관계를 다졌던 것으로 알려졌다.[411] 그리고 이들 집단들은 상호 간에 '완만한 정치적 협의체'[412]를 구성하는 정도의 연대 관계를 맺고 있었다.[413] 즉, 촌 각각은 개별성을 강하게 지니는 동시에 다른 촌과는 연맹 관계를 통해 그들 모두의 문제적 상황에 대처했다는 것이다. 이러한 점이 신화에선 전자의 경우 각 촌 나름의 시조 전승을 남긴 것으로, 후자의 경우 왕위 추대에 대한 필요성을 공감하고 협의를 통해 국왕을 세우는 것으로 나타난 것이다. 이로써 사로국과 가락국이 성립될 무렵 해당 지역에는 개별적이면서도 상호 연계적인 다수의 강한 토착 세력[414]이 존재했다는 것, 이들의 정치적 필요성이 건국 과정에 일정하게 작용했음을 알 수 있다.

---

408) 김현룡은 특히, 신라의 경우 이를 산간 지방과 농경 사회라는 지역적 특성과 관련시켜 "넓은 평야지대가 아니므로 산간에 소집단으로 모여 살아야 한다."고 하였다. (김현룡, 앞의 책, p.57)

409) 정중환은 특히 '9'라는 숫자와 관련하여 "원래 자연형성적인 부(部)나 촌의 수인지 아니면 九干의 9수가 어떤 관념적인 수 개념에서 나온 숫자인지 알 수 없다." 하고서 이것이 중국의 관제에 기인한 것일 수도 있다 하였다. (정중환, 앞의 논문(1991), pp.97~98 참조)

410) 이에 대해 이종욱은 "6촌은 각기 일정 영역에 분거하는 독립된 세력집단으로", "각기 독자적인 씨족명과 씨족의 노래, 그리고 조상들에 대한 제사의식이 있었을 가능성이 크다."고 하였다. 그리고 "각 촌장세력은 독립된 정치집단으로 존재하였고, 자연 촌장들마다 독자적인 정치조직과 통치영역을 가진 것"으로 추정하였다. (이종욱, 앞의 논문, pp.5~6, 23)

411) 김두진, 「三韓時代의 邑落」, 『韓國學論叢』 7, 국민대학교 한국학연구소, 1985, p.23 참조 ; 김현룡, 앞의 책, p.57 참조.

412) 이종욱, 앞의 논문, p.22 참조.

413) 임재해는 이는 특히, 6촌의 경우 "이웃 지역의 마한이나 변한 또한 부족연맹국가로서 그 세력을 계속 확장하고 있는 터라, 그들의 세력에 맞서면서 침략전쟁에 효과적으로 대응하려면 정치적·군사적 동맹을 맺을 필요"가 있어서일 것이라 하였다. (임재해, 앞의 책, p.197)

414) 김두진, 앞의 논문(1985), p.45 참조.

152

그런데 이들 선주민 집단은 오래 존속했다고 한다.[415] 이것은 그들이 유독 강한 집단이었다는 것과 무관하지 않을 것이다. 물론 북쪽의 고조선이나 부여, 고구려[416]에 비해 삼한의 경우 이들 촌 단위의 집단이 오래도록 존속한 것[417]엔 까닭이 있을 것이다. 촌은 전쟁, 그것이 촉진하는 강력한 연맹 왕권의 성립으로 인해 와해된다고 하는데[418] 삼한의 경우 그 지형학적 조건으로 인해 특히, 중국 대륙과의 충돌에서 장기간 비켜설 수 있었고 그 때문에 강력한 연맹왕권에 대한 필요성 또한 절감하지 못했을 것이다. 요컨대 사로국과 가락국이 건국되기 전에 해당 지역에는 촌 단위의 소규모 정치 집단이 강한 세력으로서 오래 존속했음을 알 수 있다. 이들의 특이한 존재가 후대에까지 깊이 각인되어 있기에 그 본래의 시조 전승인 6촌장 신화와 9간 신화가 양 건국신화에 들어 있게 된 것이라 본다.

뒤늦게나마 삼한에서도 여러 가지 내외적 요인에 의해 연맹왕국을 결성할 필요가 있었을 것이다. 특히 내적으로 선주민 세력이 워낙 이질적이고 개별화되어 있어[419] 그들 간의 의견을 조율하고 돌출적인 사항을 통제할 필요가 있었을 것이다.[420] 그런데 그 과정 상 북쪽의 부여나 고

---

415) 이종욱은 지석묘의 축조시기를 근거로 해 그 존속 기간을 "기원전 7세기 경부터 기원전 2세기 경까지"로 보고 있다. (이종욱, 앞의 논문, p.7)
김두진은 "邑落은 紀元을 前後한 時期에서부터 AD 3世紀 頃에 걸쳐 存在"했다고 하여 다른 견해를 내놓았다. (김두진, 앞의 논문(1985), p.45) 그런데 김두진은 후대의 자료를 주로 활용해 소국으로 통합되는 국면에 논의의 초점을 맞춘 결과 읍락 자체의 존속 기간이 이처럼 후대로 내려왔다고 생각한다.
416) "古朝鮮, 高句麗, 夫餘 등은 일찍이 酋長社會段階를 벗어나 小國 또는 그 이상의 정치 발전 단계에 있었다"고 한다. (이종욱, 앞의 논문, p.7)
417) 김두진은 "북쪽의 高句麗나 夫餘의 경우 邑落이 다소 빨리 瓦解되고 있었는가 하면, 남쪽의 三韓에서는 그것이 그대로 유지되고 있었다."고 하였다. (김두진, 앞의 논문(1985), p.20)
418) 김두진, 앞의 논문(1985), pp.20~21 참조.
419) 김두진, 앞의 논문(1985), p.44 참조.
420) 나희라, 앞의 논문, p.62 참조.

구려처럼 건국 주도 세력의 일방적인 의도나 무력에 따른 것이 아니라 선주민 세력의 협의를 통한 추대 형식에 따라 건국주를 세움으로써 연맹왕국을 자발적으로 결성했을 것이다. 이는 앞의 논의와 다른 것이 아닌데, 토착 선주민 세력이 워낙 강하게, 오랜 기간 존속했기에 그들 나름의 사회·정치적 제도 내지 관념이 엉성하지 않았을 것이고[421], 따라서 그들의 의사가 크게 존중되었을 것이기 때문이다. 이러한 점이 신화에 반영되어 특히, 신라의 경우 6촌장의 간절한 바람에 따라 건국주가 출현하는 것으로 되어 있는 것이다. 물론 이러한 협의를 통한 왕위 추대라는 뿌리 깊은 정치적 습속이 후대에 계승된 것이 바로 신라 특유의 화백 제도라고 본다.[422]

마지막으로 이러한 정치적 통합 못지않게 종교, 신화적 차원의 통합도 있었을 것이다. 6촌과 9촌에는 각기 독자적인 시조 신화와 제사 체계가 있었다고 한다.[423] 그리고 오랜 존속 기간을 고려하면 그것들이 다른 나라의 경우에 비해 비교적 정교하게 다듬어져 있었을 것이다. 따라서 정치적 통합의 일환으로 특히 신화를 통합할 경우 이들 집단 본래의 그것이 크게 고려되었을 것이 아닌가 한다. 앞의 2장에서 6촌 중 주촌인 양산촌의 시조 전승이 혁거세와 알영 신화로 계승되었다고 한 것도 같은 맥락이다. 물론 현전하는 6촌장 신화와 9간 신화는 그 본래의 모습을 잃은 채 촌장 이름과 전자의 경우 후대적 요소인 천강담만 전하지만, 이로써도 그것들이 건국 이전의 선주민 신화의 존재와 그 중요성을 전하기에 충분하다고 본다. 다른 건국신화에는 이 정도의 편린조차 들어 있지

---

421) 이종욱은 이러한 사회 집단의 경우 "정치적 권력이 생겨난 사회"이지만 "사로 6촌 지역 전역을 아울러 통치할만한 단일한 정치세력이 존재하지 않았고" "완만한 정치적 협의체인 6촌장회의를 구성하고 있었던 것"이라 추정한 바 있다. (이종욱, 앞의 논문, pp.18~20, 22)

422) 김정학, 「加耶의 起源과 發展」, 『伽倻文化』 4, 가야문화연구원, 1991, p.184 참조 ; 정중환, 앞의 논문(1991), p.132 참조 ; 나희라, 앞의 논문, p.73 참조 ; 임재해, 앞의 책, p.191 참조.

423) 이종욱, 앞의 논문, p.21 참조 ; 나희라, 앞의 논문, pp.65, 71 참조.

않기 때문이다. 한편 양 건국신화를 공공 의례의 구술적 상관물이라고 하는 견해가 있다.[424] 이를 받아들인다면, 현 신화 문맥은 종교적 통합의 일환으로 선주민 세력의 시조 전승이 건국신화로 계승된 것을 반영하는 것이라 할 수 있다.

지금까지의 논의를 정리하면 신라와 가야의 전신인 사로국과 가락국이 성립되기 전 해당 지역에는 오랜 정치적, 종교적 습속을 지닌 선주민 세력이 존재했다. 이 때문에 양 건국신화에 6촌장 신화니 9간 신화니 하는 선주민 신화가 들어 있게 된 것이다. 그런데 둘 간에는 차이점도 있다. 가야의 경우엔 수자상으로도 9라고 했으니 더 많은 수의 정치 집단이 있었음을 반영한다. 게다가 9간과 건국주 수로 외에 5가야의 왕이 더 있다. 신라의 경우 '6촌장→혁거세'라면 가야는 '9간→6가야 왕→수로'가 되는데 6촌장 중 하나가 혁거세라는 의견[425]을 받아들인다면 신라의 '6촌장→혁거세'에 '6가야 왕→수로'가 대응하게 되어 가야에는 9간이라는 한 층이 더 있는 것이다. 가야의 경우 건국주를 둘러싼 선주민 신화가 이중적[426]이라는 것이다. 이는 가야가 신라에 비해 선주민 때부터 더 다원적이었음을 반영하는 것이 아닌가 한다. 김정학은 삼한 중 가야의 경우 그 구성체들 간에 이합집산이 심해 시대에 따라 나라의 수와 이름이 다르다고 한 바 있다.[427] 여기에는 신라 역시 다원적인 여러 구성체들을 통합하면서 성장해 갔지만 결국 중앙 집권적인 통합체를 결성한 것과는 반대로 가야의 경우 끝내 그러지를 못하고 개별체로서 존립하다 망했다는 후대의 가야사 인식이 작용하기도 했을 것이다.

---

424) 나희라, 앞의 논문, pp.72~73 참조.
425) 나희라, 앞의 논문, p.72 참조.
426) 김현룡, 앞의 책, p.69 참조.
427) 김정학, 앞의 논문(1991), p.166 참조. 김현룡은 이와 관련하여 "이것은 통합성이 아닌 개별성으로서, 여섯 가야의 독립성이 신라 6촌보다 더 강했던 까닭이 아니었던가" 추정한 바 있다. (김현룡, 앞의 책, p.69)

2) 체계화의 측면

(1) 체계화의 과정

신라와 가야 건국신화는 7세기를 전후한 삼국 통일기를 거치면서 가장 복잡한 형태로 체계화되었다는 공통점을 지닌다. 신라의 경우 6촌장 천강 신화＋3성씨 시조 신화, 가야의 경우 현전하는 『가락국기』형 수로왕 신화가 바로 그 산물이다. 이는 특히, 그 시기를 넘지 못하고 망한 다른 나라, 예컨대 고조선과 부여는 물론이고 특히 고구려의 경우와 다른 것이다.[428] 물론 나라가 망했어도 그 지역민이나 관련 집단 등에 의해 전승이야 되겠지만 건국신화의 속성 상 그 명맥은 약한 것이다.[429] 건국신화의 주요 전승 담당층은 당대의 문사를 비롯한 지배자 집단이다.[430] 따라서 그것이 어떠한 형태로든 후대에까지 전승된다 하더라도 전승 담당층이 현실적으로 개입하지 않는 한 건국신화 전승으로서 큰 의미가 없다고 본다. 즉, 국가라는 실체가 존속하지 않는 한 건국신화의 신성성과 그로 인한 권위는 기대할 수 없는 것이다.[431] 특히, 이 글에서

---

[428] 조현설은 문자화를 거쳐 일단 "완결된 건국 신화가 문헌전승의 과정에서 특별한 의도의 개입에 의해 변이를 일으키는 현상"을 '再編'이라 한 바 있다. (조현설, 앞의 논문, p.227) 고조선, 부여, 고구려 등의 건국 신화는 국내외의 많은 문헌 전승을 남겨 재편의 견지에서는 충분한 논의가 가능하다. 하지만 국가라는 실체가 존속하고 그 지배 집단의 특별한 의도가 개입되어 건국 신화가 좀 더 복잡한 형태로 통합된다는 '체계화'의 측면에서 보면 사정이 다르다. 이들 나라의 건국 신화로선 체계화를 논할 수 없다는 것이다.

[429] 조현설은 특히, 고조선의 경우를 들어 "고대국가가 유지되고 있던 시기에는 건국신화가 단군신화로 그 실체를 유지하며 건국신화로서의 기능과 힘을 지녔을 터이지만 씨족을 하나로 묶는 국가라는 인위적 강제가 사라지자 건국신화는 그 존재기반을 상실했을 것이다."라고 하였다. (앞의 논문, p.138)

[430] 조현설, 앞의 논문, pp.223~224 참조.

[431] 나경수, 앞의 책, p.186 참조 ; 조현설, 앞의 논문, p.227.

는 그 구조상 복잡한 것으로 통합되되, 거기에 당대 지배 계층의 특수한 의도가 일정하게 작용할 경우, 건국신화가 체계화되었다고 하였다. 이러한 점에서도 앞서 다른 나라의 경우 7세기를 전후하여 더 이상 건국신화의 체계화는 없었다고 할 수 있다. 물론 가야의 경우는 예외다. 가야의 경우, 특히 고구려보다도 일찍 망했기에 7세기를 전후한 건국신화의 체계화란 있을 수 없다. 하지만 앞에서도 말했지만 가야의 건국신화는 특이한 사정으로 인해 오히려 7세기쯤에 가장 복잡한 구조를 이루게 된다. 이는 어디까지나 신라 쪽의, 통일 과업의 성취 내지 그로 인한 권력 구조의 재편432), 건국신화의 체계화와 맞물려 있다는 점에서 주목할 만한 것이다.

초기 부족 국가 시기부터 인근의 숱한 이질적인 집단들을 흡수·통합하면서 성장하고 고대 국가의 틀을 잡아 나간 신라에 있어서 최종적인 과업은 삼국 통일이다. 이는 통일로부터 주어지는 이득 차원이 아니라 통일하지 않으면 자기가 죽어야 한다는 생사의 문제에 다름 아니다.433) 그만큼 통일 과업이란 신라에 있어 최후의, 중대한 사안이다. 그런데 이것을 이루는 데 가장 크게 공헌한 이들이 다름 아닌, 태종무열왕, 문무왕, 김유신 등 가야계 김씨 관련 집단이다. 신라에 있어 이들 집단은 영웅 중의 영웅이요, 진정한 건국주에 다름 아니다. 이들에 대한 숱한 설화가 전해지는 것은 이 때문일 것이다. 이들 집단은 실제로도 그러한 대업을 이루는 데 발분했을 뿐만 아니라 그 이후에도 국력을 결집하고 왕실의 정통성을 다지는 데 힘썼다. 건국신화가 좀 더 복잡한 형태로 체계화된 것도 이러한 작업과 무관하지 않을 것이다.

그런데 이 집단에게는 지배 세력으로서 남다른 정치적 고민도 있었다. 애초 무열왕 김춘추부터 진골 출신이라 왕이 되기에는 자격 미달이었던

---

432) 김철준, 앞의 책(1990), pp.172~195 참조.
433) 김철준은 이에 대해 "원래부터 후진이었던 新羅가 그 국가 존속만을 목적으로 하여 투쟁"하였다고 하였다. (앞의 책(1990), p.152)

것이다. 그 아들 문무왕 법민의 사정도 마찬가지이다. 더욱이 김유신은 왕실과는 거리가 있는 가야 출신이다. 이러한 신분적 약점이 그들의 진출에 큰 장애가 되었고 그들의 정치적 거취에 결정적 역할을 하였을 것이다. 어찌 보면 이러한 정치적 약점을 보완하느라 그들은 삼국 통일의 과업에 그렇게 열을 올리고 아울러 자기들끼리 혼인을 통한 결속을 일찌감치 해두었는지도 모를 일이다. 어쨌든 그들은 혼신의 힘을 기울여 삼국 통일의 과업을 성취하였다. 그리고 이후 신라 정치 집단의 권력 구조는 기존의 왕실 3성 중심이 아닌, 그들 가야계 김씨 중심으로 재편되었다. 이제 왕실 세력인 무열왕, 문무왕계는 물론이고 김유신 관련 집단도 친왕실 세력으로서 권력을 보장받았다.

이들의 정치적 야심은 여기에서 멈추지 않았다. 혹은 외가로, 혹은 친가로 양 집단의 조상인 수로왕에 대한 혈통 확인을 통해 자신들이 또 다른 나라의 왕실 자손임을 천명한 것이다. 망국과 함께 제사마저 소홀했던 수로왕에 대한 추모 열기가 김해 수로왕릉을 중심으로 재개된 것은 이 때문인 듯하다. 이러한 국면에서 많은 추모 사업이 일어난 것이다. 이들은 이어 『개황력』이라는 책을 통해 가락국 왕력을 정리하는 한편 전승이 막혀 있던 가야 건국신화를 수습해 장황하고 화려한 서사체를 남긴 것이다. 물론 그 중심은 수로왕이다. 이 수로왕 신화야말로 가야 김씨 세력의 당대 정치적 여건을 떠받치기에 충분하다. 신화가 역사를 추동한 것이다. 이렇게 해서 가야 건국신화는 오히려 7세기를 전후해 가장 화려한 꽃을 피우게 된 것이다. 삼국 통일이라는 역사적 사건이 신라를 제외한 다른 나라의 경우, 건국신화의 지속적인 체계화 과정을 차단했다면 가야의 경우는 오히려 이 때문에 건국신화가 존속하게 되었을 뿐만 아니라 더 확장되고 공표되는 행운을 누린 것이다. 하나의 역사적 사건을 중심으로 신화 전승의 희비가 엇갈린 것이란 점에서 역사가 신화를 추동한 것에 다름 아니다. 요컨대 7세기의 삼국 통일이라는 하나의 역사적 사건을 중심으로 신라와 가야의 건국신화는 가장 복잡한 구조로

158

체계화되었다고 할 수 있다. 이를 특히 그 외 다른 나라의 신화 운명과
비교해 볼 때, 그리고 가야 신화의 특이한 경우를 생각해 볼 때 신화가
역사를, 역사가 신화를 추동한 것임을 알 수 있다.

한편 양 건국신화는 각이한 역사적 사정으로 인해 체계화의 성격을
달리한다. 신라의 경우 통일기 무렵 전제 군주적 통치 체제를 이루기까
지 3성 왕위 교대 등 전 역사적 과정이 긍정적인 유산으로 인식되었다.
그러한 것이 건국신화에도 영향을 끼쳐 전 단계의 개별 전승을 안고 복
잡한 형태로 나아가는 쪽으로 체계화를 이룬 것이라 본다. 이에 반해 가
야는 고대 국가로 발전하지 못한 채 연맹국 상태에서 망했으므로 건국
신화가 체계화될 여지가 없었다. 다만 통일기 신라의 가야 김씨 집단의
손에서 현실적 목적을 위해 재정비됨으로써 『가락국기』형의, 극도로 장
황하고 과장된 서사체를 이루게 된 것이라 본다.

(2) 체계화의 원리

신라와 가야 건국신화가 체계화되는 데 가장 큰 영향을 미친 것은 성
씨 취득을 동반한 권력 집단의 계보 의식[434]이 아닌가 한다. 신라의 경
우 왕실 3성뿐 아니라 6부성씨의 취득, 가야의 경우 김유신을 비롯한 문
무왕대의 가야 김씨 취득의 역사적 의미가 건국신화의 체계화에 근원적
원리로서 작용했다는 것이다. 물론 건국신화는 건국의 신성성과 왕통의
정통성을 확인하는 기능[435]을 가져 그것이 체계화될 때에도 이러한 일반
적인 의미망을 벗어나지 않을 것이다. 따라서 신라와 가야의 건국신화가
체계화되는 데에도 이러한 건국신화 일반의 원리가 작용했을 것이다. 그
런데 이들 양국은 몇 단계에 걸쳐 숱한 이질적 집단들을 통합하면서 역

---

434) 近藤時司에 의하면 성씨의 기원을 말하는 설화는 "계보를 존중하는 풍습"
과 관련 있다고 하였다. (近藤時司, 앞의 논문, p.68)
435) 나경수, 앞의 책, p.181 참조 ; 조현설, 앞의 논문, p.165 참조.

사적 과정을 밟았다. 더욱이 신라의 경우는 왕실 집단 자체가 후대에까지 셋으로 갈려 있었고 가야의 경우 끝내 통합 국가를 이루지 못하고 다원적 연맹 체제로 역사를 마감했다. 따라서 양국의 경우는 일반적인 건국신화 원리 외에 그들 나름의 특이한 원리를 갖게 된 것이라 본다.

　신라의 경우 건국 주체 세력이 일원적이지 않고 다원적이라는 점, 어쨌거나 그들 간의 왕위 계승 제도에 의해 국가가 발전했고 삼국 통일이라는 과업을 이루게 되었다는 점 등이 건국신화의 체계화에 반영되었을 것이다. 혹은 그렇기 때문에 체계화가 더 필요했을 지도 모른다. 3성씨 신화를 보면 3성씨 시조들은 상호 보완적인 관계를 맺고 있되, 각기 독특한 신성성을 갖고 있다. 전자의 측면에서 볼 때 이들의 조화로운 관계가 돋보이는데 이것이 신라 건국신화의 일반적인 원리에 상응하는 것이다. 세 신인의 신통력에 의해 건국되었다는 점에서, 건국의 신성성과 정당성이 중층적으로 발현되는 것이다. 그렇다면 후자의, 각기 독특한 신성성이라는 것도 강조될 필요가 있다. 조화의 성분이 각기 독특한 것일 때 그 결합이 한층 빛날 것이기 때문이다. 여기에 작용하는 것이 계보 의식이다. 그리고 그것이 표면에 드러나기는 성씨 유래담이다. 물론 일반적으로 생각하듯 셋 상호 간의 배타적인 계보 의식이 아니라 셋을 그 외 다른 집단과 구별해 주는 중층적인 계보 의식이다. 이러한 점은 그 때쯤 한자식 성씨가 사용되기 시작했다는 사실과 무관하지 않다. 성씨 취득이 왕실 3성에서 비롯했다는 점을 볼 때, 그것이 당시 신라 사회에서 신분을 구별하고 지배 계층의 배타적 권력을 나타내는 표지였다는 점에서 이를 통해 계보 의식이 구체화되었을 것이다. 요컨대 신라의 경우 건국의 신성성 내지 왕실의 정통성이라는 일반적인 건국신화의 원리가 체계화에 작용하되, 그것이 특이한 사회·역사적 상황 하에 계보 의식이라는 원리로 구체화되었다는 것이다.

　가야의 경우 건국의 신성성이라는 일반적 원리는 이미 기존의 『고기』형 1난생담에 있던 것이지만, 그것이 가야 김씨 세력의 개입에 의해 더 확장되고 강조되었다고 할 수 있다. 즉, 여기에서는 계보 의식이라는 구체적 원리가 신성성이라는 일반적 원리를 확장하면서 체계화시켰다는 것이다. 그리고 체계화의 과정이 단계적인 과정을 밟기보다 비정상적이다 보니 신성성이라는 일반적 원리가 과장되어 나타난 듯 하다. 물론 신라의 경우처럼 왕통이 다원적이지 않기에 계보 의식도 좀더 단순하게 작용한 듯 하다.

5. 결 론

신라와 가야의 건국신화에는 여러 개별 전승들이 착종되어 있다. 이는 양국이 그 초기부터 소집단들을 통합하면서 활로를 잡았다는, 복잡다단한 역사적 과정이 신화에 반영되었기 때문이다. 이러한 양국의 건국신화의 특성을 제대로 밝혀내기 위해서는 개별 전승들의 신화적 의미와 그것들 간의 관계에 초점을 맞추어 연구해야 한다.

여기에서 개별 전승이라 함은 현전하는 신화 문맥에는 약하게 남아 있지만 한 때는 일정 지역에서 절대적 신성성을 발현했을, 성모 신화, 시조 신화, 건국신화를 말하는 것이다. 이것들은 역사적 상황에 따라 좀 더 복잡한 형태로 통합되어 갔을 것인데 이러한 현상을 체계화라 한다. 이는 양국 건국신화의 특징을 드러내는 데 긴요한 개념이다.

이 글에선 신라와 가야 건국신화의 개별 전승 몇 가지를 재구해 내고 이것들이 역사적 상황에서 체계화되는 과정을 검토해 보았다. 그리고 역시 개별 전승과 체계화의 측면에서 두 신화를 비교하였다. 이를 요약하여 결론으로 삼고자 한다.

우선 2장에선 신라의 경우 선도산 성모 신화, 6촌장 천강 신화, 이성(二聖) 신화, 3성씨 시조 신화라는 개별 전승을 재구하고 그것들이 체계화되는 양상을 검토해 보았다. 요약하면 양산촌의 시조 신화가 사로 집단의 국조 신화가 되었을 것인데 그 구조는 성모가 남매신을 낳았다는 것이다. 이를 현전하는 신화 문맥에 나타나는 선도산 성모가 혁거세와 알영 이성(二聖)을 낳았다는 것과 관련시켰다. 이것이 신라 건국 신화의 근간이 되는 것으로 개별 전승으로 말하면 성모→이성(二聖) 신화라 할 수 있다.

6세기 무렵 고대 왕 계보의 정리, 『국사』의 편찬, 한자식 성씨 사용이 계기가 되어 신라 건국 신화는 기존의 성모·이성(二聖)이 아닌 박혁거세, 석탈해, 김알지 등 3성씨 시조를 중심으로 체계화되었다. 3성 왕위 교대 제도가 긍정적인 유산으로서 건국 신화 전승에 영향을 끼친 결과이다. 그리고 이들 3성씨 시조 전승은 현전하듯 별개로서가 아니라 하나의 통합된 구조물로 존재했다. 이러한 것은 현전하는 이들 세 편의 신화가 상호 간에 신화적 요소를 나누어 갖고 있다는 점에서 확인된다. 세 신인이 신라의 건국 과정에 자기 방식대로 기여한 바가 반영되어 신화 요소 간 동이 현상이 일어난 것이다. 이상의 논의를 개별 전승으로 말하면 이성(二聖) 신화→3성씨 신화이다.

마지막으로 6부성의 취득은 삼국 통일과 그 후 국가 체제의 정비 과정에서 발생한 각 족단의 세력 변동을 단계적으로 편제하는 과정에서 발생했다고 한다. 따라서 이들 6부성 집단은 통일을 전후한 과정에서 왕실 중심의 지배족과 연결되어 있었을 것이다. 3성씨 시조 신화에 현전 형태의 6촌장 천강 신화가 첨부된 것은 이 때문이다. 6촌장 천강 신화는 천명사상을 내걸 필요가 있는 시대를 배경으로 왕실과 6부성 집단의 이해가 합치되는 지점에서 3성씨 신화의 머리에 놓인 것이다. 신라 건국 신화는 여기에 와서 가장 복잡한 체계를 갖추게 되는데 이를 개별 전승으로 말하면 3성씨 시조 신화+6촌장 천강 신화이다.

3장에선 가야 건국 신화의 개별 전승과 체계화 과정을 살펴보았다. 가야의 경우 민간전승으로 전하는 2난생담의 정견모주 신화가 가야 전 지역의 시조 신화였을 것이다. 성모가 알의 형태로 형제를 낳았다는 것은 가야사의 특수성, 즉 연맹체 내의 제 부족이 역학 관계에 따라 이합집산 했음을 반영한 것이다. 이것이 한 편으로 2형제 신화인 대가야의 건국 신화로, 다른 한편 천강 난생담의 『고기』형 수로왕 신화로 계승된 것으로 보인다. 그 중 대가야의 건국 신화는 망국과 더불어 전승이 차단되어 후대에 확장되고 윤색될 여지를 얻지 못하고 탄생담만 남게 되었다. 수로왕 신화 역시 『고기』형의 천강 난생담으로 전승되다가 마찬가지의 운명에 처해 있었다. 그러다가 삼국 통일기 무렵 가야 김씨 세력의 성씨 취득을 계기로 『개황력』이 편찬되고 그 후속 작업으로 그들 중심의 시조 신화이자 금관국 건국 신화가 정비되었다. 이것이 『가락국기』형 수로왕 신화이다. 여기에 와서 수로왕 신화는 극도로 복잡하고 장황한 수식을 입게 되는데 그 특징적인 변모 양상은 수로→김수로, 1란→6란이다. 이로써 볼 때 가야 건국 신화의 체계화란 수로왕 신화에나 적용될 수 있을 터인데, 여기서의 체계화는 앞선 전승이 자연적, 단계적으로 통합되어 이루어지는 것이 아니라는 점에서 비정상적이다. 이는 망국과 함께 전승이 차단되어 잊혀져 가는 건국 신화를 관련 집단이 현재적 목적을 위해 재정비하였다는 의미에서이다. 수로왕 신화의 과장된 신성 원리는 여기에서 비롯된 것이다.

　마지막으로 4장에선 신라와 가야 건국 신화를 개별 전승과 체계화의 측면으로 나누어 비교해 보았다. 요약해 보면 두 신화는 개별 전승의 측면에서 첫째, 다원성이라는 공통점을 갖는다. 즉, 두 신화에는 다양한 개별 전승이 존재했다는 것이다. 하지만 양국이 다양한 개별 전승을 남기게 된 맥락은 각이하다. 신라의 경우 소집단들을 통합하면서 하나의 고대 국가로 체계화되는 오랜 과정 속에서 그들의 시조 전승을 포용한 결과로 다원적인 건국 신화의 개별 전승을 남긴 것이다. 이에 비해 가야의 경우는 연맹체적 소집단들이 두 개의 중심을 놓고 이합집산을 했음이 반영되어 독립적인 양대 신화 전승이 남게 된 것이다.

　둘째, 두 신화에는 성모 신화가 존재한다. 신라의 선도산 성모 신화, 가야의 정견모주 신화가 그것이다. 이는 양국의 지역적 특성에 따른 모권적 습속, 여신 숭배 신앙에서 비롯된 것이다. 또한 신라와 가야의 경우 대륙과의 접촉이 훨씬 후대에야 이루어지기 때문에 자족적인 사회 분위기 속에서 성모 신앙의 전통이 잔존하게 된 것이다. 다만 건국 신화가 체계화되는 과정에서 둘은 약간 다른 처지에 놓이게 되는데 선도산

성모 신화는 신화의 저층으로 물러난 반면 정견모주 신화는 신화의 밖
에 존재하게 된 것이다.

셋째, 신라와 가야의 건국 신화에는 6촌장 신화와 9간 신화라는 선주
민 신화가 들어 있다. 이는 해당 지역의, 오랜 정치적, 종교적 습속을 지
닌 선주민 세력의 존재가 반영된 결과다. 다만 특히, 6가야의 왕이 더
있어 선주민 신화가 이중적이라는 점을 볼 때 가야는 신라에 비해 그
구성체가 더 다원적이었던 것 같다. 또한 여기에는 신라 역시 여러 집단
들이 각축을 벌이긴 했지만 결국엔 그들을 이끌어 중앙 집권적인 통합
체를 결성한 것과는 반대로 가야의 경우 끝내 그러지를 못하고 개별체
로서 존립하다 망했다는 후대의 가야사 인식이 작용하기도 했을 것이다.

4장 2절에선 체계화의 과정을 중심으로 신라와 가야의 건국 신화를
비교해 보았다. 우선 신라와 가야의 건국 신화는 7세기를 전후한 삼국
통일기를 거치면서 가장 복잡한 형태로 체계화되었다. 신라의 경우 6촌
장 천강 신화+3성씨 신화, 가야의 경우 현전하는 『가락국기』형 수로왕
신화가 그 산물이다. 이는 그 시기를 넘지 못하고 망한 다른 나라의 경
우와 대조적이다. 건국 신화는 본질적으로 국가라는 실체 하에 현실적으
로 존재하는 지배자 집단의 정치적 담론이라면 신라와 가야의 경우는
이에 부합된다. 다만 가야의 경우는 그 시기 이전에 망했지만 건국 신화
의 체계화가 신라 쪽에서 이루어졌다는 점에서 특이한 사례다.

우선 신라의 경우 삼국 통일이라는 중대한 과업을 성취한 무열왕, 문
무왕, 김유신을 중심으로 권력 구조가 개편되자 그들에 의해 신라 건국
신화가 가장 복잡한 형태로 체계화되었다. 그 다음에 역시 이들 가야 김
씨 관련 집단에 의해 그들의 조상인 수로왕 신화가 체계화되었다. 삼국
통일이라는 역사적 사건이 신라를 제외한 다른 나라의 경우, 건국 신화
의 체계화를 차단했다면 가야의 경우는 오히려 이 때문에 건국 신화가
존속하게 되었을 뿐만 아니라 더 확장되고 공표되는 행운을 얻었던 것
이다. 요컨대 삼국 통일이라는 하나의 역사적 사건을 계기로 신라와 가

야의 건국 신화는 가장 복잡한 구조로 체계화되었다고 할 수 있다.

둘째, 신라와 가야의 건국 신화가 체계화되는 데 가장 큰 영향을 미친 것은 성씨 취득으로 구체화된 권력 집단의 계보 의식이다. 이것이 양국의 건국 신화에 있어 체계화의 원리이다. 물론 건국의 신성성과 왕실의 정통성을 천명한다는, 일반적인 건국 신화의 원리가 양국의 각이한 역사적 사정에 따라 계보 의식으로 구체화된 것이다. 다만 가야의 경우 계보 의식이라는 구체적 원리가 신성성이라는 일반적 원리를 확장했다는 점에서 신라의 경우와 다르다.

지금까지 연구 결과를 보건대 이 글은 몇 가지 점에서 크게 보완해야 할 것이라 생각한다. 우선 신라와 가야 건국 신화를 중심으로 하되 다른 나라, 예컨대 고조선, 부여, 고구려 건국 신화의 경우와 좀 더 치밀하게 대비할 필요를 느낀다. 둘째, 이 글에서 다룬 개별 전승에 논의를 한정할 것이 아니라 그 앞 뒤 즉, 성모 신화의 경우 창세 신화 내지 인류 기원 신화까지, 3성씨 신화와 수로왕 신화의 경우 그것들의 후대적 변모 양상까지 더 다루어야 할 것이라 본다. 마지막으로 신라와 가야 건국 신화의 경우, 특히 일본 쪽 건국 신화와의 관련성을 다루어야 양국과 일본의 역사적 관련성에 부합하는 논의가 될 것이라 본다.

참고문헌

1. 자 료

『구비문학대계』 8-14, 한국정신문화연구원, 1979-1984.

『국역 대동야승』 Ⅰ, 민족문화추진회, 1967.

『국역동사강목』 Ⅰ, 민족문화추진회, 1967.

『국역 신증동국여지승람』 Ⅲ, Ⅳ, 민족문화추진회, 1967.

金富軾, 『三國史記』 上·下, 李丙燾 역주, 을유문화사, 1983.

陳 壽, 『三國志』 東夷傳.

서 긍, 『고려도경』, 민족문화추진위원회, 1969.

一 然, 『三國遺事』, 李民樹 역, 을유문화사, 1983.

「伽倻史文獻要抄」, 『伽倻文化』 2, 가야문화연구원, 1989.

『標點校勘 新唐書』 下, 경인문화사, 1971.

『환단고기』, 임승국 역, 정신세계사, 1987.

黃壽永 편저, 『韓國金石遺文』, 일지사, 1976.

2. 논 저

1) 단행본

김두진, 『韓國古代의 建國神話와 祭儀』, 일조각, 1999.

金戊祚, 『韓國 神話의 原型』, 정음문화사, 1988.

金烈圭, 『韓國民俗과 文學研究』, 일조각, 1971.

─────, 『韓國의 神話』, 일조각, 1976.

김열규 외, 『우리 民俗文學의 이해』, 개문사, 1979.

김재용·이종주 공저, 『왜 우리 신화인가』, 동아시아, 1999.

金錣埈·崔柄憲 편저, 『史料로 본 韓國文化史』 고대편, 일지사, 1986.

金哲埈, 『韓國古代史研究』, 서울대학교출판부, 1990.

金泰植, 『加耶聯盟史』, 일조각, 1993.

金鉉龍, 『韓國古說話論』, 새문사, 1984.

金和經, 『韓國說話의 研究』, 영남대학교출판부, 1987.

羅景洙, 『韓國의 神話研究』, 교문사, 1993.

레비―스토로스, 『야생의 사고』, 안정남 역, 한길사, 1996.

麻生磯次 외, 『日本文學槪論』, 교학연구사, 1983.

徐大錫, 『韓國巫歌의 研究』, 문학사상사, 1980.

『說話文學研究』(上)·總論, 화경고전문학연구회편, 단국대학교출판부, 1998.

蘇在英, 『韓國說話文學研究』, 숭전대학교출판부, 1984.

宋兆麟, 『生育神與性巫術 研究』, 1990. 洪熹 역, 『生育神과 性巫術』, 동문
        선, 1998.

申鉉夏, 『日本文學史』, 학문사, 1993.

袁 珂, 『중국신화전설』 2, 전인초, 김선자 역, 민음사, 1998.

尹敬洙, 『韓國神話와 古典文學의 原型象徵性』, 태학사, 1997.

尹錫曉, 『伽倻史』, 민족문화사, 1990.

李圭泰, 『韓國의 女神』, 교학사, 1978.

李基文, 『國語史槪說』, 탑출판사, 1961/1972.

李基白, 『韓國史新論』, 일조각, 1967/1990.

李基東, 『新羅社會史硏究』, 일조각, 1997.

李能和, 『朝鮮女俗考』, 翰南書林, 1927. 金尙憶 역, 동문선, 1990.

李丙燾, 『韓國古代史硏究』, 박영사, 1976/1985.

李鍾旭, 『新羅國家形成史硏究』, 일조각, 1982.

李志英, 『韓國神話의 神格 由來에 관한 硏究』, 태학사, 1995.

임재해, 『민족 신화와 건국영웅들』, 천재교육, 1995.

張德順, 『韓國說話文學硏究』, 서울대학교출판부, 1978.

張德順 외, 『口碑文學槪說』, 일조각, 1971.

장주근, 『한국의 신화』, 성문각, 1961.

──────, 『한국 신화의 민속학적 연구』, 집문당, 1995.

全圭泰, 『韓國神話와 原初意識』, 이우출판사, 1985.

全德在, 『新羅六部體制 硏究』, 일조각, 1996.

趙東一, 『우리 문학과의 만남』, 기린원, 1988.

──────, 『한국문학통사』 1, 지식산업사, 1982/1994.

──────────, 『하나이면서 여럿인 동아시아문학』, 지식산업사, 1999.

Joseph Campbell & Bill Moyers, *The Power of Myth*, 1988, 이윤기 역, 『신화의 힘』, 고려원, 1992.

千寬宇 편, 『韓國上古史의 爭點』, 일조각, 1975.

崔在錫, 『韓國家族制度史硏究』, 일지사, 1983.

최 철·설성경 공편, 『설화·소설의 연구』, 정음사, 1984.

Kurt Hübner, *Die Wahrheit des Mythos*, 1985. 이규영 역, 『신화의 진실』, 민음사, 1991.

Pam Morris, *Literature and Feminism*, 1993. 강희원 역, 『문학과 페미니즘』, 문예출판사, 1997.

한국사특강편찬위원회 편, 『한국사특강』, 서울대학교출판부, 1990.

홍기문, 『조선신화연구』, 사회과학원 출판사, 1964; 지양사, 1989.

黃浿江, 『韓國敍事文學硏究』, 단국대학교 출판부, 1972.

2) 논 문

姜鍾薰, 「新羅 三姓 族團과 上古期의 政治體制」, 서울대학교 박사논문, 1996.

권주현, 「가야문화사연구」, 계명대학교 박사논문, 1999.

권태효, 「석탈해(昔脫解) 신화 연구」, 『京畿語文學』 9, 경기대 국어국문학과, 1991.

金光燮, 「韓國 古代 南北 神話의 比較硏究－神話構造와 人物類型을 중심으로」, 경희대학교 석사논문, 1986.

金光洙, 「新羅上古世系의 再構成 試圖」, 『東洋學』 3, 단국대학교 동양학연구소, 1973.

金光淳, 「始祖神話의 樣相에 關한 硏究」, 『어문논총』 12, 경북대학교, 1978.

金杜珍, 「三韓時代의 邑落」, 『韓國學論叢』 7, 국민대학교 한국학 연구소, 1985.

───, 「新羅 脫解神話의 形成基盤－英雄傳說的 性格을 中心으로」, 『韓國學論叢』 8, 국민대학교 한국학 연구소, 1986.

──────, 「新羅 建國神話의 神聖族觀念」, 『韓國學論叢』 11, 국민대학교 한국학연구소, 1988.

김상현, 「三國遺事에 나타난 一然의 佛敎史觀」, 『韓國史硏究』 20, 1978.

金承瓚, 「赫居世神話의 祖型硏究」, 『國語國文學』 10, 부산대학교 국어국문학회, 1971.

金烈圭, 「「三國遺事」와 神話」, 『三國遺事의 문예적 硏究』(金烈圭·申東旭 공편), 새문사, 1982.

金永一, 「「가락국기」 敍事의 構成原理에 關한 一考察─ 一然의 記述態度를 中心으로」, 『加羅文化』 5, 경남대 가라문화연구소, 1987.

김일렬, 「『三國遺事』 「紀異」편에 나타난 神聖·智慧·힘」, 『韓國 古典小說과 敍事文學』(下), 집문당, 1998.

金廷鶴, 「伽倻의 國家形成」, 『伽倻文化』 창간호, 가야문화연구원, 1988.

──────, 「加耶의 起源과 發展」, 『伽倻文化』 4, 가야문화연구원, 1991.

김종철, 「민족 신화의 전승과 그 의미」, 『민족문학사 강좌』 상(민족문학사연구소 편), 창작과비평사, 1995.

金俊基, 「神母神話硏究」, 경희대학교 박사논문, 1995.

金哲埈, 「東明王篇에 보이는 神母의 性格」, 『韓國古代社會硏究』, 지식산업사, 1975.

김태영, 「三國遺事에 보이는 一然의 歷史認識에 대하여」, 『慶喜史學』 5, 1974.

──────, 「一然의 生涯와 思想」, 『三國遺事와 文藝的 價値解明』, 새문사, 1982.

김헌선, 「한국 구전서사시의 역사적 전개」, 『口碑文學硏究』 4, 한국구비문학회, 1997.

金和經, 「신라 건국 설화의 연구」, 『民族文化論叢』 6, 영남대학교 민족문
　　　화연구소, 1984.

─────, 「首露王 神話의 硏究」, 『震檀學報』 67, 진단학회, 1989.

盧泰敦, 「삼국의 성립과 발전」, 『한국사특강』, 서울대학교출판부, 1990.

羅景洙, 「男妹婚說話의 文學的 檢討」, 『語文論叢』 9, 전남대 어문학 연구
　　　회, 1986.

─────, 「男妹日月說話의 硏究」, 『語文論叢』 10·11, 전남대 어문학 연
　　　구회, 1989.

羅喜羅, 「新羅初期 王의 性格과 祭祀」, 『韓國史論』 23, 국사편찬위원회,
　　　1993

三品彰英, 「首露伝說」, 『日鮮神話の硏究』, 柳原書店, 1943; 평범사, 1972.

徐大錫, 「創世始祖神話의 意味와 變異」, 『구비문학』 4, 정신문화연구원,
　　　1980.

─────, 「한국신화와 만족신화의 대비」, 『東亞文化』 31, 서울대학출판부,
　　　1993.

徐永大, 「韓國古代 神觀念의 社會的 意味」, 서울대학교 박사논문, 1991.

孫晉泰, 「朝鮮 古代 山神의 性에 就하여」, 『孫晉泰先生全集』 2, 태학사,
　　　1981.

宋基豪, 「신라 중대사회와 발해」, 『한국사특강』(한국사특강편찬위원회
　　　편), 서울대학교출판부, 1990.

송효섭, 「始祖傳承 속의 神秘體驗－三國遺事 紀異篇의 敍事構造와 관련
　　　하여」, 『語文論叢』 7·8, 1985.

─────, 「삼국유사소재 시조전승의 서사문법」, 『語文論叢』 9, 전남대 어
　　　문학연구회, 1986.

申瀅植, 「金富軾의 生涯와 「三國史記」의 編纂」, 『三國史記 研究論選集』 1(백산학회), 백산자료원, 1985.

沈嵎俊, 「羅代神話의 새로운 解釋」, 『중앙대학교 논문집』 16, 1971.

안계현, 「一然」, 『三國遺事』, 현암사, 1975.

楊熙喆, 「「駕洛國記」의 「龜旨曲」과 建國神話 研究—呪術·積層·意味·世界觀」, 『加羅文化』 5, 경남대 가라문화연구소, 1987.

윤종일, 「金富軾의 歷史認識研究」, 『三國史記 研究論選集』 1(백산학회), 백산자료원, 1985.

이강옥, 「首露神話의 서술원리의 특수성과 그 현실적 의미」, 『加羅文化』 5, 경남대 가라문화연구소, 1987.

李慶善, 「建國說話와 天命思想」, 『東洋學』 5, 단국대학교 동양학연구소, 1975.

李基東, 「加耶史 研究의 諸問題」, 『伽倻文化』 4, 가야문화연구원, 1991.

李純根, 「新羅時代 姓氏取得과 그 意味」, 『韓國史論』 6, 서울대학교 국사학과, 1980.

이재운, 「<三國遺事>의 始祖說話에 나타난 一然의 歷史認識」, 『全北史學』 8, 1985.

李載浩, 「「三國史記」와 「三國遺事」에 나타난 國家意識」, 『三國史記研究論選集』, 백산자료원, 1985.

李鍾旭, 「酋長社會時代의 斯盧六村」, 『新羅伽倻文化』 12, 영남대 신라가야문화연구소, 1981.

李鍾恒, 「伽倻族과 日本의 國家起源」, 『伽倻文化』 2, 가야문화연구원, 1989.

———, 「伊珍阿豉王이 伊奘諾尊이다」, 『伽倻文化』 9, 가야문화연구원, 1996.

이홍식, 「金富軾 三國史記」, 『三國史記 硏究論選集』, 백산자료원, 1985.

鄭尙均, 「駕洛國 神話 硏究」, 『說話 文學 硏究』, 화경고전문학연구회 편,
        단국대학교출판부, 1998.

丁仲煥, 「新羅建國 說話 小考」, 『慶州史學』 3, 동국대 경주대학 국사학회,
        1984.

───, 「駕洛國記의 文獻學的 考察」, 『伽倻文化』 3, 가야문화연구원,
        1990.

───, 「駕洛國記의 建國神話」, 『伽倻文化』 4, 가야문화연구원, 1991.

조현설, 「건국신화의 형성과 재편에 관한 연구」, 동국대학교 박사논문,
        1997.

───, 「호공의 정체와 신화적 성격」, 『東岳語文論集』 32, 동악어문학
        회, 1997.

趙興旭, 「龍飛御天歌의 性格」, 『韓國文學史의 爭點』, 집문당, 1986.

池鉼圭, 「古代 建國神話의 系統的 硏究」, 충남대학교 박사논문,
        1993.

千惠淑, 「여성신화연구(1): 大母神 象徵과 그 變容」, 『民俗硏究』 1, 안동
        대 민속학연소, 1991.

崔光植, 「三國史記 所在 老嫗의 性格」, 『新羅史 論文選集』 11, 불함문화
        사, 1992.

崔來沃, 「現地調査를 通한 百濟說話의 硏究」, 『韓國學論集』 2, 한양대학
        교 한국학연구소, 1982.

崔珍源, 「韓國神話考釋」 2, 3, 『대동문화연구』 24, 25, 성균관대학교 대동
        문화연구소, 1990, 1991.

河炫綱, 「三國史記」와 「三國遺事」의 史觀」, 『三國史記 硏究論選集』 1(백

산학회), 백산자료원, 1985.

韓再龍, 「韓國의 古代建國神話 研究」, 대구대학교 박사논문, 1996.

許慶會, 「韓國의 王祖說話 研究」, 전남대학교 박사논문, 1987.

玄容駿, 「古代神話와 한국문학의 원류」, 『韓國文學研究入門』(황패강 외 편), 지식산업사, 1982.

洪淳昶, 「新羅 三山·五岳에 대하여」, 『新羅民俗의 新研究』(新羅文化祭 學術發表會論文集 4), 서경문화사, 1983.

―――, 「金官國의 世系에 대하여」, 『三國遺事研究』, 민족문학연구소, 영 남대학교출판부, 1983.

[부 록]

여성신화의 원리

1. 서 론

건국 신화에 익숙해 있는 우리네 학문 풍토에서 여성신화라는 말은 다소 낯선 감이 있다. 여신에 대한 문헌 전승이 뚜렷하게 나타나지 않은 것도 한 이유가 될 것이다. 하지만 여성신화는 단순히 여신에 대한 이야기만을 뜻하지 않는다고 본다. 여성신화는 여성의 신화 즉, 여성이 향유하는, 여성의 삶이 투영되어 있는, 그런 점에서 여성에게 의미 있는, 신화까지 포함하는 넓은 개념으로 볼 필요가 있다. 이런 점에서 여성 집단이 주도적으로 창조하고 향유한 무속 신화는 여성신화라 불릴 만하다.[1] 여기에는 여성신의 원리가 가장 온전히 보존되어 있을 뿐더러 그렇게 되도록 만든 여성 향유층의 삶의 방식과 욕망이 투영되어 있을 것이기 때문이다.

한편 향유층과는 무관하지만 많은 여신에 대한 이야기가 전해 온다. 건국·국조 신화에 등장하는 여신과 산신 등에 대한 전승이 그것이다. 이는 여신에 대한 이야기란 점에서 여성신화라 할 수 있다. 비록 후대의 남성 중심적 역사 기술 과정에서 많은 부분 가려지고 잘려 나갔을 것이지만 여신에 대한 전승 자체가 빈약하다는 점에서 이들 자료들은 무심

---

1) 서사무가의 주인공이 대체로 여성인 것은 여무(女巫)가 남무(男巫)보다 단연히 많고 우세하다는 점(적송지성·추엽 융, 『조선무속의 연구』 하, 심우성 옮김, 동문선, 1991, p.30), 청중의 대부분이 여성이라는 점 등과 관련된다. (서대석, 『한국무가의 연구』, 문학사상사, 1980, pp.168~169 참조) 신화에는 전승 집단의 의식과 생활양식이 투사되어 있기 때문이다. (나경수, 『한국의 신화연구』, 교문사, 1993, p.21)

히 넘길 수 있는 것이 아니다. 그 겉으로 드러난 문맥 속에서 여성신화의 원리를 적극적으로 재구할 필요가 있는 것이다.

　지금까지 여성 신격에 대한 연구는 서사적 구조나 여성 관련 모티프를 중심으로 신화에서 후대 서사 문학의 원형을 찾는 경우가 많았다.[2] 물론 여기에서 여성 신격은 왜곡된 채 혹은 단편적으로 다루어졌다고 할 수 있다. 이는 연구 대상인 여신상이 여성사의 특수성으로 인해 굴절을 겪은, 바로 후대의 산물이라는 점을 간과한 데서 비롯되었을 것이다. 특히 건국 신화의 여성 신격을 다룬 경우에 이러한 점은 현저하게 나타난다. 이는 건국 신화를 문학사의 근간으로 상정한 채, 더욱이 현전하는 건국 신화의 문헌 전승적 속성을 깊이 헤아리지 못했기 때문일 터이다. 그렇다고 건국 신화를 비롯한 후대의 신화 자료들이 소용없다는 뜻이 아니다. 그 전승 과정상의 변모를 염두에 두고 최소한의 원형을 재구한 후 연구에 임해야 한다는 것이다.

　이러한 점에서 손진태의 「조선 고대 산신의 성(性)에 취(就)하여」[3]는 선구적 업적이라 할 만하다. 그에 의하면 우리나라 민간 신앙상의 산신은 여신이었는데 지배 계급 또는 지식 계급의, 중국 전래의 부권 본위의 사상에 의하여 혹은 또 필연적 사회사상에 의하여 점차로 산신이 남성으로 전환되는 경향이 있었다는 것이다.[4] 더욱이 그는 산신과 관련된 논의를 확대하여 고대 민족 신앙상의 신이 대부분 여성인 것은 원시 사회에 있어 모권이 강하였던 것과 또 원시 종교상의 주제자가 여무(女巫)였던 것에 기인한다고 하였다.[5] 이러한 손진태의 입론은 이후 장주근[6], 김

---

2) 대표적으로 서대석은 「제석본풀이」의 주제를 여성 수난이라 규정하고 이것이 신소설에 이르는 서사 문학사를 관통한다고 하였다. (서대석, 앞의 책, p.170) 이에 대해서는 본문에서 논의하기로 한다.
3) 손진태, 『손진태선생전집』 2, 태학사, 1981.
4) 손진태, 위의 책, p.270.
5) 손진태, 위의 책, p.275.
6) 장주근, 『한국의 신화』, 성문각, 1961, pp.227~228.

무조7)로 이어졌다.

천혜숙과 강진옥의 논문8)은 여성 신격에 대한 본격적인 연구의 선편을 잡았다고 할 수 있다. 전자는 인류 공통의 대모신(大母神) 상징이 여성을 주체로 한 신화적 전승에 어떻게 각인되어 있고 시대에 따라 변모되어 나타나는가 하는 점을 다룬 것이다. 특히, 후대의 신화적 전승에서 '가부장적 언술의 표피'를 걷어내고 여성신화로서의 '진정한 의미의 층위'를 밝혀 보려 했다는 점에서 연구사적으로 중요한 성과물이라고 할 수 있다. 후자는 원형적 여성상을 무속신화의 여성신에서, 여성상의 본질을 '근원적 생산성'에서 찾고 그것이 후대 문학에서 전승되는 양상을 추적한 것이다. 무엇보다 현실의 여성문제를 해결하고 여성 정체성을 확인하는 방안으로 여성신화의 의미를 짚어보았다는 데 큰 의의가 있다.

이 글은 천혜숙과 강진옥의 논문에서 보이는 문제의식과 방법론에 크게 빚지고 있음을 미리 말해 둔다. 다만 이 글에선 대모신 상징 내지 무속의 여신상을 원형으로 상징하고 그것의 통시적 변모 양상과 의미를 추적하기보다는 여성신화의 원리 즉, 신화를 통해 나타내고자 하는 여성신의 본질을 규명하는 데 중점을 두려고 한다. 물론 이 중 생산성의 원리에 대한 것은 이미 이들 두 논문을 비롯해서 공공연히 논의되어 온 것이다. 하지만 여성신화의 원리라고 할 수 있는 것이 이것만은 아니라고 본다. 또 자료에서 보이는 이러저러한 여성신의 속성을 모두 여성 신화의 원리라고 할 수는 없다. 여기서 말하는 원리는 그것들 중 하나이거나 그 상위개념이라기보다는 그것들을 추동해 내는 본질적인 속성이기 때문이다.

먼저 성모 신화(聖母神話), 무조 신화(巫祖神話), 생산신 신화(生産神神

---

7) 김무조, 『한국신화의 원리』, 정음문화사, 1988, pp.51~56.
8) 천혜숙, 「여성신화연구(1): 大母神 象徵과 그 變容」, 『民俗硏究』 1, 안동대 민속학연구소, 1991 ; 강진옥, 「한국 민속에 나타난 여성상의 변모 양상」, 『한국민속학』 27, 한국민속학회, 1995.

話) 등 여성신화에 등장하는 여성신의 특징적인 면모를 검토해 보려 한
다. 그리고 그들 특징적인 면모를 종합적으로 고찰하면서 여성 신격의
원리를 재구해 볼 것이다.

2. 성모 신화(聖母神話)

우리나라에서 산신과 결부된 성모 신앙이 꽤 오래 되었다는 것은 전
승 자료에 의해서도 확인되며 여러 연구자들의 관심을 끌이 왔다.[9] 문헌
으로 전승되어 잘 알려진 지리산 성모(智異山聖母)와 선도산 성모(仙桃山
聖母) 외에도 구룡산신(九龍山神)[10], 죽령산신(竹嶺山神)[11], 운제부인(雲帝
夫人)[12], 치술령 신모(鵄述嶺神母)[13], 정견천왕(正見天王)[14] 등이 산신과

---

9) 손진태, 앞의 책 ; 적송지성·추엽 융, 앞의 책, p.13 ; 장주근, 앞의 책 ; 김
   무조, 앞의 책, pp.51~53 ; 조동일, 『한국문학통사』 1(3판), 지식산업사, 1994,
   pp.65~66.
10) 호경(虎景)이라는 이가 있어, 성골장군(聖骨將軍)을 자호(自號)하고 (중략) 산
    신에게 제사 지냈더니, 그 신이 이들에게 이르기를 '나는 과부로서 이 산의
    임자인데, 요행히 성골장군을 만나 부부가 되어 같이 신정(神政)을 보살피고
    자 하니, 이 산의 대왕으로 봉하도록 하여라'고 하였다. (이능화, 『조선여속
    고』, 동문선, 1990, pp.56~57) 같은 이야기가 『국역 신증동국여지승람』 42권,
    황해도 우봉현편에도 나온다.
11) 일명 다자구 할머니로 죽령산신제의 주신이라고 한다. (한상수, 『한국인의
    신화』, 문음사, 1980, pp.237~240)
12) 남해왕의 비(妃)로 운제(雲梯)라고도 하며 당시 가뭄이 있을 때 그가 있는 영
    일현(迎日縣) 서쪽에 기도를 드리면 감응(感應)이 있었다고 한다. (『삼국유사』
    권1 기이, 남해왕, 이민수 역, 을유문화사, 1983)
13) 신모(神母)는 곧 박제상(朴堤上)의 아내이다. 제상이 외국에서 죽으니 그의
    아내가 그를 생각하는 마음을 이기지 못하여 치술령에 올라 일본을 바라보
    며 통곡하다가 죽어서, 드디어 치술령의 신모가 되었다 한다. 그 마을 사람
    들이 지금까지 제사지낸다." (『국역 신증동국여지승람』 21권, 경주부, p.233)
14) 정견천왕사(正見天王祠): 해인사 안에 있다. 속설에는, '대가야국 왕후 정견이
    죽어서 산신(山神)이 되었다.' 한다. (『국역 신증동국여지승람』 30권, 합천군,
    p.235) 같은 책 p.144를 보면 가야산신 정견모주(母主)는 천신 이비사(夷毗詞)
    에게 감응되어 대가야의 왕 뇌질주일(惱窒朱日)과 금관국(金官國)의 왕 뇌질

결부된 성모신이다. 이들 성모 신화는 여신 홀로 천지를 창조했다고 하
는 대녀(大女) 신화15)의 잔영으로 보여 건국 신화 이전의, 모계 사회의
양상을 반영16)한다고 할 수 있다. 물론 이들에 대한 전승이 완벽한 서사
물로 전하지 않아 그 전모를 파악하는 데 한계가 있다. 또한 현전하는
자료를 통해서 보건대 여기에도 전승 상의 많은 굴절이 있어 본래의 모
습을 상정하는 데 어려움이 있다. 하지만 남아 있는 자료에서나마 이른
시기 여신의 신성 원리를 최대한도로 추출해 볼 필요는 있다. 이 글에서
는 자주 거론되는 성모천왕과 선도성모 전승을 토대로 성모신의 특징을
살펴보고자 한다.

성모천왕(지리산신)
    세상에 전하기를 지리산 고엄천사(古嚴川寺)에 법우화상(法祐和
尙)이 있었는데 매우 도행(道行)이 높았다. 어느 날 한가로이 앉아
있다가 문득 산골짜기에서 흘러내리는 시냇물을 바라보니, 비가
오지 않았는데도 물이 불어 있었다. 그 흘러온 물줄기를 찾아 천왕
봉(天王峰) 꼭대기에 이르니 키가 크고 힘이 센 여인이 보였다. 그
녀는 스스로를 성모천왕(聖母天王)이라 이르고, 인간 세상에 귀양
을 내려왔다고 하면서 그대와 인연이 있으므로 수술(水術)을 적용
하여 스스로 중매하였다고 말하였다. 마침내 부부가 되어 집을 짓
고 살면서 딸 여덟을 낳았고 자손이 많이 퍼졌다. 모두 무술(巫術)
을 가르쳤는데 금방울과 울긋불긋한 부채를 들고 춤을 추면서 아
미타불(阿彌陀佛)을 외우고 법우화상을 부르면서 방방곡곡을 돌아
다니며 무업(巫業)을 행하였다. 이 때문에 세속(世俗)에서는 큰 무
낭은 반드시 지리산에 가서 성모천왕(聖母天王)에게 기도해서 접신
(接神)한다고 한다.17)

_____

청예(惱窒青裔) 두 사람을 낳았는데, 뇌질주일은 이진아고왕(伊珍阿鼓王)의
    별칭이고 청예는 수로왕의 별칭이라고 한다.
15) 나경수, 앞의 책, p.28.
16) 조동일, 앞의 책, p.65.

여성신을 크게 대녀신(大女神)과 배우신(配偶神)으로 나눈다면 성모천왕은 대녀신의 양상을 띤다. 상대격인 남신이 없기 때문이다. 물론 법우화상이 남신의 역할을 하지만 문맥상으로 볼 때 그는 미미한 존재에 불과하다. 성모천왕이 자신의 의지대로 '스스로 중매'하였기 때문이다. 또한 딸들에게 무술(巫術)을 가르쳐 전국에서 무업을 할 수 있도록 한 것도 성모이다. 따라서 법우화상의 존재는 "산의 선녀와 불승(佛僧)의 신성혼인(神聖婚姻)"과 관련되어 "무(巫)·선(仙)·불(佛)의 삼자(三者)가 매우 밀접한 관계를 유지"하게 된, 후대의 맥락을 말해 줄 뿐이다.[18] 이와 관련하여 손진태는 "과부인 산신이 부신(夫神)을 얻고자 하였다는 것은 고래(古來)의 여산신 사상이 점차 남산신 사상으로 천이(遷移)하는 과정을 말하는" 것으로 추정한 바 있다.[19] 더욱이 성모와 법우화상과의 결합은 다른 신화에서 보이는 천부지모(天父地母)의 신성혼인과도 상이한 양상을 띤다. 여기에서 법우화상은 여신의 신성 원리를 목격하며 그에 순응하는 인격적 존재로서 부각되어 있기 때문이다. 법우화상이 볼 때 성모는 "키가 크고 힘이 센 여인"이다. "비가 오지 않았는데도 물이 불어 있었다."는 것은 거대한 방뇨의 줄기를 상징한다고 할 수 있는데 이는 성모가 거인임을 증명하는 것이다.[20] 그러한 여인이 "스스로를 성모천왕이

---

17) 적송지성·추엽 융, 앞의 책, p.12. 출전은 저자 불명의 『巫女俗考』사본이라 함. 같은 이야기가 이능화의 『조선 여속고』, p.49에도 나옴. 『국역 신증동국여지승람』 30권, 31권(p.200, p.252)에도 지리산의 성모천왕과 관련된 기록이 나오는데 전자는 조선 태조의 왜구 격파와, 후자는 고려 태조의 모친 위숙왕후와 관련시킴으로써 성모를 역사화하고 있다.
18) 적송지성·추엽 융, 앞의 책, p.14.
19) 손진태, 앞의 책, p.272.
20) 지그문트 프로이트, 『꿈의 해석』, 서석연 역, 범우사, 1992, p.485. 이와 관련하여 김헌선은 "대식, 배설, 거근은 왕성한 생식력이나 생산력을 지닌 상징적 표현이라 할 수 있다. 왕성한 생산력 때문에 거신으로 섬겨졌다고 하는 것은 쉽사리 납득이 되고, 생산력에 대한 신앙에 거세되면서 산천이나 자연의 기원물로 변이되는 것은 단순히 이해할 수 있다."고 하였다. (김헌선, 『한국의 창세신화』, 길벗, 1994, p.52)

라 이르고, 인간 세상에 귀양을 내려 왔다고 하면서 그대와 인연이 있으므로 수술(水術)을 적용하여 스스로 중매하였다"고 말하는 것은 아무리 도행이 높다 할지라도 법우화상에게는 일방적이고 압도적인 신의 계시에 견줄 만한 것이다. "나는 과부로서 이 산의 임자인데, 요행이 성골장군(聖骨將軍)을 만나 부부가 되어 같이 신정(神政)을 보살피고자 하니, 이 산의 대왕으로 봉하도록 하"[21]라고 하는 구룡산신의 경우도 같은 맥락에서 이해할 수 있다.[22] 이러한 점은 다른 신화에서 보이는, 남신의 일방적인 잉태 장면과 대조된다. 요컨대 성모천왕의 본래 모습은 대녀신이다. 여기에서 키가 크고 힘이 세다는 것은 여신 홀로 세상을 창조했다고 하는 대녀신 신화의 여성 신격에 부합하는 것이다. 이는 거인 여신으로 알려진 선문데 할망이나 안가닥 할미가 산천을 만들었다는 전승[23]과도 관련된다.

그 중 선문데 할망 이야기는 우리나라에서 전승되는 거인 설화로는 최고형이라고 한다.[24] 이는 문헌 전승으로는 전무하고 1960년대 당시 제주도 내에서만, 단편적으로 구전된 것으로 알려져 있다. 관련 자료를 직접 수집한 장주근에 의하면 할망은 거신으로 대식가였고 그에 걸맞은 엄청난 배설물로 산천을 만들었다 한다.[25] 이러한 선문데 할망 이야기는 구전 당시 신화로서보다는 민담으로 취급될 만큼 신성성이 결여되어 있고 전승 과정이 제한되어 있었지만 그 원형은 제주도를 포함한 한반도 전 지역의 신성한 창조 신화가 아니었나 한다.[26] 이에 대하여 장주근은 천지개

---

21) 이능화, 앞의 책, pp.56~57.

22) 더욱이 『신증동국여지승람』 황해도 우봉현편의 "성승(聖僧)의 남긴 자취 아직도 완연한데"를 보면 법우화상과 성골 장군이 겹침을 알 수 있다.

23) 조동일, 앞의 책, p.65.

24) 장주근, 앞의 책, p.11.

25) 이와 유사한 거인 할망 이야기가 당시 경상남도와 충청남도(갱구 할머니)의 해안 지대에도 전승되고 있었다 한다. (장주근, 앞의 책, p.11)

26) 김헌선은 앞의 책(p.53)에서 거인 설화를 "신성성을 유지하던 단계, 신성성이 소멸하고 기원담으로 전락하던 단계, 신성성은 완전히 거세되고 음담패설로

벽에 제일 관계가 깊은 이야기가 이것밖에 없다 하고서, "「선문데 할망」이 만일 애초에 문헌에 기록 정착이 되어 있었으면 지금처럼 웃음거리로 타락이 안 되고 신성성(神聖性)을 간직한 채로 신화적 서열상(序列上)으로도 인류의 시조 신화보다 앞세울 수 있으리"라고 하였다.[27) 그렇다면 거인 여신신화가 한편으로는 민담화되어 구전되고 다른 한편 성모 신화에 그 흔적을 남긴 것이 아닌가 한다.

한편 선도성모는 거인 여신상을 갖추지 못했지만 상대격인 남신이 없다는 점에서 대녀신 계통에 속한다. 이를 단순히 "신라 쪽의 특수성"으로 돌린다든지 선도성모를 "웅녀나 유화와 마찬가지로 나라 전체의 성스러운 지모신"으로 간주하거나, "혁거세의 부인 알영과 동일시되었을 가능성이 있다."[28)고 추정하는 것은 전승 과정의 특성을 간과한 것이다. 더욱이 선도성모와 무관하게 전승되는 혁거세·알영 신화를 "정통적인"[29) 것으로 규정하는 근거는 무엇인가? 이는 어디까지나 환인-환웅·웅녀-단군으로 이어지는 고조선의 건국 신화나 해모수·유화-주몽으로 이어지는 고구려 건국 신화의 단선적이고 부계적인 속성에 끌려 선도산 성모-혁거세·알영 구도를 소홀히 다루게 된 사정을 말해 준다. 조복을 만들어 주었다는 기록을 놓고 성모가 혁거세의 어머니이기도 하고 부인이기도 하다는 애매한 진술을 하는 것도 같은 맥락이다. 어디에도 그 남편이 혁거세라는 단서가 없기 때문이다. 문제는 선도성모가 국조인 혁거세와 알영을 낳았다는 기록과 혁거세와 알영이 신비한 출생을 하여 나라를 세웠다는 기록을 어떻게 연결시킬 것인가 하는 점이다. 이를 위해서는 선도성모와 관련된 기록을 모두 검토해 볼 필요가 있다.

① 옛적에 (어느) 제실의 女가 있어 남편도 없이 아이를 배어 남에

전환하던 단계"로 구분하였다.
27) 장주근, 앞의 책, p.11.
28) 조동일, 앞의 책, p.91.
29) 조동일, 앞의 책, p.91

게 의심을 받게 되자 곧 (배를 타고) 바다에 떠서 辰韓에 이르러 아들을 낳았는데, 그 아이는 海東의 初主가 되고 帝女는 地仙이 되어 길이 仙桃山에 있다.

② '東神聖母를 祭하는 文' 중에 "娠賢(女賢)이 나라를 創始하였다"는 句가 있는 것을 보았는데 여기 東神(聖母)이 곧 仙桃山 神聖임은 알 수 있으나, 그러나 그 神의 아들이 어느 때에 王노릇을 하였는지는 알지 못하겠다.30)

③ 해설하는 자는 말하기를, "이는 西述聖母가 낳을 때의 일이다. 그런 때문에 중국 사람들이 仙桃聖母를 찬양하는 말에, 어진 이를 낳아서 나라를 세웠다는 말이 있으니 바로 이 까닭이다" 한다. 또 雞龍이 祥瑞를 나타내어 閼英을 낳았다는 이야기도 어찌 西述聖母의 現身을 말한 것이 아니겠는가.31)

④ 神母는 본래 중국 帝室의 딸이며, 이름은 娑蘇였다. 일찍이 신선의 術法을 배워 海東에 와서 머물러 오랫동안 돌아가지 않았다. 이에 父皇이 소리개 발에 매달아 그에게 부치는 편지에 말했다. "소리개가 머무는 곳에 집을 지으라." 娑蘇는 편지를 보고 소리개를 놓아 보내니, 이 仙桃山으로 날아와서 멈추므로 드디어 거기에 살아 地仙이 되었다. 때문에 산 이름을 西鳶山이라고 했다. 神母는 오랫동안 이 산에 웅거해서 나라를 鎭護하니 신령스럽고 이상한 일이 매우 많았다. 때문에 나라가 세워진 뒤로 항상 三祀의 하나로 삼았고 그 차례도 여러 望 위에 있었다. (중략) 그가 처음 辰韓에 와서 聖子를 낳아 東國의 처음 임금이 되었으니 필경 赫居世와 閼英의 두 聖君을 낳았을 것이다. 때문에 雞龍·雞林·白馬 등으로 일컬으니 이는 닭이 서쪽에 속해 있기 때문이다. 聖母는 일찍이 諸天의 仙女에게 비단을 짜게 해서 붉은빛으로 물들여 朝服을 만들어 남편에게 주었으니, 나라

---

30) 『삼국사기』 12권, 신라본기 12, 경순왕. (이병도 역주, 을유문화사, 1983)
31) 『삼국유사』 1권 기이 1, 신라시조 혁거세왕. (이민수 역주, 을유문화사, 1983)

사람들은 이 때문에 비로소 신비스러운 영검을 알게 되었다.[32]

①은 송나라의 우신관에 모신 여선(女仙)의 내력으로 그 쪽 사람들이 설명한 것이다. ② 역시 송나라의 사신인 왕양이 지은 제문에서 비롯된 것인데 이 둘에 대해 김부식은 잘 모르는 것처럼 보인다. ①에서는 선도성모의 기원을 중국에 두고 그녀가 우리나라로 오게 된 동기도 남편 없이 아이를 배었다는 윤리적인 문제에 두었다. 이에 대하여 이병도는 "본시 동방 고유의 산신 신화를 모화사상가(慕華思想家) 혹은 한국인으로 중국에 이주한 자에 의하여 위와 같이 중국에 관계를 붙이어 부회(附會)한 것이 아닌가"[33] 추정한 바 있다. 어쨌든 선도성모가 낳은 아이는 '海東의 初主'가 되었고 그녀는 신선이 되어 선도산에 머물러 있다고 하였다. ②는 '東神聖母'가 '나라를 창시'하였다고 하여 외국 사신으로부터도 제사를 받는다는 내용이다. 그렇다면 김부식의 말대로 이 둘은 같은 신격일까. 우선 ①의 '海東'과 ②의 '나라'를 동일시할 필요는 없을 것 같다.[34] ③, ④와 관련해서 혹은 '辰韓'이나 선도산이라는 구체적인 지명으로 봐서, ①의 '海東'을 신라로 본다면 ②의 '나라'는 당시 성모에 대한 치제가 행해지고 있던 고려로 볼 수도 있기 때문이다. "성모는 (고려) 태조의 모친 위숙왕후(威肅王后)라 한다."[35]는 기록을 봐서도 그렇다. 혹은 '東神聖母'라 함은 특정 나라를 떠나 옛부터 우리나라에 전래되어 온 국

---

32) 『삼국유사』권 5, 감통 7, 선도성모수희불사.
33) 『삼국사기』권 12 기이, 신라본기 12, 역자주 53.
34) 김부식을 이 둘을 동일시하면서도 "그 神의 아들이 어느 때에 왕 노릇을 하였는지는 알지 못하겠다."고 하여 모순 되는 진술을 하고 있다. 그런데 바로 이어서 그 신의 아들이 신라의 시조 혁거세임을 암시하고 있다. (『삼국사기』 12권, 신라본기 11, 경순왕)
35) 『국역 신증동국여지승람』 31권, 함양군, p.252.
　　"고려시대에 송경에 성모사가 있었고 그 숭봉이 주산 신사인 崧山神祠에 필적할 만큼 성모신앙이 행"해졌다 한다. (김상기, 『국사상에 나타난 건국설화의 검토』, 장주근, 『한국 신화의 민속학적 연구』, 집문당, 1995, p.61에서 재인용)

모신(國母神)을 지칭할 수도 있다.36) 고구려의 유화37)를 비롯하여 시조를
낳은 모신에 대한 숭배가 고려 시대에 이르기까지 이어져 내려온 것이
아닌가 한다. 요컨대 ②는 국모신으로서의 '東神聖母'가 고려 시대에 구
체화된 것이라 할 수 있다. 이에 반해 ①은 이병도의 말대로 고유의 산
신 신화에 신선 사상과 국모신 숭배가 가미된 것으로 볼 수 있다. 산신
에 대한 숭배가 더 원시적 신앙 형태에 속할 것이기 때문이다.

　③은 혁거세가 알에서 태어났다는 대목에 대한 일연의 주석이다. ①,
②에서는 '海東의 初主' 내지는 나라의 창시자라고만 하던 것이 여기에
서는 혁거세와 알영으로 명확히 제시되었다. 더 나아가서 ④는 ①의 선
도산 신화가 신라 국모 신화로 발전해 가면서 혁거세와 알영을 낳은 이
야기, 조복을 만들어 입힌 이야기 등 몇 가지 전승이 합류되는 양상을 보
여준다. 어쨌든 혁거세 신화보다 앞선 시기에 여신이 홀로 국조를 낳았다
는 선도 성모 신화가 전승되었다고 추측해 볼 수 있다.38) 손진태도 위의
③을 "신라에 원래로 존재하였던 전설"39)로 보고 있다. 이를 무시하고 혁
거세 난생 신화를 정통적인 것으로 간주하게 된 데는 가부장적 사회 질서
가 큰 역할을 했을 것이다.40) 또한 선도 성모가 천지를 창조하기보다 국

36) 이에 대해 손진태는 앞의 글(p.273)에서 "신라는 비교적 모권의 풍(風)이 강
　하게 유존(遺存)"되어 있었던 것으로 추정하였는데 필자는 이를 신라에 한정
　시키지 않으려 한다. 고대 사회에서는 어느 지역을 불문하고 성모 숭배가
　일반적이었을 것이라 생각한다. (장주근, 앞의 책(1995), p.62)
37) 해모수의 배우신으로서보다는 고구려 시대 내내 치제를 받던 모신으로서의
　유화를 말함.
38) 이지영은 여산신이 건국 시조를 낳은 이야기와 관련하여 "지배십난인 이주
　족이 전승하는 신화와 달리 토착집단에서는 또 다른 유형의 신화를 전승하
　고 있음을 짐작할 수 있다"고 하였다. (이지영, 『한국신화의 신격 유래에 관
　한 연구』, 태학사, 1995, p.170)
39) 손진태, 앞의 책, p.273.
40) 장주근은 부락신의 일종인 골맥이 할매와 관련시킨 것이지만 "원초 농경 사
　회에서 중요한 이 여신은 후세 부권사회 사가들의 주목을 끌 수 없었던지"
　계보화되어서 문헌에 오르지 못했다고 하였다. (장주근, 앞의 책(1995), p.110)

조를 낳았다는 점에서 대녀신보다 후대의 전승인 동시에 건국 신화와 겹치는, 과도기적인 여성 신화임을 알 수 있다. 조복을 지었다는 것은 나라의 제도적인 기틀을 마련해 주었다는 것으로 볼 수 있고 나라를 도와 영이한 일이 많았다는 것은 성모가 국가 수호신의 속성을 띠기 때문이다. 고구려의 수호신으로 유화가 숭배되었다는 사실[41]도 이와 무관하지 않을 것이다.

이상의 논의를 토대로 성모 신화의 특징을 간추려 보면 다음과 같다. 우선 성모천왕과 선도성모는 상대격인 남신과 결부되지 않고 자신의 신성 원리를 세상에 적용했다는 점에서 이른 시기 대녀신의 잔존물이라 할 수 있다. 이 중 전자는 거인 여신의 흔적마저 지니고 있어 이러한 추측을 뒷받침해 준다.

두 번째 특징은 성모천왕과 선도성모 신화에는 '여성 수난'과 관련되는 모티프가 전혀 없다는 점이다. 그것이 임신, 출산 등 여성 생물학으로 인한 고통을 상징한 것이든, 후대의 부계 사회적인 여성 억압을 반영한 것이든 여기에는 웅녀나 유화에게조차 보이는 여성 수난상이 없다는 것이다. 고통스럽게 씨앗을 틔워내는 지모신의 원리라 해도 마찬가지다. 성모는 어떠한 수난도 겪지 않고 자기의 의지를 실현할 뿐이다. 따라서 웅녀나 유화를 기준으로 해서 서사 문학사를 여성 수난으로 꿸 필요는 없다. 성모 신화를 통해서 보건대, 여성이기 때문에 반드시 고통을 겪거나 부당한 대우를 받을 필요는 없겠기 때문이다. 이로써 본다면 성모에서 웅녀로 넘어가는 과정에 여성 억압적인 사회 구조가 개입했음을 미루어 짐작할 수 있다.[42]

---

41) 서대석, 앞의 책, p.92.
42) 이와 관련하여 손진태는 "여신 존중의 종교 사상은 이것을 사회학적으로 보더라도 모권 유풍이 아직 유존(遺存)하였던 당시의 사회사상과도 모순되는 바 없고 극히 당연성을 가지었다고 볼 수 있을 것 같다. 당초의 산신은 홀로 여신만이 산신이었고 부부신임을 필요하지 아니하였을 터이나 후세에 이르러 부권 사상이 발달됨을 따라 여산신에 부신(夫神)이 없지 못할 것을 요

마지막으로 성모천왕과 선도성모 신화의 핵심은 생산신의 원리에 있다. 수난 과정이 전혀 없기 때문에 이러한 원리가 더 부각된 듯하다. 성모 신화를 만들어낸 사람들에게 있어 성모는 단지 위대한 성인(聖人)을 낳은 여신이다. 성모천왕은 무녀를 낳아 세상에 퍼뜨려 무조(巫祖)가 되었고 선도 성모는 혁거세와 알영을 낳아 국조(國祖)의 근본이 되었다. 성모천왕이 무속 제의에서, 선도성모가 국가적인 제의에서 숭배되어 온 것은 이 때문이다. 그런데 앞에서도 말했지만, 성모천왕이 무조 신화와, 선도 성모가 국조 신화와 연결된 것은 후대의 전승 과정에서 이루어졌을 것이다. 무속 제의에 성모천왕을, 국가적인 제의에 알영 대신 선도성모를 끌어들인 것은 이들이 배우신으로서의 지모신이 갖추지 못한 절대적인 신격을 지녔기 때문일 것이다. 절대적 신격을 갖춘 여신이라면 대녀신에 다름 아니다. 그렇다면 이들의 원래 모습은 무조나 국조가 아닌 세상 자체를 창조한 거인 여신일 것이다. 성모천왕 신화에 보이는 '키가 크고 힘이 센' 여인인 것이다. 요컨대 성모 신화는 건국 신화보다 이른 시기에 전승되던 대녀신 신화의 후대적 전승이며 핵심적인 신화적 요소는 생산 내지 창조 행위이다.

그런데 이러한 성모신이 산신과 관련되어 있는 점은 주목할 만하다. 김무조는 여성과 산신의 관련성을 "산악은 언제나 하느님이 강림하는 사다리인 것이다. 여기에 성모상을 모신 것은 천왕(天王)의 상징이 여성이기 때문"43)인 것으로 보았다. 그런데 "하나님을 바로 여성으로 보았다든가 산신화(山神化)했다든가 하는 것"44)에 대한 근거를 설명하는 데 애매한 점이 있다. 즉, 김무조는 현전하는 산명(山名)과 산악·성모 숭배 사상에서 여성과 산신을 연결시키기보다는 단군의 성(性)을 여성으로 놓고

청하게 되고, 필경은 남신이 주신(主神)이 되어, 여신은 단지 산신의 처(妻)란 지위에까지 하락된 것"이라고 말한 바 있다. (손진태, 앞의 책, p.275)
43) 김무조, 앞의 책, p.52.
44) 김무조, 앞의 책, p.52

단군이 산신이 되었기 때문에 산신의 성이 여성이라는 추론을 하였다.[45] 물론 단군이 왜 여성을 상징하는가에 대한 나름대로의 견해를 피력하고 있지만 삼신과 단군의 관계, 삼신, 창조신, 산신을 연결시키는 데에는 무리가 있다. 어쨌든 우리나라에 산악숭배 사상이 오래 되었고 그것이 여신과 관련되어 있다면, 이 또한 이른 시기 대녀신 신앙에서 비롯되었을 것이다.

3. 무조 신화(巫祖神話)

무조 신화는 무의 조상이 신으로 좌정하게 된 내력을 푼 것이다. 여기에는 잘 알려진 「바리공주」를 비롯하여 「아황공주(娥皇公主)」, 「공심헌(公心軒)」, 「공심(公心)」 등이 있다. 물론 앞의 성모천왕의 경우도 무조 신화에 속하지만, 무업을 개시했다는 표지 외에 무조 신화의 기본 구조를 갖추지 못했기 때문에 제외한다.

우선 이들 네 편의 서사 단락을 제시하고 이를 통해 무조 신화의 특징을 검토해 보기로 한다. 이 중 「바리공주」는 김태곤이 채록한 서울 지역본[46]을, 나머지 셋은 적송지성과 추엽 융의 『조선무속의 연구』에 소개된 자료를 택한다.

바리공주
· 조선국의 일곱 번째 딸로 태어남.
· 바라지 않던 딸이라 하여 강에 버려짐.
· 금거북과 석가세존에게 구조되어 비리공덕 할아비와 할미에게 양육·수학됨.

---

45) 김무조, 앞의 책, p.50.
46) 김태곤, 『한국무가집』 1, 집문당, 1971, p.60 ; 이 작품을 선택하게 된 동기에 대해서는 졸고, 「여성 영웅의 일대기, 그 두 가지 양상」, 『동원논집』, 동국대학교대학원 학생회, 1994, p.77 참조.

- 국왕 부부가 한 날 한 시에 죽을 위기에 처함.
- 부모를 살리기 위해 구약(救藥) 노정을 감행함.
- 부모를 살린 공으로 무조의 신직을 부여 받음.

아황공주

- 왕녀로서 백성을 위해 기도한 덕택으로 천하가 태평함.
- 사당을 지어 공주를 맞이함.
- 공주의 기도는 영험이 있어 이에서 무업이 생겨남.
- 공주를 무조로 제사 지내게 됨.

공심47)

- 왕녀 공심이 정신 광란을 일으켜 산으로 추방됨.
- 꿈에 청백 두 마리의 학이 입 속으로 들어 옴.
- 쌍둥이를 낳음.
- 이들이 결혼하여 각각 딸 네 명씩을 낳아 팔도에 무(巫)로 파견함.

공심헌

- 왕녀가 정신 이상 증세를 보임.
- 부왕이 방에 가두고 외부와 차단하고 감시함.
- 시녀들이 감화 받고 기도법을 배워 병이나 재액을 해소함.
- 감금을 풀어 주어 그 뜻에 따르게 됨.

---

47) 김성업은 전라남도 옥과읍 세당(玉果邑祭堂)의 제신(祭神)인 아왕공주(我工公
主)와 공심이 동일인임을 밝힌 바 있다. 옥과에서 채집된 아왕공주 관련 전
설에 의하면 공주는 고려왕의 왕녀이며 실존 인물인 조통(趙通)에 대한 사랑
으로 발광하게 된다. 즉 이 전설에는 공주가 발광하게 되는 내력이 구체적
으로 제시되어 있으며 여기에 역사적 실존 인물이 개입되어 있다는 점에서
고유의 무조 신화가 "후대적 전승과정에서 문학적 윤색과 역사화 합리화의
작위성"을 띤 것으로 볼 수 있다. (김정업, 「무조 아왕공주 고(考)」, 『한국민
속학』 7, 민속학회, 1974)

· 이 시녀들이 기도법을 전파함.

이 중 「바리공주」를 제외한 세 편은 주인공을 중심으로 한 일대기 구조를 갖추지 못했다. 또한 고귀한 신분의 여성과 결부되어 있다는 점[48] 말고, 일반적인 무의 강신(降神) 체험 사례와도 같아 전설적인 특징을 다분히 갖고 있다. 하지만 이는 현전하는 모습으로 전승되는 과정 속에서, 무조 신화로서의 핵심적인 사항만 남고 나머지는 탈락했기 때문이 아닌가 한다. 즉, 이러저러한 신비한 체험 끝에 무조가 되었다는 골격만이 전승 집단 속에 기억되어 있다는 것이다. 그리고 무조 신화가 전설화된 맥락은 신화의 재생력이 떨어진 시대에 처한, 일반적인 신화 전승의 속성에서 찾아야 할 것이다. 요컨대 무조 신화의 비현실적인 내용이 더 이상 수용될 수 없는 상태에서, 신비하지만 거부할 수 없는 일반적인 무의 강신 체험에 비견될 수 있는 내용만이 살아남았다는 것이다. 어쨌든 이들 네 편이 구조적 완결성에 있어선 차이가 있지만 공통적으로 결미에 '무조로의 좌정' 모티프가 들어 있어 무조 신화라 할 수 있는 것이며, 바로 거기에 이들 신화의 신성성이 담보되어 있는 것이다. 무속이 민간 신앙의 주류를 이루고 있었다는 점에서 무조신이야말로 가장 신성하게 숭배되었을 것이기 때문이다. 현전하는 무가에서 이들 주인공의 이름이 반드시 서두에서 불려지는 것도 이와 무관하지 않다.[49] 따라서 무조 신화의 특징을 살펴보려면 이러한 전승상의 사정을 감안해서, 그 상징체계를 추출하는 데 주력해야 할 것이다.

우선 서사적 완결성을 보이는 「바리공주」의 기본 구조는 '탄생-시련-구조-투쟁과 승리-신직 부여'이다. 무속 제의에서 신의 본풀이로 불려진다는 점을 고려할 때 무조 신화는 애초에 이러한 기본 골격을 갖추었을

---

48) 이와 관련하여 김정업은 "당시 무녀의 사회적 지위가 높아 상류층의 여성이 무업에 종사했던 것은 확실하다."고 하였다. (김정업, 앞의 논문, p.74)
49) 적송지성·추엽 융, 앞의 책, pp.15, 24.

것이다. 물론 표면적인 스토리는 역사·시대적인 속성을 반영하기에 그에
대한 추상 작업이 필요하다. 어쨌든 '탄생-시련-구조-투쟁과 승리-신
직 부여'를 기본 구조로 하여 무조 신화의 특징을 살펴보고자 한다.

신의 탄생은 비범한 것이다. 「바리공주」의 경우 주인공의 신이한 탄생
은 조선국의 공주라는 표면적인 신분에 있는 것이 아니라 "대명전 대들
뽀에 청용 황용 엉커러져 뵈고 오른 손에 보라매 받고 외인 손에 백마
바다 보고 외인 무릎에난 흑거북 앉어 뵈고 양어깨에난 일월이 도다 뵈
던이다"라고 하는 태몽에 있다. 이로 보아 바리공주는 신성한 활동을 할
것으로 기대되기 때문이다.50) 나머지 세 편에는 이러한 탄생 단락이 없
고 주인공이 모두 왕족이라는 고귀한 신분으로 되어 있을 뿐이다.

바리공주는 바라지 않던 국왕의 일곱째 딸이라는 이유로 버림을 받지
만 이도 가부장적 여성 억압의 질서가 팽배해 있던 조선 시대의 산물에
지나지 않는다. 신이 되기까지 시련을 겪었다는 것이 조선 시대의 정황에
맞게 변용된 것으로 보인다. 그런데 이러한 시련 단계가 「아황공주」에는
빠져 있고, 「공심」과 「공심헌」에는 무의 신병(神病) 체험을 연상시키는 이
상한 증세 때문에 주인공이 감금·추방당하는 것으로 되어 있다.51)

강신무(降神巫)의 성무(成巫) 과정은 크게 신병과 강신(降神) 체험으로
나눌 수 있다. 전자가 죽음 내지 신성의 세계에 들어가는 것이라면 후자
는 거기에서 신의 권능을 획득하는 단계라고 할 수 있다.52) 따라서 신병
이 현실계에서 타계로 추방되는 것 곧, 시련의 과정이라면 강신은 신의
권능을 지닌 현실계에 군림하는 것, 곧 시련의 극복이라 할 수 있다. 그
런데 바리공주는 시련 단락에서 추방당해 죽음을 한 번 경험하고 투쟁
단락에서 재차 죽음을 경험한다. 물론 두 번째 죽음 주체적으로 감행된

50) 특히, 백마는 "신성·서길(瑞吉)·위대(偉大)·특이한 관념"을 나타낸다고 한
다. (안병태, 「白馬·鷄考」, 『한국민속학』, 한국민속학회, 1970)
51) 적송지성·추엽 융, 앞의 책, p.24.
52) 김태곤, 『한국무속 연구』, 집문당, 1981, pp.244~246. 이는 「바리공주」의 구
약 노정과 관련된다. (졸고, p.85)

것이며 그러기에 더욱 숭고한 양상을 띤다. 그리고 두 번째의 죽음이 바로 삶의 획득 즉, 시련의 극복으로 이어지는 것이다. 두 번째 죽음은 시련을 극복하는 것인 동시에 죽음 자체도 초월하게 만드는 것이다. 따라서 두 번째 죽음이 무조 신화의 본질적인 요소라고 할 수 있고 첫 번째는 이의 숭고한 성격을 강화하는 방편일 뿐이다. 「바리공주」는 이 둘을 다 갖추어 서사적 완결성을 기했다면 「공심」과 「공심헌」은 두 번째 죽음이 극대화되면서 첫 번째 것이 빠져 있는 꼴이다. 더욱이 「바리공주」에서는 두 번째 죽음의 결과 신의 권능을 얻게 되었다는 점에서 신병과 강신이 계기적으로 발생했다면 「공심」과 「공심헌」에서는 이 둘이 완료된 상태에서, 신병 현상만 겉으로 드러날 뿐이다. 이 때문에 추방을 당하는 것은 당연하다. 비현실적인 거동을 하되 신의 권능은 아직 표출되지 않았기 때문이다. 요컨대 「공심」, 「공심헌」에서는 첫 번째 죽음이 나타나지 않고 두 번째 죽음이 극대화되어 있다. 후자로 인해 추방을 당하는 것도 이와 무관하지 않다. 이 둘은 서사적 완결성은 갖추지 못했으나 무조 신화의 본질적인 성격이 강화된 것이라 할 수 있다.

바리공주는 하늘 아는 자손이라 하여 금거북 등 영물과 석가세존, 비리공덕 할아비, 할미 등 신이한 존재에게 구조되어 양육된다. 이 부분이 나머지 셋에서 탈락된 것은 그 신비성, 비현실성 때문일 것이다.

투쟁 단락은 무조 신화의 핵심적인 요소이다. 여기에서 바리공주는 부모의 죽음을 극복하기 위해 몸소 죽음의 세계와 싸워 이를 물리치기 때문이다. 이를 죽음과 그에 대한 극복 과정으로 나눈다면 전자의 과정은 지고의 인내심과 희생을 요한다. 우선 바리공주는 "칼산지옥 불산지옥 독셔지옥 한빙지옥 구렁지옥 배암지옥 물지옥 흔암지옥 무간 팔만사천지옥"을 통과해야 한다. 그리고 길값, 삼값, 물값을 대신해서 무장승에게 갖가지 노력 봉사를 해 주었다. 무엇보다도 마음에도 없는 무장승의 일곱 아들을 낳아주어야만 했던 것은 여성으로서, 그것도 처녀의 몸으로 가장 참기 힘든 일이었을 것이다. 하지만 바리공주는 이러한 과정을 겪고 나서야 신의 권능을 획득할 수 있었다. 강신을 위한 지난한 신병 체험과도 같은 것이다. 바리공주는 여기에서 신성성을 획득한다. 자신을 위해서가 아니라 부모를 살리기 위해 생사를 건 모험을 했기에 더욱 그렇다. 나머지 세 편에서는 앞에서도 말했듯이 이러한 투쟁의 전말이 신병, 강신 체험의 일화로 요약되어 있을 뿐이다.

　마지막으로 이러한, 죽음을 무릅쓴 투쟁의 결과 바리공주는 무조가 된다. 이는 현실계의 삶과 죽음을 관장하는 신직이다. 현실적인 부귀나 영화 대신 현실계를 초월하는 위치를 선택한 것이다. 바리공주는 부모의 죽음을 극복하는 과정에서 인간의 죽음 전부를 극복하는 자세와 권능을 획득한 것이다.53) 바리공주가 신으로 숭배되는 것은 이 때문이다. 이와 관련하여 아황이나 공심헌은 일반 백성의 병이나 재액을 해소하는 것으로 나타난다. 요컨대 무조가 되었다는 것은 무조 신화의 표면적이고 필연적인 결과 이상의, 숭고한 의미가 있다. 이는 현실계로부터 주어지는 개인적인 시련을 극복하되, 거기에 머물지 않고 모든 인간의 생사를 돌보는 위치에 주체적으로 선다는 것을 의미하기 때문이다.

　이상의 내용을 토대로 무조 신화의 특징을 간추리면 다음과 같다. 무조 신화의 핵심적 요소는 현실계로부터의 추방과 그것을 극복한 결과이기도 한, 현실계의 초월이다. 이것이 「바리공주」에서는 계기적인 양상을 띠어, 그 사이에 죽음을 무릅쓴 시련 극복의 과정, 구약(救藥) 모험이 삽입되어 있다. 즉, 추방이 선행되고 그것을 포함하는, 모든 인간적인 삶을 극복하기 위한 투쟁 단락이 마련된 것이다. 성무 과정에 견주면 추방-신병 강신의 과정이라 할 수 있다. 그런데 나머지는 신병-추방-강신의 순으로 되어 있어 인간적인 사정에 의한, 바리공주의 추방과 다른 양상을 띤다.

　공심의 경우 정신 광란을 일으키자 부왕이 크게 노한 나머지 남산으

53) 이에 대해선 졸고, p.85 참조.

194

로 내쫓았다고 하였으며, 그럼에도 더욱 이상한 거동을 하자 이번에는
먹을 것과 하녀를 딸려서 금강산 최고봉으로 추방하였다고 하였다. 공심
헌의 경우, 비슷한 증상을 보이자 방에 가두고 휘장을 드리워서 외부와
차단하고 시녀를 딸려서 감시하도록 했다. 여기에서 정신 이상과 같은
증상은 무병으로 성무 과정을 나타내는 것이겠고 이에 대한 부정적 반
응은 무에 대한 거부 행위로 볼 수 있다. 하지만 성무 과정 자체야말로
현실계와 단절되는 현상이기도 하므로 추방되기 전에 이미 현실계를 벗
어났다고도 할 수 있다. 바리공주의 경우 구약 모험이 성무 과정이라 한
다면 자발적으로 현실계를 벗어나 죽음의 세계에 발을 들여놓은 것이다.
그렇다면 감금 내지 추방은 현실계에서 비현실적인 존재에 대한 거리감
을 표출한 것에 불과하다. 무당이 비현실계로 들어가는 과정이 신병이라
면 감금과 추방은 현실계에서 벗어나면서 치르어야 할 대가라고도 할
수 있다. 그런데 이들 주인공들은 이러한 거부 행위를 달게 받아들인다.
공심은 무가 된 손녀들에게 "사람들이 그대들을 꺼리더라도 항상 마음을
바르게 하고 깨끗이 하여 사람들의 험담을 하지 말고, 사람들로부터 비
웃음을 받더라도 화내지 말"라고 하였다. 어떤 함흥 말명은 "천한 직업
을 가져 사람들에게 업신여김을 당하며 괴롭고 어려운 일을 겪고 나면
좋아진다고 하였다."54) 이렇게 신병에 따른 시련의 과정이야말로 무당의
운명적인 속성에서 기인하는 것이다. 무당은 이러한 시련을 감내하면서
현실계를 서서히 이탈해 가는 것이기 때문이다. 여기에서 현실계는 시공
(時空)의 제약이 있는 순간적인 존재태55)를 말하므로 무가 지향하는 바
는 영원한 삶의 세계일 터이다. 바리공주가 부모를 살린 공으로 현실적
인 부귀, 영화를 주마고 했을 때 이를 거부하고 무조가 되기를 원한 것
도 이 때문이다. 무는 인간의 생사를 관장하는 신직이다. 따라서 무조
신화의 첫 번째 특징은 순간적인 현실계를 초월하여 영원한 삶을 지향

54) 이능화, 앞의 책, p.24.
55) 김태곤, 앞의 책(1981), p.157.

한다는 데 있다.

두 번째 특징은 무가 이렇게 된 데에는 이타적인 동기가 작용했다는 것이다. 바리공주는 부모를 살리기 위해서 죽음을 무릅쓴 모험을 감행한 것이고 그 결과 부모를 포함한 인간 전체의 생사를 주관하는 위치를 선택할 수 있었던 것이다. 무가 되기까지 자신의 모든 인간적인 옷을 벗어던져야 하는 것도 이러한 이타성과 관련된다.

마지막으로 이들 무조가 모두 여성이라는 점이다. 이에 대해선 여성 무가 수적으로 우세하다는 현실적인 이유[56] 외에 이상의 초현실성, 이타성 등이 여성의 삶과 무관하지 않기 때문이라는 것도 생각해 볼 필요가 있다.

4. 생산신 신화

여기에서는 서사 무가 「당금애기」[57]를 중심으로 생산신 신화의 특징을 검토해 보기로 한다. 이를 위해 많은 이본 중 가장 치밀한 서사 구조를 보여 주는 양평본[58]을 대상으로 서사 단락을 제시한다.

· 딸아기의 부모가 중 사위를 본다는 예언을 들음.
· 부친과 아홉 오빠는 귀양을 가고 모친은 삼 년 기도차 외출함.

---

56) 김태곤은 강신무 중에서 여무가 지배적으로 많은 현상에 대해서 "부권적 사회제도 속에서 점차 후대로 내려오며 여성의 억압된 열등의식이 종교라는 출구를 통해 사회로 전치(轉置)된 여성적 Complex에 그 원인이 있는 것으로 보아진다."고 하였다. (김태곤, 「한국 무계(巫系)의 분화 변천」, 『한국민속학』 창간호, 한국민속학연구회. 1969, p.83)

57) 이 작품은 「바리공주」와 함께 전국적인 전승 분포를 보이는 유일한 시사 무가로 서대석에 의하면 1980년 현재 26개의 이본이 채록되었다. 이들은 남주인공의 이름과 관련된 「제석본풀이」, 「시준굿」 등과 여주인공의 이름을 딴 「당금애기」, 「서장애기」 등으로 명칭이 분분하다. 이에 대해 학계에서는 「제석본풀이」를 모든 이본에 대한 통칭으로 제안한 바 있으나(서대석, 앞의 책, pp.20~23) 이 글에서는 여주인공의 삶에 초점을 맞추게 된 사정에 따라 「당금애기」라 부르기로 한다.

58) 서대석, 앞의 책, p.151.

- 중이 딸아기가 여중군자라는 사실을 알게 됨.
- 중이 딸아기 집에 도착하여 신통력으로 잠긴 문을 엶.
- 중이 부친과 오빠들을 위한 시주를 요청하고 딸아기가 이에 응함.
- 중이 시주 받는 과정에서 잉태의 계기가 되는 행위를 함.
- 딸아기가 태몽을 꿈.
- 중이 해몽을 통하여 아들 삼태를 예언함.
- 중이 딸아기에게 자신을 찾는 방법을 알려 주고 사라짐.
- 딸아기가 잉태함.
- 부친과 오빠들이 귀양에서 풀려 나오고 모친도 귀가함.
- 딸아기가 임신한 사실이 드러남.
- 딸아기가 감금됨.
- 딸아기가 천상 선녀의 도움으로 출산함.
- 세 아들이 글공부를 하다가 동료들에게 조롱을 당함.
- 세 아들이 어머니를 졸라 아버지의 근본을 알아냄.
- 딸아기와 세 아들이 중을 찾아감.
- 딸아기와 중은 세 아들의 이름을 지음.
- 세 아들이 삼불제석이 됨.

지금까지 「당금애기」는 여성 주인공을 중심으로 한 경우, 신화적 측면에서는 지모신(地母神) 신화로, 문학적 측면에서는 여성 수난의 원형으로 규정되어 왔다. 그리고 이 둘은 "결실까지의 수많은 시련을 겪어야 하는 곡신(穀神)의 수난이 여성의 수난이란 하나의 원형을 성립"59)시켰다는 점에서 결부된다. 여기에는 영원하고 보편적인 여성 생물학적인 본성 즉, 잉태와 출산, 그로 인한 고통의 과정이 전제되어 있다. 또한 이러한 결론에 이르기까지는 건국 신화 등 많은 후대의 문학에 등장하는 여주

---

59) 서대석, 앞의 책, p.173.

인공의 일대기 양상이 참고가 되었을 것이다. 예컨대 당금애기의 수난상 이야말로 유화와 소설 여주인공의 수난이 있게 된 근원이라 함은 후대의 여성 수난사를 지나치게 의식한 감이 있는 것이다. 여기에서 「당금애기」류의 여주인공이 알영, 유화 등 건국 신화의 여주인공과 같은 류일까 생각해 볼 필요가 있다.

알영, 유화는 지모신이다. 이는 천부지모의 원리에 따른 것이며, 이 때 여신은 상대격인 남신을 필요로 하는 배우신이다. 물론 건국 신화의 이러한 원리는 건국의 신성성과 정통성을 창달하는 데 기여한다.[60] 한편 당금애기는 생산신으로 지모신과는 다른 신성 원리를 갖는다. 보통 삼신할미로 일컬어지는 생산신은 잉태와 출산을 관장하는 신격으로 지모신에 선행하는 여성신이었을 것이다. 이른 시기, 모계 사회에서는 여성의 출산 현상이 신성시되었을 것이기 때문이다. 이러한 점이 연구 과정에서 간과된 것은 여성사의 특수성에서 비롯된 후대의 문학 현상과 연구 대상을 뭉뚱그려 다루었기 때문이 아닐까 한다. 더욱이 현전하는 「당금애기」류가 후대의 많은 문학 현상과 넘나들었음도 주지의 사실인데[61], 이에 대한 면밀한 검토를 하지 않고는 「당금애기」 본래의 모습에 접근하기 어려울 것이다. 요컨대 「당금애기」의 참 모습에 접근하기 위해선 이러한 점을 염두에 두고 자료의 실상을 더듬어, 쉽게 변하지 않는 근간 구조와 그 의미를 살펴보아야 한다.

「당금애기」의 주요 내용은 자신의 의사와 무관하게 잉태한 여주인공이 그로 인해 감금을 당한 채로 출산을 한다는 것이다. 이를 잉태－감금

---

60) 나경수, 앞의 책, p.181.
61) 이지영은 앞의 책(p.202)에서 당금애기가 임신한 사실로 징계를 받는 내용과 관련하여 "양반됨과 가문의 명예를 중시하는 이러한 태도는 가문 의식이 발달한 조선 중기 이후에야 가능한 사고방식이다. 아울러 부모 몰래 혼인하거나 잉태한 여성을 비난하는 것은 여성의 부정(不貞)에 대한 징계가 강화되면서 나타난 현상이다. 신화에는 도덕적인 규범을 문제 삼는 일이 별로 없기" 때문이라고 하였다.

198

－출산으로 요약할 수 있다. 지금까지 연구자들은 감금 부분의 처절한 시련의 상황에 초점을 맞추어 여성 수난 운운했던 것이다. 게다가 당금 애기의 시련이 여성 일반의 산고(産苦)로서 "여성 누구나 행할 수 있는 일이고 또한 해야 되는 평범한 일"62)과 관련된 것으로 간주되기도 하였다. 여기에서 당금애기가 엉뚱한 일을 저지르고 감금 상태에까지 이른 과정을 다시 검토해 볼 필요가 있다. 이는 어디까지나 "십부자가 타국으로 귀양 가서서 근심하는 일이 있사오니 거기 가서 쌀 스되 스흡 시주를 받아다가 고양미 정성을 드리며는 속히 풀려 나오리라."63)는 중의 솔깃한 말에서 비롯된 것이다. 중이 점차적으로 노골적이고 무례한 태도를 보일 때마다 당금애기는 짜증이 나고 역정도 났지만 결국에는 "자기 부모 위해 하는 정성이라 하니까 귀가 번쩍 띄어서", "별 수 없다." 하면서 중이 하자는 대로 하게 된 것이다. 중은 한 술 더 떠 자기가 시키는 대로 하지 않으면 십부자가 귀양에서 풀리기는커녕 삼일 후에 무슨 가환이 있을지 모른다고 엄포를 놓기도 한다. 이에 당금애기는 "부모 말만 하면 눈이 캄캄 가슴이 답답 아무 경황이 없"어 자신의 몸마저 내주는 지경에 이른 것이다. 요컨대 당금애기는 일반적인 혼사장애 때문이 아니라 가족을 위해 희생을 하느라 고통을 겪는 것이다. 물론 이러한 가족과 관련된 시련은 후대 고소설에 나오는 영웅의 초기 시련상에서 영향을 받은 듯하지만 본래 신화적 인물로서 당금애기는 가족애 이상의 이타성을 소유한 것으로 가정해 볼 수도 있다. 어쨌든 당금애기는 잉태된 사실 때문에 가족으로부터 격리되고 고통의 나날을 겪는다.

　하지만 「당금애기」의 본질적 부분은 잉태와 출산이다. 그것도 삼불제석을 낳은 것이다. 삼불제석은 "운수 재수 티고 없는 일이 생겨나고 또 집안 무고허구 국태민안하구 여러 만인들이 소원성취 일워주"64)는 신격

---

62) 서대석, 앞의 책, p.87.
63) 서대석, 앞의 책, p.348.
64) 서대석, 앞의 책, p.375.

이다. 곧, 인간의 삶을 관장하는 신격이다. 그리고 양평본에서는 고소설의 결미처럼 적강자인 당금애기가 다시 하늘로 올라간 것으로 되어 있지만 다른 데서는 대개 포태, 출산의 삼신이 된다.[65] 따라서 생산신이라는 그 신화적 측면을 충실히 따른다면 당금애기가 인간 만사를 다스리는 삼불제석을 낳고 자신도 모든 생명의 출산을 관장하는 삼신이 되었다는 점에 초점을 맞추어야 한다.[66] 이는 중과 당금애기의 성장 과정이 각각의 나이에 따라 생동감 있게 묘사되어 있어 이 작품이 생명의 성장에 많은 관심을 기울였다는 점과도 무관하지 않다.

지금까지 성모 신화, 무조 신화, 생산신 신화를 중심으로 여성신화의 특징을 검토해 보았다. 이를 토대로 여성신 내지 여성신화의 원리를 추출해 보고자 한다.

우선 성모 신화와 생산신 신화에 나타나는 것은 생산의 원리이다. 거인 여신이 큰 손으로 천지를 창조했다거나 인간 만사를 관장할 신인을 낳았다거나 모두 인간적 삶의 근본적인 토대를 생산해 내었다는 점에서 일치한다. 특히 성모 신화는 보기 드문 대녀신계 신화로 생산의 고통과 관련된 여성 수난상이 없다는 점에서 가장 이른 시기의 여성신화가 아닌가 한다. 이로써 애초 신화적 여성상은 적극적이고 진취적으로 생산에 몰두하는 여성임을 짐작할 수 있다.

두 번째는 무조 신화와 생산신 신화에 주로 나타나는 이타성이다. 이는 그 시련의 동기뿐만 아니라 신직의 선택에서도 나타난다. 가족을 위해 죽음을 무릅쓴 고행을 감수하고 그 과정에서 신의 권능을 획득하여 세상을 관장하는 위치에 선 것이다. 여기에서 여성신화의 신성성과 숭고함이 보장된다.

---

65) 서대석, 앞의 책, p.88.
66) 이와 관련하여 김헌선은 앞의 책(p.149)에서 당금애기가 "본디의 창세신적 성격이 마모되면서 유사한 생산신의 성격을 지닌 제석신에 결부된 것"으로 추정한 바 있다.

세 번째는 특히, 무조 신화와 관련하여 여성신이 현실을 초월하여 인간의 존재론적 근원에 닿아 있다는 점이다. 이타성이 여성성의 확충에 기여한다면 이는 여성성의 깊이와 관련된다.

5. 결 론

지금까지 향유층과 신격의 성별로 보아 여성신화라 할 만한 무속 신화를 중심으로 여성신화의 양상과 원리를 살펴보았다.

여성신화는 그 자체로 주목을 받지 못했다. 기껏해야 국조 신화의 여주인공이나 후대 서사 문학의 여성상과 동일 선상에서 다루어진 결과 여성신화는 후대 문학에 주요한 주제로 나타나는 여성 수난의 원형으로 간주되었다. 이로써 후대 문학에 나타나는 여성 수난상은 다름 아닌 신화에서 이미 그 근원이 마련되었다는 점, 궁극적으로는 여성 수난상은 한국 여성의 본질적인 모습이라는 점 등이 명시되곤 했다. 하지만 이는 신화 전승상의 원리와 여성사의 특수성을 간과한 결과라고 할 수 있다. 무엇보다 자료의 실상에 접근하되 신화의 본 모습을 재구해 내려는 자세가 필요하다.

이 글에서는 성모 신화 두 편, 무조 신화 네 편, 생산신 신화 한 편의 구조적 특징을 먼저 살펴보고 이를 토대로 여성신화의 원리를 규명해 보았다. 그 결과 여성신화의 원리는 인간적 삶의 근원적 요인을 마련하는 생산성 내지 창조성, 현실계를 넘어서 자신의 의지를 표출한다는 초현실성, 자신의 욕망보다는 인간 전체를 위해 헌신하는 이타성임이 밝혀졌다. 이로써 신화에서 제시하는 여성상이 진취적이고 적극적인 것임을 알 수 있다.

앞으로 국조 신화의 원리와 대비해서, 그리고 향유층인 여성 집단의 삶과 관련해서 이러한 여성신화의 원리가 좀 더 분명하게 규정될 필요가 있다.

참고문헌

강남주, 『남해의 민속 문화』, 둥지, 1991

강진옥, 「한국 민속에 나타난 여성상의 변모 양상」, 『한국민속학』 27, 한국민속학회, 1995.

김무조, 『한국신화의 원리』, 정음문화사, 1988

김부식, 『삼국사기』, 이병도 역주, 을유문화사, 1983

김열규, 『한국의 신화』, 일조각, 1976

김정업, 「무조 아왕공주 고(考)」, 『한국민속학』 7, 민속학회, 1974

김태곤, 「한국 무계(巫系)의 분화 변천」, 『한국민속학』 창간호, 한국민속학연구회. 1969

──────, 『한국무가집』 1, 집문당, 1971

──────, 『한국무속 연구』, 집문당, 1981

김헌선, 『한국의 창세신화』, 길벗, 1994

나경수, 『한국의 신화연구』, 교문사, 1993

민족문화추진회 편, 『국역 신증동국여지승람』, 1989

서대석, 『한국무가의 연구』, 문학사상사, 1980

손진태, 「조선 고대 산신의 성(性)에 취(就)하여」, 『손진태선생전집』 2, 태학사, 1981

안병태, 「白馬·鷄考」, 『한국민속학』 2, 한국민속학회, 1970

이능화, 『조선여속고』, 동문선, 1990

이지영, 『한국신화의 신격 유래에 관한 연구』, 태학사, 1995

일 연, 『삼국유사』, 이민수 역주, 을유문화사, 1983

장덕순 외, 『구비문학개설』, 일조각, 1971

장주근, 『한국의 신화』, 성문각, 1961

──────, 『한국 신화의 민속학적 연구』, 집문당, 1995

적송지송·추엽 융, 『조선무속의 연구』하, 심우성 옮김, 동문선, 1991

조동일, 『탈춤의 역사와 원리』, 기린원, 1988

──────, 『한국문학통사』 1(3판), 지식산업사, 1994

조셉 캠벨·빌 모이어스 공저, 『신화의 힘』, 이윤기 역, 고려원, 1992

지그문트 프로이트, 『꿈의 해석』, 서석연 역, 범우사, 1992

진시노다 볼린, 『우리 속에 있는 여신들』, 조주현 역, 또 하나의 문화, 1992

천혜숙, 「여성신화연구(1): 大母神 象徵과 그 變容」, 『民俗硏究』 1, 안동대 민속학연구소, 1991

최길성, 『한국무속의 연구』, 아세아문화사, 1978

한상수, 『한국인의 신화』, 문음사, 1980

현용준, 『무속신화와 문헌신화』, 집문당, 1992

프레이저, 『황금의 가지』, 김상일 역, 을유문화사, 1983

황패강, 「한국 고대 서사문학의 원형」, 『신화와 원형』, 고려원, 1992

● **저자** ●

● 박상란(朴商蘭)　　약 력

　　　　　동국대학교 문과대학 국어국문학과 졸업
　　　　　동국대학교 대학원 국문학 박사
　　　　　동국대학교 한국문학연구소 전임연구원
　　　　　동국대학교 강사

　　　　　주요 논문

　　　　　「신작구소설에 나타난 여성상의 문제」
　　　　　「여성화자 구연설화의 특징 - 자양동 딱따구리 할머니의
　　　　　　구연설화를 중심으로」
　　　　　「문헌설화에 나타난 완승의 형상과 의미」

신라와 가야의 건국신화

• 초판 인쇄	2005년 5월 2일
• 초판 발행	2005년 5월 2일
• 지 은 이	박상란
• 펴 낸 이	채종준
• 펴 낸 곳	한국학술정보㈜
	경기도 파주시 교하읍 문발리
	파주출판문화정보산업단지 526-2
	전화 031) 908-3181(대표) · 팩스 031) 908-3189
	홈페이지 http://www.kstudy.com
	e-mail(e-Book사업부) ebook@kstudy.com
• 등　　록	제일산-115호(2000. 6. 19)
• 가　　격	22,000원

ISBN　89-534-2425-9 93920 (paper book)
　　　　89-534-2426-7 98920 (e-book)